Opas Geschichtsbuch

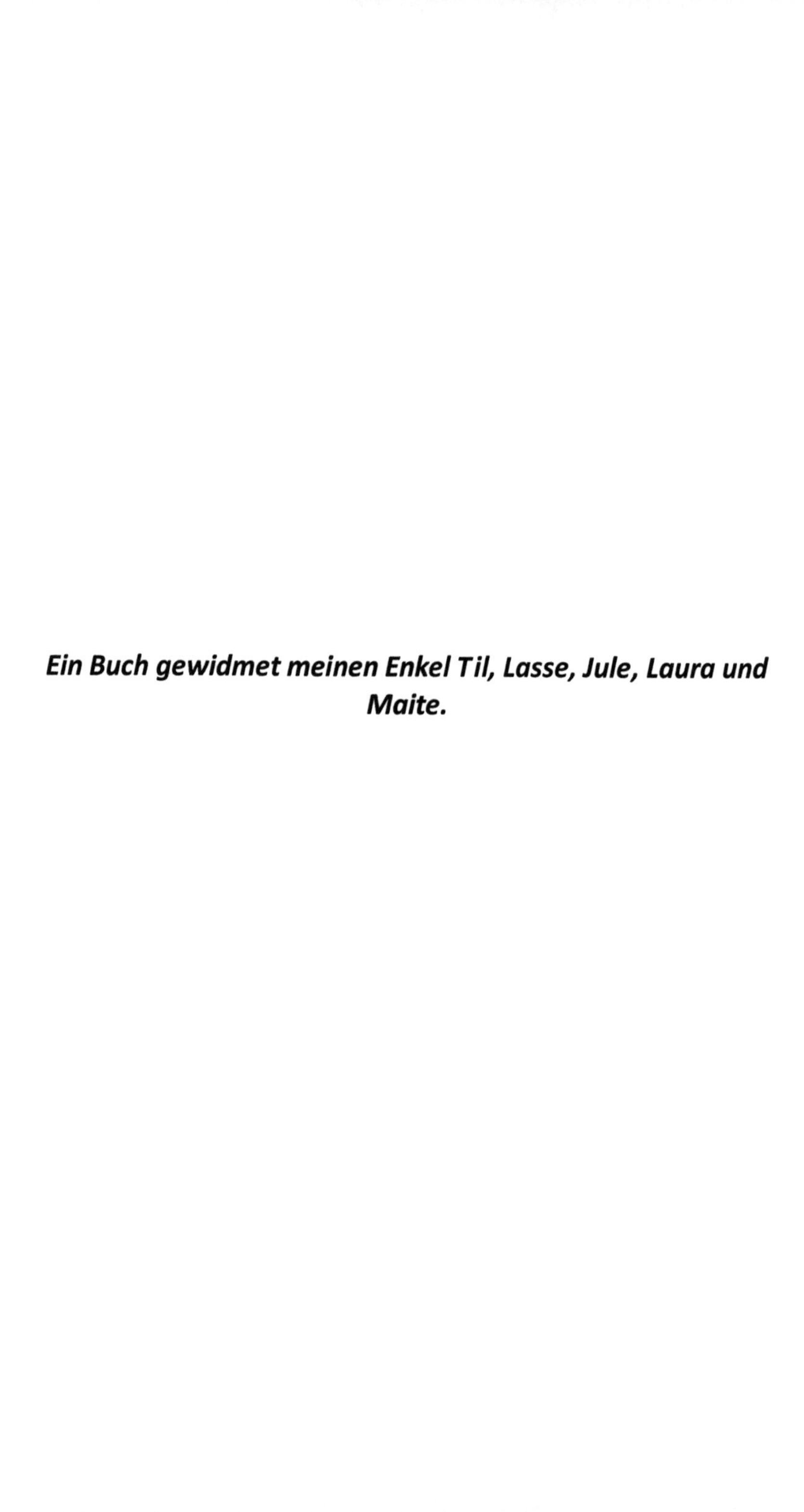

Ein Buch gewidmet meinen Enkel Til, Lasse, Jule, Laura und Maite.

Gerhard Burmeister

Opas Geschichtsbuch

Bibliografische Information der Deutschen Nationalbibliothek:
Die Deutsche Nationalbibliothek verzeichnet diese Publikation in der Deutschen Nationalbibliografie; detaillierte bibliografische Daten sind im Internet über http://dnb.dnb.de abrufbar.

Herstellung und Verlag: BoD – Books on Demand, Norderstedt

ISBN: 978-3-7412-6694-2

Immer mal wieder ärgere ich mich über „veröffentlichte" Meinungen in den Medien, wenn die nach meinem Dafürhalten so ganz von der „öffentlichen" Meinung abweichen. Wenn ich dann noch den Eindruck bekomme, dass versucht wird, uns das Denken zu verbieten, vor allem auch in dem was die Nazizeit betrifft, dann ist mein Ärger besonders groß. Bewusst bin ich mir, und ich möchte auch nicht den Eindruck vermitteln, dass ich meine, mit allen meinen Ansichten Recht zu haben, nein, die Wahrheit liegt meist in der Mitte. Aber stutzig machen muss doch, dass die Gräuel, die Deutsche in der Nazizeit zweifellos begangen haben, immer schlimmer dargestellt werden, je weiter die Zeit fortgeschritten ist. Das kann doch eigentlich nur damit zusammenhängen, dass die Zeitzeugen ca. 60 Jahre nach der Kriegszeit weggestorben sind oder mundtot gemacht wurden. Sie können sich also nicht mehr wehren, oder haben resigniert, auch weil anzweifelbare Sachen zur „historischen Wahrheit" erklärt wurden. Ich habe nun das Glück, dass mein Vater, also euer Urgroßvater, den 2. Weltkrieg überlebt hat und auch jetzt noch, 90jährig (2001), in geistiger Frische lebt. Ihn konnte ich immer wieder befragen, und so bin ich in der Lage, die Zeit nach der Weimarer Republik auch aus der Sicht eines Betroffenen zu schildern. Ich selbst kann aus eigenem Beobachten natürlich nicht viel beitragen, da ich erst 1942, also mitten im Krieg geboren wurde. Bestimmt weiß ich aber mehr aus näherem Erleben und Erzählen, als die jungen Geschichtslehrer heute. Hört sie ruhig, aber kritisch an, denn sie werden euch nur aus der Sicht der Sieger belehren. Was Anderes dürfen die nämlich gar nicht! Aber glaubt mir, so einfach, indem man die Verlierer alle zu Verbrechern abstempelt und für alles verantwortlich macht, ist es nicht. Auslöser für den zweiten Weltkrieg war in allererster Linie der sogenannte Versailler Vertrag, ein schlimmer Knebelvertrag!

Und außerdem:
Die Sieger schreiben immer die Geschichtsbücher!!

Euer Opa, also ich, ist im Januar 1942, mitten im Krieg, in Hamburg geboren worden. Auf die Stadt wurden schon die ersten schweren Bombenangriffe der Engländer geflogen. In dem Krankenhaus, in dem ich zur Welt kam, wurden nach einem Fliegeralarm die Neugeborenen an ihre Mütter verteilt. Man war ja nicht in der Lage alle Wöchnerinnen mit ihren Kindern in einen Luftschutzraum zu bringen. Wenn schon etwas Schreckliches passieren würde, so sollten die Kinder wenigstens bei ihren Müttern sein. Glücklicherweise wurde das Krankenhaus nicht getroffen.

Krieg ist eine ganz schlimme Sache. Den gibt es oft, wenn Menschen meinen, dass das miteinander reden nichts mehr bringt. Oder, wenn einer sich so viel stärker fühlt als der andere, dann fängt er manchmal an, einen Krieg zu machen. Das kennt ihr sicher auch aus der Schule: Zwei wollen z.B. mit demselben Spielzeug spielen und keiner will nachgeben, dann fängt der, der meint der Stärkere zu sein, Krieg an, d.h. er fängt an zu prügeln. Oft fängt er natürlich auch nur an, weil er der Dümmere ist, der sich überschätzt. Wenn der Schwächere aber einen Verbündeten, z.B. den großen Bruder hat, kann er auch so noch zum Sieger werden. Da er das weiß, wird er den Stärkeren, vielleicht eben auch Dümmeren so lange reizen, bis der den „Krieg" beginnt.

Ihr seht also, es ist ganz schön kompliziert, alleine schon festzustellen, wer den Krieg wirklich begonnen hat. Denn es ist lange nicht immer der, der den ersten Schuss abgibt, oder anfängt zu schlagen, der Kriegsbeginner!

Im Jahr 2002, wir Deutschen waren wieder ein ungeteiltes Volk, habe ich angefangen, die Tagespolitik aus meiner Sicht, also völlig subjektiv, aufzuschreiben. Schon um zu dokumentieren, dass man auch seine eigene Meinung für das Alltägliche haben darf! Dabei gibt es ja genügend verschieden gelagerte Meinungsmacher, auf die man sich eigentlich einlassen soll. Aber eine neutrale Berichterstattung gibt es nicht, wie sollte das wohl auch gehen? Schon aus diesem Grunde ist es wichtig, sich seine eigene Meinung zu bilden!

23.11.2002

Am 22. September ist die Koalitionsregierung von Rot/Grün unter Kanzler Gerhard Schröder mit hauchdünner Mehrheit wieder gewählt worden. Es waren am Ende ca. 8000 Stimmen, die den Ausschlag gaben. Der Wahlverlierer war Edmund Stoiber von der CSU.

Jetzt, also zwei Monate später, offenbart sich, was die bisherige Regierung über den Wahltermin hinaus verschwiegen hatte: Deutschland steht vor der Pleite! Das deutsche Wählervolk wurde von den Regierungsparteien belogen und betrogen. Vor allem die Sozialsysteme sind nicht mehr finanzierbar.

11.12.02 + 2.1.03

Deutschlands Wirtschaft befindet sich in „freiem Fall"! Großkonzerne können inländische Verluste noch einigermaßen durch Export abfangen. Am stärksten betroffen ist der Mittelstand. Firmen, die teilweise über 100 Jahre bestanden haben, schließen. In den Innenstädten stehen jede Menge Läden leer. Langjährige Mitarbeiter werden in die Arbeitslosigkeit entlassen. Wo nichts erwirtschaftet wird, werden auch keine Steuern gezahlt. Dass auch die Weltwirtschaft Einfluss auf diese Situation hat, ist unbestritten. Da aber der Export immer noch funktioniert auf hohen Niveau, muss die Schwierigkeit hausgemacht sein! Deutschland, als Wirtschafts-

motor in Europa und der Welt, ist zum bedauernswerten Schlusslicht degradiert worden.

Die Kassen der Öffentlichen Hände sind leer. Entgegen seiner
Aussagen im Wahlkampf musste der Finanzminister, Herr Eichel
(SPD), einen Nachtragshaushalt mit kräftiger Neuverschuldung
vorlegen. Die Stabilitätskriterien der EU wurden nicht eingehalten -
im Gegenteil, die Neuverschuldungsgrenze von maximal 3% vom
BIP(Bruttoinlandsprodukt) wurde weit überschritten mit fast 4%.
Dabei waren die Stabilitätskriterien auch noch auf Drängen der
Deutschen in den Maastrichter-Vertrag aufgenommen, was im
Nachherein besonders peinlich ist, weil jetzt Deutschland als erstes
Mitgliedsland diese Kriterien überschritten hat.

Der Wahlverlierer, Stoiber, kann sich von Herzen freuen, dass
er nicht den Karren aus den Dreck ziehen muss. Denn der durch-
schnittliche SPD-Wähler hätte dann bestimmt gemeint, dass es Rot-
Grün besser gemacht hätte.

Man hatte wirklich das Gefühl, dass Herr Schröder und seine
Mannschaft überrascht waren, dass sie die Wahl gewonnen hatten.
Sie hätten sich liebend gerne auf die Oppositionsbank zurückgezogen. Denn nur zu kritisieren und opponieren ist eben erheblich
leichter, als selbst zu regieren! Das ist am besten bei den Gewerkschaften zu studieren: Sie haben in der Vergangenheit auch mal
versucht, sich als Unternehmer zu betätigen. Hierbei sind sie, sogar
in guten Zeiten, kläglich gescheitert. Beispiele hierfür sind die
„Neue Heimat" und die „Bank für Gemeinwirtschaft."

Die Macht der Gewerkschaften müsste dringend eingeschränkt
werden! Viele Probleme der jetzigen Regierung sind aufgrund von
Gesetzen gekommen, die als Dankeschön der SPD an die Gewerkschaften zu sehen sind, weil die ihren Wahlkampf massiv und einseitig unterstützt hatten. Jetzt versucht diese Regierung, das alles
wieder rückgängig zu machen. (Beispiel ist die Aufhebung des
630DM Gesetzes, und jetzt die Einführung des 400€ Gesetzes).
Unter den Einzelgewerkschaften herrscht ein Konkurrenzkampf
darüber, wer die höchsten Erhöhungen durchsetzen kann. Jetzt ist

mal wieder die Gewerkschaft „Verdi" dabei, dem Öffentlichen Dienst eine Erhöhung von mindestens 3% abzupressen. Denn angesichts absolut leerer Kassen überhaupt eine Erhöhung der Bezüge im Öffentlichen Dienst ins Auge zu fassen, ist unglaublich. Man denke nur an die sicheren Arbeitsplätze, bei einer Arbeitslosenzahl von über 4Millionen! Der Vorsitzende der Verdi-Gewerkschaft ist übrigens ein Grüner. Durch das unselige Betriebsverfassungsgesetz ist er auch in den Aufsichtsrat der Lufthansa als Arbeitnehmervertreter gekommen. Hier ist er eigentlich dafür da, im Sinne des Unternehmens tätig zu werden. Nein, er lässt seine Mitglieder „Warnstreiks" in Flughäfen machen. Der Lufthansa entstehen Millionenverluste, von den Unbilden für die Passagiere gar nicht zu sprechen.

Der Kanzler Schröder und sein Finanzminister Eichel stehen jetzt plötzlich als Versager und Lügner da. Die Umfragewerte für die SPD und speziell für die genannten sind massiv gesunken. Außer der Erhöhung von Steuern und Abgaben fällt ihnen nichts mehr ein. Die Hoffnung für einen Umschwung gibt es im Februar 2003. Dann wird in Niedersachsen und Hessen ein neuer Landtag gewählt. Für Hessen wünsche ich eine Bestätigung für die jetzige Regierung unter Ministerpräsident Koch, der bislang eine gute Arbeit gemacht hat.

In Niedersachsen sollte eigentlich Herr Wulff von der CDU die Mehrheit erringen. Leider hat der Kandidat weniger Ausstrahlung, als der jetzige Ministerpräsident Gabriel.

Die FDP spielt keine Rolle mehr. Durch ein völlig falsches Verhalten im Umgang mit dem NRW-Landesvorsitzenden Möllemann, hat sie sich selbst aufgegeben. Natürlich war der Zeitpunkt für die Veröffentlichung eines Flugblattes mit einer Abrechnung mit Herrn Friedman und Herrn Scharon falsch. Es wurde in NRW eine Woche vor der Bundestagswahl durch die Post verteilt. Hier sollte offensichtlich im antisemitischen Lager nach Stimmen gefischt werden.

An den Aussagen in dem Blatt gibt es nichts zu deuten: Eine Auseinandersetzung mit dem schleimigen Herrn Friedman und dem

Mörder Scharon ist überfällig. Aber wer traut sich schon, sich mit Juden anzulegen. Die werden auch Herrn Möllemann schaffen!

Die Grünen sind die eigentlichen Wahlgewinner. Ihre Klientel lebt in einer unrealistischen Welt. Sie bekämpfen den Ordnungsstaat, kassieren aber umso lieber „Staatsknete". Den Ausstieg aus der Kernkraft verdanken wir den Grünen. Die sich nicht rechnenden Windräder, nur für die Betreiber durch massive Subventionen (2002 = 1,4 Milliarden EURO), und Solaranlagen „verdanken" wir den Grünen. Weiterhin die „Ökosteuer" auf Benzin und Diesel, die mit Öko nichts zu tun hat, sondern nur mit Abzocke der Autofahrer. Seit gestern ist das Dosenpfand in Kraft, wieder eine aus ideologischen Gründen beschlossene Belastung des Einzelhandels und der Bürger.

Die Dosenindustrie wird massiv Leute entlassen müssen. Der freie Handel wird behindert, denn Mehrwegflaschen von z.B. Tuborg aus Kopenhagen sind ja wohl kaum möglich. Der „Grüne Punkt", der allerdings sowieso Quatsch ist, wird massiv belastet, weil auf Mehrweg keine Lizenzabgabe fällig wird. Der Bürger muss sich ein neues Lager für leere Flaschen oder Dosen zulegen. Außerdem muss er jeden Einkaufsbeleg aufbewahren, denn nur dann kann er sein gezahltes Pfand zurückbekommen. Also - wieder eine unausgegorene Scheiße! Sicher sind die in den Wald geworfenen Flaschen und Dosen ein Ärgernis. Ein starker Staat würde schon Mittel und Wege finden, die Verursacher zu bestrafen. Bei unserem schwachen Staat wird nur der Normalbürger bestraft. Beispiele gefällig? Ein Baggersee wird mit Zäunen für die Allgemeinheit abgesperrt, weil die Behörde mit einigen Randalierern nicht fertig wird. - Bei einer Straße werden ohne Grund, die Schilder von 50km/h auf 30 km/h geändert. Der Normalbürger, der immer anständig 50 gefahren ist, wird hierdurch plötzlich zum Kriminellen, wenn er weiter so anständig fährt, wie vorher!

Es wäre für Deutschland schon viel gewonnen, wenn man diese Partei der 68er endlich dahin bringen würde, wo sie hingehört: nämlich in der Versenkung!!

6.April 2003

Inzwischen sind die Landtagswahlen in Hessen und Niedersachsen gelaufen mit schallenden Ohrfeigen für die Sozialdemokraten. Im „roten" Hessen hat Herr Koch von der CDU die absolute Mehrheit errungen und in Niedersachsen erlitt die SPD ebenfalls eine vernichtende Niederlage. Hier regiert nun eine CDU/FDP Koalition.

In Schleswig-Holstein wurden die Kommunalwahlen zu einem Debakel für die hier noch im Lande regierenden Sozialdemokraten mit Frau Simonis an der Spitze. Sogar das Kieler Rathaus wurde erstmals von der CDU erobert.

Auf Bundesebene geht der Abwärtstrend weiter, nur bei den Arbeitslosenzahlen und der Verschuldung geht es bergauf. Im März betrug die Arbeitslosenzahl 4,6 Millionen - wenn die in Arbeitsmaßnahmen Beschäftigten und die anderen, die aus irgendwelchen Gründen nicht in der Statistik auftauchen, hinzugezählt würden, hätten wir sicher die „stolze" Zahl von 7 Millionen Arbeitslosen. Helfen sollen diverse eingesetzte Kommissionen, von Hartz über Rürup, ohne Anzeichen einer Besserung. Sie können es einfach nicht!! Schauen wir uns doch einmal einige der „Macher" in der Regierung an: Nach der gewonnenen Wahl wurde der Ministerpräsident von Nordrhein-Westfalen, Wolfgang Clement, als Superminister (Wirtschaft + Arbeit) nach Berlin geholt. Schon hier in NRW ist er in erster Linie durch Fehlentscheidungen (Medienstandort) aufgefallen, und auch jetzt kann man nichts Neues aus Berlin erkennen. Der ehemalige Schraubenverkäufer aus dem Sauerland, Herr Müntefering, ist SPD Fraktionsvorsitzender an Stelle von Herrn Struck geworden. Dieser wurde Verteidigungsminister, ein Amt, das er besser als gedacht ausfüllt. Natürlich auch keine große Leistung als Nachfolger des unfähigen Rudolf Scharping! Eine Frau Ulla Schmidt aus Aachen ist die Sozial- und Gesundheitsministerin. Die Kosten für die Gesundheit steigen, d.h. die Defizite der Krankenkassen sind schon in Milliardenhöhe. Außer einer nassforschen

Selbstsicherheit hat Ulla nichts anzubieten.

Dass Herr Schröder den abgewirtschafteten Ministerpräsidenten von Brandenburg, Herrn Pastor Stolpe, zum Verkehrsminister!!! gemacht hat, zeigt nur noch einmal die Inkompetenz dieser Regierung und die Personalnot. Auf die anderen einzugehen, auch nicht auf den unseligen Regierungssprecher Scholz aus Hamburg, lohnt nicht. Die Geschichte wird sie sehr schnell vergessen, und das ist gut so!

Wenn ich nun noch an die Minister der Grünen denke, kann ich nur immer wieder verzweifelt fragen: Wer hat die nur gewählt?? Ehemalige Straßenkämpfer, Maoisten und Kommunisten haben sich den Schafspelz umgehängt und sind nun unsere Diplomaten. „Joschka" Fischer bringt jetzt unsere Schecks nach Israel und Jürgen Trittin pflastert unsere Landschaft zu mit Windrädern, die nichts bringen. Eigentlich ist es schon zu bewundern, mit welch einfachen Mitteln sich die Bürger verdummen lassen. Es gibt Bürger, auch in unserem näheren Bekanntenkreis, die meinen, dass sich die „gefährlichen" Atomkraftwerke durch die Windräder ersetzen lassen. Recht könnten diese haben, wenn die Wirtschaft weiter an die Wand gefahren wird, denn dann brauchen wir nicht mehr soviel Strom.

Bei meiner Firma FRIBU gehen Ende diesen Monats auch die Lichter aus - schon wieder Strom gespart! Nach 35 Jahren geben wir nun auf, wie so unendlich viele andere Firmen auch. Unser kleiner Lipper, Herr Gerhard Schröder, hat seit zwei Wochen etwas Ruhe, denn die Öffentlichkeit ist abgelenkt durch den zweiten Irakkrieg. Herr Bush jun. mit seinen, in erster Linie jüdischen Beratern, hat einen Krieg vom Zaun gebrochen, ohne UNO Mandat und ohne dass als Grund genannte Massenvernichtungsmittel von den Inspektoren auch nur andeutungsweise gefunden wurden, Hoffentlich verfolgen den „gläubigen" Herrn Bush die Bilder der getöteten und verwundeten Kinder im Schlaf.

Durch dieses einzige, wenn auch richtige, Thema, nämlich die Gegnerschaft zu einem Irakkrieg, hat sich Herr Schröder im September den Wahlsieg erschlichen. Nur bei dem „Machtmenschen" Schröder weiß man nie, ob er aus Überzeugung gegen einen Krieg ist, oder nur, weil die Umfragen ergeben haben, dass 70% der Deutschen dagegen waren.

Hoffentlich hat sich in Deutschland etwas zum Besseren gewendet, wenn ihr dieses hier liest. Wie sich das aber wieder regulieren soll, ist mir nicht klar. Fakt ist nun mal, dass der Mittelstand entweder schon kaputt ist, oder noch in den Seilen hängt. Sicher gibt es auch noch mittelständische Firmen denen es noch einigermaßen gut geht, aber die Aussichten sind überall schlecht! Die Privatpersonen und Familien die überschuldet sind, bewegen sich im Millionenbereich. Alle öffentlichen Hände sind hoffnungslos verschuldet. Herr Eichel hält sich bedeckt, was seine Entschuldungspläne angeht, der Krieg gibt ihm ja auch die Ruhe dazu. Nur das Erwachen wird grausam sein!

Ich will gar nicht so einseitig sein, dass ich nicht erkenne, dass der Untergang Deutschlands auch schon bei den Vorgängerregierungen betrieben wurde. Kanzler Ludwig Erhardt wurde in seiner Regierungszeit wegen seiner Maßhalteappelle verhöhnt und der SPD Finanzminister Alex Möller hatte 1971 seinen Posten zurückgegeben, weil er die verantwortungslose Verschuldungspolitik nicht mitmachen wollte. Es hat also Mahner gegeben, aber die hat man im Regen stehen lassen. Nein, das große Wort hatten, quer durch alle Parteien, die Sozialpolitiker. Da gab es z.B. in der CDU ein kleines Männchen mit Namen Norbert „Nobbi" Blüm, der durch seine sprachliche Gewandtheit es geschafft hat, dienstältester Arbeits- und Sozialminister zu werden. In seiner Zeit als Minister wurde der entsprechende Haushalt immer mehr aufgebläht. Als schon der „Normalbürger" anfing an dem Rentensystem zu zweifeln, tönte er immer noch: Die Rente ist sicher!

Also es ist bei weitem auch nicht in der CDU alles Gold, was glänzt. Zufälligerweise sind die, die mir als Verhinderer einer vernünftigen Politik einfallen, alles kleine Menschen. Entwickeln die vielleicht um das zu kompensieren, einen besonderen Ehrgeiz?

Namen hierzu aus der CDU neben Blüm, der Jesuit Heiner Geißler und Frau Professor Rita Süßmut. Dass unser SPD Bundeskanzler, Herr Gerhard Schröder; als Lehrling im Haushaltwarengeschäft in Lemgo und Lage knapp über den Tresen gucken konnte, ist vielleicht noch nicht jedem bekannt. Ketzerisch möchte ich fast die Forderung stellen, nur noch Personen über 1,75m dürfen sich für den Bundestag bewerben. Stellt Euch mal vor, wir wären auch an einem Herrn Gysi vorbeigekommen.

8.4.2003

Vor ein paar Tagen wurde in Berlin begonnen, direkt neben dem Brandenburger Tor das Holocaust Denkmal, ein riesiges „Stelenfeld", zu bauen. Das Wort „Stelen" steht noch nicht einmal in einem brandaktuellen Wörterbuch der Rechtschreibung. Hoffentlich hat das keine negativen Auswirkungen für den Herausgeber! Stelen sollen, glaub ich, große Steinsäulen sein. Sie sollen an die angeblich 6 Millionen durch die Deutschen ermordeten Juden erinnern. Die Juden haben sich geweigert zuzugestehen, dass eine Gedenkstätte für alle im Krieg umgekommenen Menschen errichtet wird. Nein, es sollte ausschließlich eine Gedenkstätte für ermordete Juden sein. Ist das nicht eine Abwertung der Leiden, die andere erlitten haben?

Noch nie in der Geschichte haben Nachkommen von „Tätern" sich so erniedrigt und selbst eine Gedenkstätte aufgebaut, die an angebliche und tatsächliche Gräuel ihrer Väter und Mütter erinnert. Wenn es noch keine Gedenkstätten zur Erinnerung gäbe, dann hätte man über den gigantischen Erinnerungspark in bester Lage in der Hauptstadt sprechen können. Aber es gibt schätzungsweise 5000 Gedenkstätten, wo wir uns genug schämen könnten. Dass das Gelände in Berlin Milliarden wert ist, sei nur der Vollständigkeit halber auch noch erwähnt. Die Überwachung rund um die Uhr wird auch nach der Fertigstellung Millionen verschlingen, denn die Stelen warten doch förmlich darauf, von Antisemiten beschmutzt zu werden.

Ich habe zwar ganz und gar nicht die Absicht, so etwas gut zu heißen, kann aber manche verstehen, die antisemitische Gedanken
hegen. Die Juden haben es immer wieder verstanden uns Deutschen
ein ständiges Schuldgefühl anzuhängen. Wir sind in Sippenhaft für
erlittene Schäden an Juden genommen worden. Dass ja wahrhaftig
nicht alle Deutschen während der Nazizeit Juden umgebracht haben, euer Urgroßvater übrigens auch nicht, spielt keine Rolle. Wir
werden auch fast 60 Jahre nach Kriegsende immer noch zu Wieder-
gutmachungsleistungen erpresst. Geld scheint bei diesen Menschen
viele Wunden zu heilen!

Gerade habe ich gelesen, dass ein Verteidiger eines „Rechten"
zu einer Geldstrafe wegen Volksverhetzung angeklagt worden ist.
Dieser Rechtsanwalt hatte lediglich in seinem Plädoyer Zweifel an
der Judenvergasung in Auschwitz geäußert. Diese Zweifel, die ich
auch hege, darf man in Deutschland nicht haben. Nein, wir sind ein
Land der Täter und haben gefälligst nicht nachzufragen! Es gibt
sicher keine Zweifel, dass den Juden bei den Nazis viel Unrecht
angetan wurde. Dieses Unrecht muss bei denen, die das getan haben, gesühnt werden. Nur einem Volk zu verbieten, vielleicht etwas
Entlastendes über seine Vergangenheit herauszufinden, ist schon
unglaublich. Wenn alles so gewesen wäre, wie uns jetzt immer wieder erzählt wird, brauchte man doch keine Angst vor Zweiflern zu
haben!

Die Geschichte muss man auch noch vor dem Hintergrund be-
trachten, was derzeit im Nahen Osten passiert:

Israel, von einem ? mit Namen Scharon regiert, macht fast alles,
was den Deutschen vorgeworfen wird. Es spielt sich auf als Richter
über Leben und Tod der Palästinenser. Denn man darf ja nicht vergessen, wer hier den Anfang zu den Unruhen gemacht hat: Herr
Scharon meinte eines Tages, er müsse den Tempelberg in Jerusalem
besuchen. Nicht als normaler Besucher, sondern als Provokant im
palästinensischen Ostjerusalem.

27. Mai 2003

Heute Abend gehe ich mit Axel und Frau Stratemann zu einem Vortrag von Herrn Möllemann „Klartext für Deutschland" nach Detmold. Ich weiß gar nicht, ob ich schon geschrieben habe, dass die FDP ihren Macher in die Wüste geschickt hat, weil der sich mit den scheinheiligen Friedman und Scharon angelegt hat. Als Abrechnung mit der FDP hat er ein Buch geschrieben, das zu einem Bestseller geworden ist. Daraus wird er wohl heute Abend referieren. Angeblich haben sich fast achttausend Bürger bei ihm gemeldet, die einer von ihm zu gründenden Partei beitreten würden. Interesse habe ich auch geäußert, aber erst einmal hält sich Herr Möllemann in dieser Frage bedeckt. Ich werde mich auch erst einmal weiter informieren, dazu der heutige Abend.

Am Sonntag ist in Bremen gewählt worden. Die SPD meint, sie hätte die Wahl gewonnen, nur weil sie die meisten Stimmen bekommen hat. Weit gefehlt - gewonnen hat nur der Bürgermeister Henning Scherf, trotz SPD Parteibuch! Der Mann mit großer Ausstrahlung und imponierender Körpergröße von 2,04 Meter (ist doch ein Zusammenhang zwischen körperlicher und geistiger Größe zu vermelden? - Auf alle Fälle strahlt ein körperlich großer Politiker eine ganz andere Souveränität aus, als ein Zwerg!) - Dieser Mann steht seit acht Jahren einer großen Koalition zwischen SPD und CDU vor. Er ist ungemein populär als Aushängeschild Bremens! Die SPD - gemachten Probleme der Stadt, hohe Verschuldung, hohe Arbeitslosigkeit, schlechte Schulausbildung (Schlusslicht bei der PISA-Studie) hat er aber auch nicht in den Griff bekommen.

Die CDU unter einem unscheinbaren Kandidaten Perschau hat Stimmen verloren, und die Grünen haben fast 13% geholt. Henning Scherf wollte die große Koalition nur weiterführen, wenn die SPD mehr Stimmen bekommt, als die CDU. Deshalb, glaub ich, haben auch CDU-Anhänger SPD gewählt, denn man wäre durch einen eigenen Wahlsieg der Wegbereiter für Rot/Grün geworden. Also in Bremen ist kein Signal für Berlin ertönt. Im Gegenteil, der Wahlkampf von Henning Scherf war ganz auf seine Person ausgerichtet, ohne den Beistand der Genossen aus Berlin. Sogar Schröder wurde im Wahlkampf nur einmal in Bremen eingesetzt und das von der Öffentlichkeit fast unbemerkt.

Der Untergang Deutschlands geht weiter! In dieser Woche wird WITEX, die größte Firma in Augustdorf und eine der größten in Lippe, Insolvenz anmelden. Es geht um ca. 300 Arbeitsplätze - schrecklich! Ein Grund der vielen Insolvenzen, gerade im Holzbereich, liegt meiner Meinung nach auch darin, dass die IG Metall das Sagen hat. Als es noch die Gewerkschaft Holz und Kunststoff gab, hatte man immer das Gefühl, es bei denen mit Leuten vom Fach zu tun zu haben. Seit sie aber in die IG Metall aufgegangen ist, haben nur noch Schreihälse und Ignoranten das Sagen.

Herr Eichel hat sich von allen guten Vorsätzen verabschiedet, seine Vorausschau auf einen ausgeglichenen Haushalt 2006 ist Makulatur. Die Verschuldung steigt und steigt, Minilösungen, wie die „Agenda 2010" werden von den Gewerkschaften wegen angeblichen Sozialabbaus bekämpft. Vernunft ist ein Fremdwort für Gewerkschafter, nein, in dieser Situation wird allen Ernstes erwogen in den neuen Bundesländern für die 35 Stunden-Woche zu streiken. Das da jede vierte Firma, die in Deutschland noch existiert, mit dem Gedanken spielt, ins Ausland abzuwandern, wer will ihnen das verdenken?

Das Dosenpfand des unseligen Umweltministers Trittin hat auch der Radeberger Brauerei des Oetker-Konzerns der Bilanz verhagelt. Natürlich auch wieder weniger Steuereinnahmen für Herrn Eichel!

Der Krieg im Irak ist faktisch vorbei, aber so hatten es sich die Amerikaner und Engländer bestimmt nicht vorgestellt: Sie werden keinesfalls wie Befreier gefeiert, im Gegenteil, es gibt Demonstrationen gegen sie. Die armen Soldaten müssen jetzt den Kopf hinhalten für Herrn Bush und Herrn Blair, denn überall lauern Hinterhalte. Die genannten Länder und schon gar nicht die Russen waren auch für Deutschland nach der Niederlage Befreier! Nein, sie wollten uns nach der „bedingungslosen Kapitulation" weiter knebeln und demütigen, man denke nur an den amerikanischen „Morgentau-Plan", der eine Industrialisierung und ein Wiederaufbau ausschloss. Dass die Amerikaner dann doch plötzlich unsere „Freunde" wurden, haben wir nur dem Umstand zu verdanken, dass diese mit dem Russen Streit bekamen. Nun wurde Deutschland als „Puffer" gegen Russland gebraucht und deshalb wieder stark gemacht. Das Zusammenhalten, gewohnt aus der Nazizeit, setzte sich fort, und nur deshalb konnte die große Leistung des Wiederaufbaus in Deutschland so schnell und gut erfolgen. Eine Leistung die bei der heutigen Einstellung zum Staat und zur Bevölkerung nicht zu wiederholen wäre. Der Aufbau Ost ist ja wahrhaftig keine Leistung der Menschen für ihre Mitmenschen, sondern eine, nur durch gigantische Schulden erbrachte Kulisse. Eine menschliche Wiedervereinigung hat unter diesen Umständen nicht stattfinden können!

Meine Firma hatte sich in den neuen Bundesländern engagiert, in erster Linie um Geld zu verdienen. Das ist, glaube ich, auch legitim und normal. Dadurch haben wir aber auch fast zwanzig Arbeitsplätze geschaffen, viele Investitionen getätigt und reichlich Steuern bezahlt! Meine Frau und ich persönlich, haben dann auch noch DM 2500.- für den Wiederaufbau der Frauenkirche in Dresden gestiftet, wie viele andere auch. Diese Solidarität mit der Geschichte Dresdens habe ich fast wieder bereut, als ich sah, mit welchen Gigantismus in bester Lage an der Brühlschen-Terrasse eine Jüdische Synagoge errichtet wurde. Diese hatte nämlich mit dem Wiederherstellen der Ansicht Dresdens nichts zu tun! An dieser Stelle hat nämlich eine kleine Synagoge gestanden, gebaut von Semper. Ich glaube, diese wurde in der Kristallnacht geschleift, weiß es aber nicht genau. Keine Frage, diese historische Synagoge hätte wieder aufgebaut werden müssen, aber doch nicht dieser unglaubliche Klotz!?

Donnerstag, den 12.6.2003

Jürgen W. Möllemann ist nun seit ca. einer Woche tot. Abgestürzt mit dem Fallschirm. Die Frage ist, war es Mord oder Selbstmord? Für mich war es eindeutig Mord, denn der Mann, den ich noch am 27.5.2003 persönlich erlebt habe, bringt sich nicht selbst um!

Ich habe daraufhin einen „offenen Brief" an die Wochenzeitung, der Postillion, geschickt, der an Gudrun Kopp gerichtet war. Darin habe ich mein Unverständnis über ihr wechselndes Verhalten Jürgen Möllemann gegenüber, geäußert. Sie war meine Nachfolgerin als Fraktionsvorsitzender der Lagenser FDP, und ich hatte bislang die beste Meinung über sie. Aber man muss anscheinend so handeln wie sie, wenn man Karriere machen will.
Die ersten, nur positiven, Reaktionen kamen schon heute Morgen bei mir an, gerade nachdem der „Postillion" erschienen war. Es wird noch weiteres folgen!

Montag, 7. Juli 2003

Frau Gudrun Kopp hat es nicht für nötig befunden, auf den Brief zu antworten. Schlechtes Gewissen?
Die Gewerkschaftsbewegung in Deutschland hat zum ersten Mal seit ihrem Bestehen einen herben Rückschlag erlebt: Vier Wochen hat die IG Metall Betriebe in den neuen Bundesländern bestreikt. Das Ziel, die 35 Stunden Woche auch hier, denn es gilt noch die 38 Stunden Woche.
Nachdem kein Nachgeben der Arbeitgeber zu erkennen war und die Stimmung sich gegen die Gewerkschaft wandte, wurde der Streik ohne Ergebnis abgebrochen. Jetzt werden Schuldige gesucht, welche die Lage falsch eingeschätzt haben.
Ansonsten herrscht in der Politik weiter Hilf- und Ratlosigkeit. Die Regierung Schröder will jetzt durch Steuersenkung Wachstum schaffen. An sich eine richtige Idee, nur es muss die richtige Auf-

bruchstimmung erzeugt werden, was diese Regierung nicht schafft. Sie verschuldet unser Deutschland nur immer mehr, zu Lasten der kommenden Generationen! Es tut mir leid, aber diese Regierung aus Rot/Grün kann Deutschland nur helfen, indem sie schnell zurücktritt.

Montag, 29. September 2003

Am letzten Sonntag hat uns der Wähler in Bayern wieder etwas Hoffnung auf einen baldigen Wechsel gegeben. Bei der Landtagswahl hat die SPD eine unglaubliche „Klatsche" bekommen. Von einem schon schwachen Ergebnis von ca. 28% noch einmal fast 10% weniger auf ein „Möllemann-Ergebnis" von gut 18%!! Trotzdem sterben die Dummen offensichtlich nicht aus, denn die Grünen haben auf 7,5% zugelegt.

Traurig aber berechtigt, das Ergebnis von 2,5% für die FDP mit der unseligen Frau Leutheusser-Schnarrenberger.

Die CSU wurde für eine gute Politik über 45 Jahre mit einer 2/3 Mehrheit belohnt. Über 60% für Edmund Stoiber, alle Achtung!

Hoffentlich bekommen wir bald bayrische Tendenzen im Bund, denn der Untergang Deutschlands geht ungebremst weiter.

Mittwoch, 29. Oktober 2003

Bei den Kommunalwahlen in Brandenburg am letzten Sonntag hat die SPD eine erneute Klatsche bekommen. Ein Ergebnis von ca.23%, eben vor der PDS mit ca.21%. Wahlsieger wurde die CDU mit ca. 28%. FDP 6% und Grüne 4%. Da nur 44% der Wahlberechtigten ihre Stimme abgegeben haben, kann man die Stimmungslage richtig herauslesen: Keiner Partei wird im Grunde die Kraft für eine Verbesserung der Lebensumstände zugetraut!

Die Amerikaner erleben zurzeit ein Fiasko im Irak. Die Anschläge häufen sich, und die Soldaten erscheinen verunsichert und hilflos. Der stellvertretende Verteidigungsminister Wolfowitz, der größte Kriegstreiber, ist noch so eben einem Anschlag entkommen. Wenn der getroffen worden wäre, hätte es bestimmt ein notwendiges Umdenken in Amerika gegeben. So lange „nur" Soldaten bei Anschlägen ums Leben kommen, kann die Politik damit offensichtlich umgehen. Aber Herr Bush ist ein sehr religiöser Mann!!

Mit großer Sorge betrachte ich das Engagement unserer Bundeswehr in Afghanistan. Jetzt ist der Einsatz von Kabul auf Kundus ausgedehnt worden. Hier ist das größte Drogenanbaugebiet Afghanistans. Soll die Bundeswehr hier einschreiten, oder es tolerieren? Den Schwarzen Peter wird sie immer bekommen.

Im Januar 2004 steht ja auch der Afghanistan Einsatz von Eurem Vater bzw. Onkel an. Noch ist ja etwas Zeit und vielleicht ändert sich ja noch etwas. Ich hoffe jedenfalls von Herzen, dass alles gut geht.

Montag, den 24.11.03

Inzwischen ist viel geschehen, das erwähnt werden muss. Leider nichts positives: Herr Schröder versucht weiterhin Deutschland zu ruinieren und die CDU kniet vor den Juden. Das werde ich gleich näher erläutern. Wo ist nur eine wählbare Alternative?

Zur CDU: Ein Bundestagsabgeordneter ihrer Partei aus Fulda hatte in einer Rede zum Tag der Deutschen Einheit in etwa unter anderem ausgeführt: Bei der russischen Revolution 1917 waren in der Führung maßgeblich Juden beteiligt (was stimmt, aber nicht gesagt werden darf!). Auch sie hätten also bei den millionenfachen Morden Schuld auf sich geladen. Trotzdem dürfte man nach seinen Worten die Juden nicht als Tätervolk bezeichnen, ebenso wenig wie eigentlich das deutsche. Recht hat er, aber man glaubt es kaum, das ist Antisemitismus! Das heißt, wenn ich meine Meinung öffentlich äußern würde, hätte ich einen Platz im Gefängnis sicher. Armes Deutschland, wo man angeblich ein Recht auf freie Meinungsäußerung hat.

Obwohl Herr Hohmann, so hieß er, sich entschuldigte (wofür?), und dass er keine Gefühle verletzen wollte, reichte das nicht. Frau Merkel als CDU-Fraktionsvorsitzende musste dem Druck interessierter Kreise, an der Spitze Herrn Spiegel vom Zentralrat der Juden in Deutschland, nachgeben und Herrn Hohmann aus der Fraktion ausschließen lassen. Das gelang, weil jeder Abgeordnete wusste, dass er über seine eigene politische Zukunft abstimmte. Trotzdem hat sich noch eine ganze Reihe getraut dagegen zu stimmen. (Hut ab!)

Mein Hoffnungsträger bis dahin, der Ministerpräsident von Hessen, Herr Koch, musste sogar ein Parteiausschlussverfahren in Gang setzen. Herr Hohmann war ja Mitglied im hessischen Landesverband. Übrigens wurde er mit großer Mehrheit direkt in den Bundestag gewählt, und befragte Wähler in Fulda hatten in Mehrheit kein Verständnis für das Verhalten der CDU-Spitze. Die gesamte CDU/CSU Spitze, auch Herr Stoiber, haben sich als Flaschen ohne Rückgrat gezeigt. Wann gibt es bloß eine wählbare Partei!?

Es ist schon peinlich mit anzusehen, wie Politiker in Talk Shows sich verzweifelt bemühen, ja kein schlechtes Wort über Israel zu verlieren. Dass an dem Nahost-Konflikt und auch dem Irak Krieg in erster Linie Israel Schuld ist, wird tunlichst nicht erwähnt.

Dienstag, den 25. Nov. 2003

Im Irak herrscht nach wie vor Chaos. Die Hilfsorganisationen und ausländische Vertretungen haben sich zurückgezogen. Italien, merkwürdigerweise Hilfstruppe der Amerikaner, beklagt 18 Tote bei einem Bombenanschlag. Ein anderer Helfer, die Türkei, erlebt riesige Anschläge im eigenen Land. Hier gegen eine Synagoge und die englische Botschaft mit vielen, vielen Toten. Kluge Männer, die wirklich die Verhältnisse kennen, wie Peter Scholl-Latour, haben gewarnt. „Der wirkliche Krieg beginnt erst, wenn das Land vollständig besetzt ist." Die armen Soldaten, die ihr Leben riskieren müssen für eine idiotische amerikanische Führung. Das meine ich so, wie ich es sage. Kann man wirklich so blind sein, um nicht zu sehen, dass es verkehrt war, einen Juden, Herrn Paul Bremer, an die Spitze der Zivilverwaltung zu setzen? Nichts gegen Herrn Bremer, der mag ein guter Diplomat sein, aber seine Ablehnung durch die Moslems im Irak war doch vorauszusehen! Es ist kein Wunder, dass die islamische Welt Amerika mit Israel gleichsetzt.

Herr Scharon hat Europa vor wachsendem Antisemitismus gewarnt. Derselbe Herr Scharon, der jetzt eine Mauer bauen lässt, meistens weit auf Palästinensergebiet (aus Sicherheitsgründen), muss sich eigentlich nicht wundern! Wir Deutschen haben unsere Mauer erst vor gut 10 Jahren überwunden. Hier kommt eine neue, und die Welt schaut tatenlos zu!

Heute habe ich gelesen, dass die Mehrzahl der Israelis in Angst leben. Das kann ich verstehen, denn auch Selbstmordattentäter treffen meistens Unschuldige. Schuld haben aber die Regierenden in Israel, die sich anmaßen, UNO Resolutionen nicht erfüllen zu müssen; die besetzte Gebiete, wie die Golan Höhen nicht wieder herausrücken; die Palästinenser demütigen zu dürfen und so den Terror schüren. So wird es nie Frieden im Nahen Osten geben.

Das wir hier in Deutschland inzwischen eine höhere Zuwanderung von Juden verzeichnen als Israel, darf hier nicht thematisiert werden. Nur Fragen gebe es in diesem Zusammenhang doch genug, z.B. warum verlassen so viele Juden ihre Heimat in Russland und Umgebung? Warum kommen sie nach dem „Land der Täter", Deutschland, wenn sie auch die Möglichkeit haben nach Israel oder Amerika zu gehen? Schon merkwürdig, nicht wahr? Vorteile für Deutschland kann ich nicht erkennen, aber danach darf ja nicht gefragt werden. Tatsache ist, dass ca. 80% der Einwanderer von Sozialhilfe leben, also auf unsere Kosten. In Berlin müssen schon wieder 8 Synagogen rund um die Uhr bewacht werden. In München ist der Grundstein für ein riesiges jüdisches Zentrum gelegt worden, mit Kindergarten, Schule, Museum und Synagoge. Noch Fragen was auch zu unserer immensen Verschuldung beiträgt??

Dienstag, den 16. Dez. 2003

Vorgestern haben die Amerikaner Saddam Hussein in einem Erdloch aufgefunden. Welcher Informant da wohl das Kopfgeld von 25 000 000 $ kassiert? Ob die Festnahme sich so abgespielt hat, wie uns im Fernsehen glauben gemacht werden sollte, ist für mich zweifelhaft. Wahrscheinlich ist er schon länger in der Hand der Amerikaner und wurde jetzt unter Drogeneinfluss der Öffentlichkeit präsentiert. In Inszenierungen sind die Amerikaner groß, wie wir aus der Geschichte wissen. Aber das ist in diesem Falle ja auch egal. Unstreitig ist hier ein Massenmörder gefangen worden, der nun getötet wird. Nur die Dinge, die man als Kriegsgrund angegeben hat, wird man ihm nicht vorwerfen können. Diese, wie z.B. Massenvernichtungsmittel, gab es nicht! Nur, ich befürchte, dass das Morden keinesfalls mit der Festnahme aufhört, sondern eher noch zunimmt.

In Berlin hat der unselige Bundestag beschlossen, jetzt auch noch ein Denkmal, für in der Nazizeit verfolgte Homosexuelle aufzustellen. Mein Vorschlag dazu: Herr Bürgermeister Wowereit mit heruntergelassener Hose. - Im Ernst, ich habe nichts gegen Homosexuelle. Nur, dass es sich um eine unnatürliche Sache handelt ist doch schon daran zu merken, dass die Natur hierbei keine Möglichkeit der Vermehrung vorgesehen hat. Sonst das ureigenste Naturgesetz, dem sich alles unterordnet. Also noch einmal, solange diese Veranlagung privat ausgelebt wird, toleriere ich das. Nur zurzeit hat man bald die Befürchtung, dass das noch zur Pflicht wird.

Freitag, 2. Januar 2004

Den Jahreswechsel in ein hoffentlich besseres Jahr haben wir geschafft. Es tritt eine Steuerreform in Kraft, die angeblich die Bürger entlasten soll. Ich bin da mehr als skeptisch, eine Besserung der Situation in Deutschland ist nur durch einen Stimmungsumschwung zu erreichen. d.h. diese unselige Regierung muss ganz schnell abgelöst werden. Außer Abzocken der Bürger hat sie nichts zu Wege gebracht! Krankheit wird für den Normalbürger bald unbezahlbar: neu eingeführt wird eine Praxisgebühr von € 10.- im Quartal, Zuzahlung zu verschriebenen Medikamenten 10%, mindestens € 5.-, höchstens jedoch € 10.-. Steuervergünstigungen werden gestrichen, aber von einer richtigen Reform keine Spur. Das neueste Vorhaben dieser Volksschädlinge: Schwarzarbeit bei Privatleuten soll von einer Ordnungswidrigkeit zu einer Straftat aufgewertet werden. Wer eine Putzfrau also privat bezahlt, wird mit einer Strafe von mindestens € 1500.- belegt. Langsam werde ich in Gedanken zum Terroristen!

Die Zeitungen vermeldeten zum Jahreswechsel, dass in unseren Gefängnissen inzwischen die Russenmafia das Sagen hat. Mit unglaublicher Brutalität werden andere Gefangene gedemütigt und zur Unterordnung gezwungen. Unser schwacher Staat findet die Folgen auch in den Gefängnissen wieder. Wenn nicht bald etwas gegen den Zuzug von Ausländern geschieht, werden wir den Krieg zum dritten Mal verlieren. Wahrscheinlich haben wir das schon! Ein Einkauf bei Lidl in Lage verdeutlicht, was ich meine. Man fühlt sich wie ein Gast im eigenen Lande.

Die Handelskonzerne bekämpfen sich mit einer nie da gewesenen Rabattschlacht. Was für den Verbraucher im Moment verlockend ist, vernichtet auch noch die Existenz der letzten Mittelständler. Wenn dann ein Konzern marktbeherrschend ist, werden wir sehen, was mit den Preisen passiert. Nur die Politik sieht nichts!

Immer mehr Deutsche wandern aus, habe ich gelesen. Mit dem Gedanken spiele ich auch.

Montag, 26. Januar 2004

Mein Schwiegersohn, inzwischen zum Oberfeldarzt befördert, muss von heute ab für fünf Wochen nach Kabul. Nun gibt es Schlimmeres und er ist ja nun einmal Soldat, trotzdem hoffen wir sehr, dass die Zeit schnell und problemlos bewältigt wird. Ob die deutschen Soldaten wirklich etwas Positives bewirken können, weiß ich nicht. Aber auf alle Fälle ziehe ich Afghanistan einem Einsatz im Irak vor.

Der Mars wird nun von amerikanischen Robotern ausspioniert. Der europäische ist verschollen und meldet sich nicht mehr. Trotzdem ist die Leistung, ein Raumschiff oder was auch immer, zum Mars zu schicken für mich unbegreiflich. Noch unbegreiflicher ist es, dass man von dort Bilder empfangen kann. Das ist etwas, was mir imponiert. Nur, ob sich die Kosten einmal auszahlen? Ich weiß nicht, wie das sein könnte.

Herr Gerster ist als Chef der Bundesarbeitsverwaltung entlassen worden. Er wollte einen Umbau einer erstarrten Mammutbehörde vorantreiben. Aber, wer schlafende Beamte auf Trab bringen will, wird Widerstand ernten. Sein Nachteil war, dass er einen sehr arroganten Eindruck machte, deshalb hatte er auch wenig Fürsprecher. Endgültig das Genick gebrochen haben ihm aber die Gewerkschaften, vertreten durch die unangenehme Frau Engelen-Käfer. Sie ist die Vorsitzende des Verwaltungsrates der Bundesanstalt, der sich aus je einem Drittel Arbeitnehmer, Arbeitgeber und Politik zusammensetzt. Die Gewerkschaften und wohl auch Arbeitgeberverbände profitieren von der Arbeitslosigkeit durch ihre Fortbildungsinstitute. Hier wollte Herr Gerster Einschneidungen vornehmen und hat sich damit selbst entlassen. Gründe wurden konstruiert, wie z.B. Beraterverträge, die er nachweislich nie gesehen hatte. Aber wie gesagt, als Mensch hat er mir auch nicht gefallen.

Anzumerken bleibt: Die Bundesanstalt kann zur Bundesagentur gemacht werden. Sie kann durchorganisiert werden und vielleicht sogar effektiv werden. Das Problem der Arbeitslosigkeit kann sie aber sicher nicht lösen. Wie soll sie nämlich Arbeitslose vermitteln, wenn keine freien Arbeitsplätze vorhanden sind?

14 Wahlen gibt es in diesem Jahr für die Deutschen. Den Anfang macht Ende Februar Hamburg. Hier hoffe ich auf eine absolute Mehrheit der CDU, nur um Rot/Grün zu verhindern. Die Chancen stehen nicht schlecht, denn leider hat die Schill Partei ausge-

spielt. Auch die FDP ist wohl chancenlos, also muss Herr von Beust gewinnen!

Dienstag, den 3. Februar 2004

Aus Kabul kommen von unserem Schwiegersohn keine ermutigenden Nachrichten. Die Soldaten langweilen sich zu Tode. Es ist dort schmutzig und deprimierend. Das Lager darf nicht verlassen werden, weil die Lage angespannt ist. Auch für den Zahnarzt ist fast nichts zu tun, obwohl ein ganzes Team auf Patienten wartet. Was ein ausgebildeter Oralchirurg da eigentlich soll, bleibt unklar. Für Operationen am Kiefer oder ähnliches gibt es gar kein Material. Es können also nur einfache Zahnarzttätigkeiten ausgeführt werden. Dort in Untätigkeit und Angst ein halbes Jahr zu verbringen, muss tödlich sein.

Ende des Jahres wird der Präsident der USA neu gewählt. Plötzlich kündigt Herr Bush an, Geheimdienstberichte über die Gefahr, die von Saddam Hussein ausging, überprüfen zu lassen. Eine Nestbeschmutzung wird es bestimmt nicht geben. Vielleicht findet man „plötzlich und zufällig" doch noch die gefährlichen Waffen. Würde mich nicht wundern, nur es ist etwas zu spät, um glaubwürdig zu sein.

Die SPD ist in der Wählergunst weiter auf dem Abstieg, inzwischen bei 24%, und das ist gut so. Die Führung tut aber so, als wenn es sie nichts anginge. Herr Schröder hat erst wieder Gelder in Afrika verteilt.

Samstag, 14. Februar 2004

Herr Schröder trennt sich bei dem nächsten SPD Parteitag im März vom Posten des Parteivorsitzenden. Diesen soll dann Herr Müntefering bekleiden. Ein Rückzug in Raten!

Noch zwei Wochen und der Einsatz in Kabul für meinen Schwiegersohn geht zu Ende. Er schreibt Tagebuch und hat den ersten Teil gemailt. Riesig interessant.

Es ist Karneval und die Regierung bekommt kräftig was auf die Mütze. Beispiel gefällig? - Bundeskanzler Schröder ist für den Nobelpreis für Medizin vorgeschlagen worden. Er hätte Größeres geleistet als Dr. Barnard, der als erster ein Herz von Mensch zu Mensch transplantiert hat. Er habe nämlich aus dem Herzen Europas den Arsch der Welt gemacht! - Im Fernsehen wurden zum ersten Male im Irak verwundete Amerikaner gezeigt. Junge Männer ohne Beine usw. Ob Herr Bush weiterhin gut schläft?

Dienstag, 2. März 2004

Am Sonntag wurde in Hamburg ein neuer Senat gewählt. Wieder gab es eine Klatsche für die SPD. Im roten Hamburg haben nur noch 30,5% der Wahlbürger der SPD die Stimme gegeben. Die Grünen haben mit 12,5% viel zu viel bekommen, aber der große Sieger ist die CDU. Ole von Beust hat 20% zugelegt und die absolute Mehrheit errungen. Die FDP ist verdientermaßen rausgeflogen, von 5,1% abgestraft auf 3,2%! Schill hat es auch nicht mehr geschafft und will nun auswandern. Bei einer hohen Wahlbeteiligung haben die Wähler gezeigt, dass sie sich nicht mehr verarschen lassen. Langsam kann einem der Bundeskanzler Schröder leid tun, denn auch ein Müntefering konnte den Niedergang nicht aufhalten.

Der Ausverkauf Deutschlands geht weiter. Jeden Tag stehen Meldungen von Werksschließungen und Personalentlassungen in der Zeitung. Die Insolvenzwelle rollt ungebrochen und die Politik zeigt sich unfähig. Armes Deutschland!

Montag, 8. März 2004

Die Israelis haben am Wochenende bei einer „Säuberungsaktion" 22 Menschen, nur Palästinenser, im Gazastreifen getötet. Darunter auch Kinder und Unbeteiligte. Das sollte eine Vergeltungsaktion für einen geplanten Sprengstoffanschlag in Israel sein. Vor ein paar Tagen erst wurde wieder IM PALÄSTINENSERGEBIET!! ein Auto mit einer Rakete von einem israelischen Hubschrauber beschossen. Ob in dem Auto Gewalttäter saßen, ist nicht bewiesen und wohl auch ziemlich nebensächlich. Eine EU, die in aller Welt Todesstrafe kritisiert, lässt diese „Todesstrafe ohne Prozess" zu.

Jörg Haider hat in Kärnten bei der Landtagswahl auf 42,7% für sich und seine FPÖ zugelegt. Nach einer internationalen Hetzkampagne gegen ihn, ein sensationelles Ergebnis. In der Lippischen Landeszeitung (SPD hörig) wurde das so auf Seite zwei gemeldet: Die Freiheitliche Partei (FPÖ) des umstrittenen Politikers Jörg Haider konnte in Kärnten leichte Gewinne von knapp einen Prozentpunkt auf 42,7% verbuchen.

Von so einem Ergebnis ist die deutsche FDP meilenweit entfernt, sie krebst nach neuesten Umfragen wieder bei 5% herum. Vielleicht sollte sie sich doch einmal mit Herrn Haider unterhalten!

Glücklicherweise ist Deutschland Wolfgang Schäuble als Bundespräsident erspart geblieben. Die CDU/CSU und die FDP, die zusammen in der Bundesversammlung die Mehrheit haben, haben Horst Köhler für die Wahl im Mai nominiert. Nach ersten Interviews scheint er der Richtige für dieses Amt zu sein. Als Nachfolger des schwachen Johannes Rau wird er es ja auch relativ leicht haben. Die Frage bleibt, ob Deutschland dieses teure Amt überhaupt benötigt?

Montag, 22. März 2004

Israel hat heute Nacht mit einem Raketenangriff den Führer der palästinensischen Hamas, den blinden Scheich Jassin getötet. Es sollte mich wundern, wenn mit dieser Politik der unglaublichen Selbstüberschätzung und Arroganz nicht eine neue Gewaltspirale in Gang gekommen ist. Überhaupt wird nach meiner Meinung Ursache und Wirkung der Gewalt völlig falsch interpretiert. Die pausenlose Demütigung der Palästinenser durch die Israelis, die sich durch Krieg Land angeeignet haben, das ihnen nicht gehört; die sich als

Herren über Leben und Tod aufspielen; für die Sippenhaft offensichtlich selbstverständlich ist - Häuser von Selbstmordattentätern werden gesprengt, auch wenn die dort nur gewohnt haben! – Das deutsche Volk in Sippenhaft zu nehmen, hat sich ja auch gelohnt!

Vor einer Woche wurden in Madrid schreckliche Sprengstoffanschläge auf Vorortzüge verübt. Ca. 170 unschuldige Opfer der Al Kaida. Die konservative Regierung von Herrn Aznar wurde bei der nur einige Tage späteren Wahl abgestraft. Grund war ihr Zusammengehen mit den Amerikanern im Irakkrieg. Gegen die Meinung von 80% der Bevölkerung sollte man nur in ganz seltenen Fällen handeln!

Ostermontag, den 12. April 2004

Im Irak wird es für die Amerikaner immer schwieriger. Die Schiiten, auf deren Hilfe sie gebaut hatten, denn die waren von Saddam Hussein massiv unterdrückt worden, formieren sich jetzt auch gegen die Amerikaner. Bei einem Aufstand in Falludscha, der Sunnitenhochburg, haben die Amerikaner hunderte Iraker getötet. Aber auch die Amerikaner beklagen immer größere Verluste. Eine neue Taktik der Iraker ist, Geiseln zu nehmen. Heute soll ihnen das wieder gelungen sein. So sind schon seit Tagen drei Japaner in Geiselhaft. Es wird Japan gedrängt, die Truppen aus dem Irak abzuziehen.

Zwei deutsche GSG 9 - Soldaten, die zur Botschaftsbewachung in Bagdad, von Amman kommend, fuhren, sind bei einem Überfall auf ihr Fahrzeug ums Leben gekommen. Iraker bedauerten im Fernsehen diesen Zwischenfall, denn Deutsche wären nicht ihre Feinde.

Herr Müntefering hat die deutschen Unternehmer gewarnt. Sie dürften nicht nur die Vorteile des Standortes Deutschland annehmen, und sich ansonsten im Ausland engagieren. Diesen „vaterlandslosen Gesellen" müsste man entgegensteuern. Z.B. mit einer Ausbildungsabgabe für ausbildungsunwillige Betriebe. Wo lebt dieser Mensch nur? Firmen, denen das Wasser bis zum Halse steht, und die gibt es mehr als genug, sollen nun dennoch bezahlen, wenn sie nicht genügend Ausbildungsplätze zur Verfügung stellen. Das bedeutet den letzten Stoß für viele Firmen und Kommunen. Vielleicht sollte man lieber die Lehrlingsvergütung und die anderen Vergünstigungen massiv zurückfahren.

Deutschland ist so krank, dass nur noch wirkliche Sparaktionen helfen können. Der Politik fällt aber immer nur Erhöhung ein. Der Bürger braucht wieder mehr Geld in der Tasche, damit er helfen kann, der Binnenkonjunktur Auftrieb zu geben. Außerdem muss wieder Hoffnung und Zuversicht erzeugt werden. Dazu müssen Abgaben gesenkt und Sparmaßnahmen gesteigert werden. Aber hierbei muss geklotzt werden: Es müssen z.B. Bundesländer zusammengelegt werden. Fünf oder sechs sind genug! Jedes Gesetz muss darauf abgeklopft werden, wie viel Verwaltung es nach sich zieht. Notfalls muss es so geändert werde, dass weniger anfällt, oder es muss ganz darauf verzichtet werden. Die Entwicklungshilfe muss auf Effektivität überprüft werden. Länder, in die nur immer hinein gegeben wird, ohne dass sich die Situation im Geringsten ändert, müssen ausgeklammert werden. Und der Slogan von früher: Leistung muss sich lohnen! – muss wieder Gültigkeit bekommen, ohne wenn und aber. Um den Mittelstand wieder auf die Beine zu bekommen, müssen die Großkonzerne massiv beschnitten werden. Das gilt vor allem im Handel, denn hier werden von den Filialisten und Konzernen massiv mittelständische Arbeitsplätze vernichtet. Kein Land kann ein Interesse daran haben, dass es Firmen mit mehr als 40 Filialen gibt. Genauso wenig wie Einkaufszentren mit 10 000 und mehr Quadratmetern, die ja meist auch immer von denselben Konzernen besetzt werden. Die Lösung wäre eine differenzierte Mehrwertsteuer und eine Flächenbegrenzung. D.h. Märkte dürfen eine Fläche von 3000 qm nicht überschreiten. Andernfalls wird eine zusätzlich Mehrwertsteuer von

3 % oder mehr fällig. Genauso bei einem Filialisten mit mehr als 40 Filialen bundesweit. Leider ist keine Änderung der Politik zu erwarten, und so geht die Talfahrt weiter. Wachstum verzeichnen

nur Nervenkliniken und Suchtkrankenhäuser.

Montag, 19. April 2004

Präsident Bush hat angeblich einem Plan Israels zugestimmt, den Ariel Scharon bei seinem Amerika Besuch vorgetragen hat: Israel will jüdische Siedlungen im Gazastreifen räumen, aber die im Westjordanland behalten. Dass alle diese Siedlungen illegal auf gestohlenem Gebiet liegen, spielt offensichtlich keine Rolle. Amerika zeigt sich als das, was es ist: eine Marionette Israels! Offensichtlich hat Bush Scharon völlig freie Hand gegeben im seinem Verhalten gegenüber den Palästinensern. Gerade zurück von seiner Reise, ist auch der Nachfolger von dem getöteten Scheich Jassin als Hamas Führer, Abdel-Asis Rantisi, ein Arzt, durch einen erneuten Raketenangriff getötet worden. Dass von dem Israelischen Hubschrauber aus auch ein Sohn und der Fahrer getötet wurden, spielt offensichtlich keine Rolle. Angeblich gibt es weltweite Proteste gegen den Verstoß gegen das Völkerrecht, aber keine konsequenten. Wir Deutschen dürfen ja wie üblich sowieso nichts sagen.

Wenn heute Kommunalwahlen und Landtagswahlen stattfinden würden, wäre die CDU der große Gewinner. Und das, obwohl man von ihnen so gut wie nichts hört. Nur die Unfähigkeit der SPD bringt ihnen Zugewinne.

Ab den ersten Mai werden zwölf Länder der EU neu beitreten. Armes Deutschland, das kann trotz alle positiven Äußerungen nicht gut für uns sein. Wir werden sehen, ändern können wir sowieso nichts. Bei so „unwichtigen" Fragen wird das Volk nicht gehört. Wir sind nur Stimmvieh!

Pfingstmontag, den 31. Mai 04

Herr Köhler ist zum Bundespräsidenten gewählt worden. Zum zweiten Mal in der deutschen Geschichte, nach Herrn Carstens, ist einer gewählt worden, der nicht aus dem Regierungslager vorgeschlagen wurde. Seine ersten Auftritte (das Amt antreten wird er erst Ende Juni) lassen hoffen. Der Judenpräsident Spiegel hat gleich angemahnt, dass Israel erwartet, von ihm genauso oft besucht zu werden, wie es Herr Rau für nötig befunden hat. Das wäre über 40-mal gewesen!

Jetzt wird Wahlkampf für die Europawahl gemacht. Ich glaube, das Erwähnenswerteste wird die geringe Wahlbeteiligung werden.

Die Vernichtung des Mittelstandes geht weiter. Den Schützenvereinen fällt es zunehmend schwerer, Leute zu finden, die Schützenkönig werden wollen. Früher waren dieses in der Regel selbstständige Kaufleute oder Handwerker. Die sind inzwischen pleite oder scheuen die finanzielle Belastung.

14. Juli 04

Die Europawahl hat die befürchtete niedrige Wahlbeteiligung gebracht. In Deutschland lag sie bei nur 46%. In England, Schweden und der Tschechei haben europaskeptische Parteien zugelegt. In den im Mai neu aufgenommenen Mitgliedsländern lag die Wahlbeteiligung bei 26%. Also auch kein großer Vertrauensbeweis in die Eurokraten.

Die Gewerkschaften verlieren Mitglieder „im Laufschritt". Sie sind eigentlich völlig überflüssig und stehen einem Aufschwung nur im Wege. Der Arbeitsmarkt ist eine Katastrophe mit einer Arbeitslosigkeit von wahrscheinlich doppelter Höhe, wie die Statistik ausweist. (ca.4,2 Millionen).

9. August 04

Das Chaos in Deutschland wird immer größer. Die großen Verlage, Spiegel und die Springer Presse wollen zur alten Rechtschreibung zurückkehren. Die FAZ war ja seit langem Vorreiter bei diesem Tun. Eigentlich halte ich den Schritt für falsch, aber ich bin mit meiner Meinungsfindung noch nicht am Ende.

Gegen die Reform „Hartz 4" werden seit einer Woche Montagsdemonstrationen gemacht. Heute werden einige zigtausend Leute erwartet. Es geht um die Zusammenlegung von Arbeitslosenhilfe und Sozialhilfe. Wer für sein Alter vorgesorgt hatte, wird bestraft. Wir werden dank Rot/Grün zu einem Armenhaus. Die größte Schädlinge Deutschlands sind die Grünen. Alles was sie bisher „geleistet" haben, hat zu einer Verteuerung und Verunsicherung geführt. Der Ölpreis explodiert und wir steigen aus der Kernkraft aus. Das Gegenteil wäre richtig. Statt mit durch Kernenergie erzeugten Strom Öl zu ersetzen, geben wir uns immer mehr in Abhängigkeit. Die Windkraft, Biogasanlagen und Solarenergie in Deutschland ist eine Lachnummer, die nur Schildbürgern zu vermitteln ist. Leider haben wir zu viele von denen. Wo ist die Industrie und die alternative Politik, die diesen Pöbel bekämpft?

18. August 04

Der Dieselpreis ist erstmalig über einen Euro gestiegen. Von der Politik wenig zu hören. Es ist Urlaub! Vom herbeigeredetem Aufschwung ist nichts zu spüren. Der Export, der uns noch einigermaßen hochhält, wird immer mehr mit Waren gemacht, die nicht in Deutschland produziert werden! Also ist auch die deutsche Exportherrlichkeit bald vorbei. Uns hilft in Deutschland nur ein völliger Neuanfang. Dafür bietet die CDU mit Frau Merkel aber auch keine Alternative. Aber ganz egal was passiert, der Wechsel muss her. Schlechter kann es nicht werden!

Die Montagsdemonstrationen, vor allem im Osten, weiten sich aus. Montag waren fast 100 000 Menschen auf den Beinen. Es geht gar nicht in erster Linie gegen Hartz, sondern die berechtigte Enttäuschung im Osten macht sich Luft. Wenn z.B. Beamte aus dem Westen eine „Buschzulage" bekommen, wenn sie im Osten aushelfen, dann ist das diskriminierend.

21. September 2004

Am letzten Sonntag waren Landtagswahlen in Brandenburg und Sachsen. SPD und CDU wurden abgestraft. Beide verloren in Brandenburg ca. 7%, in Sachsen verlor die CDU ca. 14% und die SPD 3%. Die SPD in Sachsen ist nun bei 9% angekommen. Sieger waren die PDS und in Sachsen die NPD mit auch ca. 9%. Da in Brandenburg der „Deichgraf" Herr Platzeck weiter regieren kann und die Umfragen vorher noch schlechter waren, wurde die Niederlage von dem Parteivorsitzenden Müntefering zum Sieg umfunktioniert. Grüne spielen im Osten glücklicherweise keine Rolle. In Sachsen aber in den Landtag gerutscht mit 5,1% ebenso wie die FDP mit 5,9%. Beide nicht im Brandenburger Landtag, dafür eine gestärkte DVU. Wegen der beiden „rechtsradikalen" Parteien gibt es einen Aufschrei mit Wählerschelte von den Medien, Herrn Spiegel und Politikern anderer Parteien. Nur der neue Bundespräsident, Herr Köhler, mahnt zu Besonnenheit. Bisher ein guter Präsident!

Jetzt blickt Deutschland auf Nordrhein-Westfalen, wo am Sonntag Kommunalwahlen sind. Ich habe mich in Kachtenhausen als Direktkandidat für eine neue Partei in Lage, den BBL (Bürgerbewegung für Lage), zur Verfügung gestellt.

6. Oktober 04

Übers ganze Land NRW gerechnet, haben die CDU und die SPD verloren. Weil die CDU prozentual mehr verloren hat als die SPD, wurde eine angebliche Trendwende herbeigeredet. Die CDU verliert an Vertrauen, ist mit Herrn Rüttgers in NRW und Frau Merkel im Bund aber auch schlecht aufgestellt.

Die BBL hat aus dem Stand über 10% der Stimmen bekommen. Ich in Kachtenhausen 12,3%, das war das drittbeste Ergebnis für den BBL. Nur die Hörster Wahlbezirke hatten besser abgeschnitten. Herr Walter mit 29% hätte fast den Wahlkreis direkt gewonnen. Die BBL wurde drittstärkste Partei im Rat mit vier Ratsmitgliedern.

Die anderen Parteien haben alle verloren, am meisten die SPD. Sonntag ist Stichwahl für den Bürgermeister zwischen Herrn Liebrecht von der CDU und Herrn Kaiser von der SPD. Herr Liebrecht hatte die absolute Mehrheit mit 48,1% nur knapp verfehlt. Er wird wohl das Rennen machen.

Herr Eichel legt heute einen neuen Nachtragshaushalt vor. Er sieht neue Schulden von unbeschreiblichen 43,7 Milliarden Euro vor. Wer soll die Schulden mal wieder zurückzahlen?

4. November 2004

Herr George W. Bush hat die Wahlen in Amerika zum zweiten Mal gewonnen. Mitgeholfen hat massiv ein Bin Laden. Drei Tage vor der Wahl!!! wurde ein Video veröffentlicht, in dem neue Anschläge angekündigt wurden. Nach meiner Meinung mit Sicherheit eine Fälschung. Es hat genützt. Die Frage ist, ob der andere Bewerber um die Präsidentschaft, Herr Kerry, besser gewesen wäre. Auch er wollte sich den illegalen Krieg im Irak durch Öl bezahlen lassen.

Herr Arafat liegt in Paris im Krankenhaus im Sterben. Meine Vermutung, dass er von den Juden vergiftet wurde, wurde aufgewertet, dadurch, dass ihm sofort eine Ausreise- und Wiedereinreiseerlaubnis erteilt wurde. Das war vorher immer kategorisch abgelehnt worden. Israel hat offensichtlich gewusst, dass der lebendig nicht wieder einreisen wird.

Die Arbeitslosenzahlen sind zum Vorjahr erneut gestiegen. Herr Eichel sucht weiter nach Einnahmen, da die Steuereinkünfte weiter sinken. Leider bietet die Opposition keine sichtbare Alternative zu der Chaosregierung.

Herr Liebrecht ist in Lage, wie erwartet, Bürgermeister geworden. Herr Kaiser hat die Segel gestrichen und ist aus der Politik ausgeschieden, nachdem ihm ein Herr Dargatz den Fraktionsvorsitz streitig gemacht hatte.

8. November 04

Herr Eichel in seiner verzweifelten Suche nach neuen Geldquellen, hat vorgeschlagen, den Nationalfeiertag 3. Oktober, auf einen Sonntag zu verlegen. Erst ein Aufschrei in der Bevölkerung und des Bundespräsidenten Köhler ließen diesen absurden Vorschlag in den Keller verschwinden. Der Bundeskanzler hatte schon Zustimmung signalisiert. Wie nähern uns unaufhaltsam dem Chaos! Leider bietet die CDU/CSU keine Alternative. Ihre Werte in den Meinungsumfragen sinken.

27. November 04

In der Ukraine ist die Wahl des Nachfolgers von Herrn Kutschma durch massive Wahlfälschungen manipuliert worden. Die Anhänger des „Verlierers" demonstrieren in großer Menge. Hoffentlich bleibt es friedlich.

Dem Iran wird immer wieder die Herstellung von einer Atombombe unterstellt. Mir scheint, hier soll ein Militärschlag der Israelis vorbereitet werden.

19. Dezember 04

Die EU hat beschlossen mit der Türkei Aufnahmeverhandlungen zu führen. Damit ist der Todesstoß für Deutschland als Nation vorprogrammiert. Deutschland wird als große Kulturnation ausgedient haben. Vielleicht kommt es aber auch zu einer Radikalisierung der Bevölkerung. Den Abstieg Deutschlands betreiben die Grünen unterstützt von der SPD. Hier mehr aus Blödheit und Machtversessenheit. Kanzler Schröder weiß, dass die in Deutschland lebenden „Deutschtürken" ihn wählen.

Das Morden im Irak geht täglich weiter, ein Frieden ist nicht in Sicht.

In der Ukraine soll es Neuwahlen geben.

11. Januar 05

Am zweiten Weihnachtstag ist über den asiatischen Raum, sprich die Anrainer des Indischen Ozeans, eine Jahrhundertkatastrophe hereingebrochen. Über 160 000 Menschen sind tot, Millionen haben alles verloren. Die Spendenbereitschaft der Deutschen ist grandios und zu begrüßen. Nicht zu verstehen ist die „Großzügigkeit" der Bundesregierung, die plötzlich 500 Millionen Euro herbeizaubert und damit die USA in der Spendenhöhe bei weitem übertrifft. Das bei chronisch leeren Kassen! Außerdem spendet die EU noch großzügig, wo Deutschland größter Nettozahler ist, also auch hier spenden wir!!! Der Verein Schröder/Fischer gehört an den Pranger.

In der Ukraine hat die Neuwahl eine Korrektur des ersten, manipulierten, Ergebnisses gebracht. Der jetzige Verlierer kämpft noch über die Gerichte.

Das Jahr 2005 schloss ab mit den höchsten Arbeitslosenzahlen seit der Wende. Die LKW Maut scheint aber endlich zu klappen. Das weckt sofort Begehrlichkeiten und es wird eine PKW Maut in die Diskussion gebracht.

Der Überwachungsstaat, die Stasi lässt grüßen, ist inzwischen so gut wie perfekt. Der Staat weiß, wie deine Heizung funktioniert und was du verheizt. (Zwangsüberprüfung durch den Schornsteinfeger). Wenn du nur einen Kredit oder ein Darlehn bei der Bank haben willst, musst du alles, aber auch alles, aufdecken. Die Überwachungsbehörde wird dann von der Bank informiert. Der Staat kontrolliert deinen Müll, weiß auch da also im Zweifel über deine Vorlieben Bescheid.

Montag, den 24.01.05

Lukaschenko ist doch noch Präsident der Ukraine geworden. Die Einigelung Russlands durch die USA geht weiter. Leider erfüllt mich das Machtstreben des jüdischen Amerika nicht mit Zuversicht

– im Gegenteil! Präsident Bush hat seine zweite Amtsperiode groß gefeiert. Der Mann ist mir sehr suspekt. Er scheint mir dumm zu sein und dadurch manipulierbar von interessierten Kreisen.

Der schwule Münchener Modedesigner Mooshammer ist von einem irakischen Stricher ermordet worden. Der Täter wurde anhand von DNA-Analysen innerhalb von 48 Stunden überführt. Viele Morde ließen sich durch eine DNA-Kartei verhindern. Hierbei gibt es eine merkwürdige Ablehnungshaltung bei den Grünen und der FDP. Wie schon bei der Ablehnung des Lauschangriffs, scheinen die Rechte von Tätergruppen wichtiger zu sein, als der Schutz der Normalbürger.

Montag, 7. Februar 2005

Die „Rekorde" der rot/grünen Chaosregierung häufen sich: So haben wir auch offiziell die 5 Mio. Marke bei den Arbeitslosen überschritten. Es sind zwar „arbeitsfähige" Sozialhilfeempfänger mit in die Statistik eingeflossen, aber eine ganze Menge anderer erscheint nicht. Die Arbeitslosigkeit ist also noch weit höher! Der drittgrößte deutsche Baukonzern, die Walter Bau, ist insolvent. Diesmal ist Schröder nicht als Retter aufgetreten. Die Opposition hat offensichtlich Angst in dieser Situation die Macht zu übernehmen. Zwei Landtagswahlen stehen an, in Schleswig-Holstein und in Nordrhein-Westfalen. Wenn da kein Wechsel stattfindet, liegt das ganz alleine an der schwachen Alternative.

Montag, 21. Februar 2005

In Schleswig-Holstein hat Frau Simonis mit ihrer SPD eine Niederlage eingefahren. Die CDU ist stärkste Fraktion geworden. Die Grünen sind auf niedrigem Niveau gleich geblieben. Die FDP hat leider nicht dazu gewonnen. Der SSW, obwohl auch verloren, ist nun Mehrheitsbeschaffer – für Rot/Grün. Die Katastrophe geht anscheinend weiter! Trotzdem ist der Frust der Menschen mit

Rot/Grün deutlich erkennbar. Das gibt Hoffnung für NRW. Wobei mir Herr Steinbrück, der jetzige Ministerpräsident kompetenter erscheint, als Herr Rüttgers. Trotzdem muss es einen Wechsel geben !

Montag, 21. März 2005

Die Sensation in Schleswig-Holstein ist eingetreten. Frau Simonis bekam in vier! Wahlgängen keine Mehrheit. Einer aus ihrem Lager hat sich jedes Mal enthalten. Die Rot/Grünen im Land und im Bund sind konsterniert. Peter Harry Carstensen von der CDU versucht eine große Koalition unter seiner Führung zustande zu bringen.

Wenn jetzt NRW noch fällt, ist das Ende der Nichtskönner vorprogrammiert!

Warum konnte diese Konstellation nur einen Untergang und sonst nichts in Deutschland herbeiführen? – Wenn eine ganze Nation gebeugt geht, von ihr eingeredetem schlechten Gewissens wegen der Gräueltaten der Nazis, dann kann sich keine Aufbruchstimmung einstellen. Das haben vor allem die linken Politiker den Normalbürgern auch im täglichen Leben eingeredet. So muss man ein schlechtes Gewissen haben, ...

wenn man Homosexualität als nicht normal empfindet. Weiter, ...

wenn man einen Diesel-Pkw fährt, der früher als umweltfreundlich eingestuft wurde. Weiter, wenn man der Meinung ist, dass wir zu viel Ausländer ins Land gelassen haben. Weiter, ...

wenn wir es nicht als abwegig empfinden, wenn die Mutter zu Hause für die Familie sorgt, zumindest solange, bis die Kinder aus dem Gröbsten heraus sind. Weiter, ...

wenn wir ab und zu Gartenabfälle verbrennen. Weiter, ...

wenn wir unser Auto vor der Tür waschen. Weiter, ...

wenn wir an der Straße Werbung für unser Geschäft machen. Weiter, ...

wenn wir die Frauengleichstellungsstellen für Blödsinn halten. Weiter, ...

wenn man der Meinung ist, dass die Autobahn gebaut werden sollte, auch wenn auf der Strecke ein paar Hamster wohnen. Weiter, ...

wenn man für Atomkraft ist und nicht für die Verspargelung der Landschaft mit Windrädern. Weiter, ...

wenn wir meinen irgendetwas entscheiden zu können, ohne die Behörden zu fragen. Weiter, weiter, weiter.............!!!

Einen Aufbruch in Deutschland wird es erst wieder geben, wenn massiv Bestimmungen und Behörden abgebaut werden. Dann muss auch unser Verhältnis zu Israel auf normale Basis gestellt werden, also Politikerbesuche auch ohne Büßergewand und Dackelblick. Ganz normal und stark wird Deutschland erst werden, wenn sich eine Mehrheit findet, die das Holocaust Denkmal abträgt und an der Stelle den höchsten Wolkenkratzer der Welt errichtet.

Dienstag, 5.April 2005

Die Europäische Kommission stellt fest, dass Deutschland zum vierten Mal in Folge die Stabilitätskriterien nicht erfüllen wird. Toll, Herr Eichel! Außerdem wird Deutschland wirtschaftliches Schlusslicht in Europa bleiben. Warum treten die „Macher" nicht freiwillig zurück?

Dafür wachsen die Zahlen der Depressionskranken auf 4 Millionen an. Kein Wunder!

Donnerstag, 21. April 2005

Kardinal Ratzinger ist Papst geworden. Warum Deutschland deswegen, wie alle Politiker betonen, stolz sein soll, weiß ich nicht. Wahrscheinlich wird es uns durch mehr Besuche teuer werden. Aber es gibt Schlimmeres!

Außenminister Joschka Fischer soll Montag im Visa Untersuchungsausschuss vernommen werden. Hoffentlich wird dem Verbrecher die Maske vom Gesicht gezogen.

Der ehemalige Vertreter für Schrauben aus dem Sauerland, Herr Müntefering, hat in einem Ablenkungsmanöver die Schuldigen für unsere wirtschaftliche Misere erkannt. Das sind die Kapitalisten, die den Sozialstaat missachten. Diese Aussage wird weiterhin Investoren, die ja verdienen wollen und sollen, abhalten.

Freitag, 13. Mai 2005

Durch die schwache Konjunktur ergeben sich neue Steuermindereinnahmen. Deutschland ist in Europa nach wie vor Schlusslicht. Hoffentlich kippt nächste Woche die Landesregierung in NRW. Obwohl mir der SPD Ministerpräsident Steinbrück kompetenter erscheint als der CDU Mann Rüttgers. Aber die SPD hat die Grünen hoffähig gemacht und muss deswegen abgestraft werden! In allen Bundesländern mit CDU Regierungen läuft es besser als in den anderen!

Dienstag, 24. Mai 2005

Hurra! Es hat geklappt. NRW ist gefallen. Ein Debakel für Rot/Grün. Jetzt kann es aufwärts gehen.

Die SPD sank von 42,8 auf 37,1%(Historischer Tiefstand) - die Grünen von 7,1 auf 6,2%. Wahlgewinner ist die CDU mit einer Steigerung auf 44,8%. Die FDP kam nur auf 6,2% wie die Grünen.

Es wird eine Schwarz/Gelbe Koalition geben. Alle drei lippischen Wahlkreise sind an die CDU gefallen, vorher alle SPD.

Der Bundeskanzler will Neuwahlen noch in diesem Jahr, also ein Jahr früher. Offensichtlich will er von dem Wahldebakel ablenken und die Grünen loswerden.

Es besteht wieder Hoffnung für Deutschland. Endlich löst sich der Spuk auf!

Samstag, 3. Juni 2006

Leider ist durch einen Computerfehler meine Aufzeichnung des letzten Jahres verloren gegangen.

Deshalb nur noch ein kurzer Rückblick:

Im September hat es die vorgezogenen Bundestagswahlen gegeben, die keine klaren Mehrheiten ermöglichte. Angela Merkel (CDU) wurde die Bundeskanzlerin in einer Großen Koalition mit der SPD. Franz Müntefering wurde Vizekanzler und Arbeitsminister. Das einzige Positive der Wahl war das „Ende" von Gerhard Schröder und Joschka Fischer. Ansonsten geht das Gewurstel in Deutschland weiter. Außer angeblich besseren Aussichten ist nichts passiert. Wie sollte es auch bei einer Koalition, die nur von Kompromissen lebt.

Herr Schröder hat sich gleich nach der Wahl als das gezeigt, was er immer gewesen ist: Ein erbärmlicher Absahner! Er ist Vorstandsvorsitzender der russischen Gasprom geworden mit steuersparendem Sitz in der Schweiz.

Herr Scharon ist nach einem Schlaganfall ins Koma versetzt worden. Der Nachfolger, Herr Olmert, ist aber auch nicht besser.

Montag, den 5. Juni 2006

Amerika kommt im Irak immer mehr in Schwierigkeiten. Es kommen immer neue, von den Amerikanern begangene Gräuel ans Licht der Welt. Auch in Afghanistan ist keine Ruhe in Sicht. Den Deutschen wird hier immer mehr Verantwortung zugeschanzt. Schrecklich!

Der Iran ist der Ablenkungsfeind Nr. 1 der Amerikaner. Angeblich bedroht das Land mit einer Atombombe, die sie gar nicht hat, Israel, das selbst mindestens 200 dieser Waffen besitzen soll.

Montag, den 17. Jul. 2006

Deutschland war in den letzten Wochen durch die im Lande durchgeführte Fußball-Weltmeisterschaft von den Problemen des Landes abgelenkt. Überrascht hat alle, das plötzlich aufgeflammte deutsche Wir-Gefühl. Die Stadien und Fan-Meilen waren ein schwarz rot goldenes Farbenmeer. Das Deutschlandlied wurde mit Inbrunst mitgesungen, es entwickelte sich ein fröhlicher und unbeschwerter Stolz, Deutscher zu sein. Und das in einem Land, in dem sich vorher knapp einer traute die deutsche Fahne zu zeigen. Er konnte auch damit rechnen, sofort als Rechtsradikaler bezeichnet zu werden. Bei dieser Masse der Bekenner des Patriotismus konnte diese Kritik nicht angebracht werden.

Die Palästinenser haben einen jüdischen Soldaten entführt. Für die Freilassung forderten sie den Austausch von in Israels Gefängnissen einsitzenden Frauen und Jugendlichen! Israel hat das abgelehnt und statt dessen einen Krieg vom Zaun gebrochen. Zuerst mit Angriffen in den Palästinenser Gebieten und seit ein paar Tagen auch im Libanon, weil inzwischen zwei weitere Soldaten entführt wurden. Ohne die geringste Rücksicht auf die Zivilbevölkerung bombardiert die israelitische Luftwaffe Ziele im Libanon, vor allem in Beirut. Erstaunt reagiert man in Israel inzwischen darauf, dass mit Raketen zurückgeschossen wird. Nicht nur mit ungenauen russischen „Katjuscha Raketen" mit geringer Reichweite, sondern mit ernstzunehmenden Waffen.

Die Welt schweigt und Herr Bush gibt sogar den Gegnern Israels die Schuld an der Eskalation. Die Hisbollah hat angefangen, kann er nicht oft genug betonen. – und Israel hätte das Recht auf Selbstverteidigung!? Dieser Meinung ist natürlich auch Angela Merkel. Lediglich Frankreich und Russland kritisierten die Unverhältnismäßigkeit der Mittel bei der Reaktion Israels.

Der Ölpreis ist durch den Krieg in Rekordhöhen geschnellt. Wir Normalbürger werden also weiter geschröpft. Genauso wie von der Großen Koalition, die ab 2007 eine Erhöhung der Mehrwertsteuer auf 19% und der Krankenkassenbeiträge durchgesetzt hat. Sparen findet nur bei anderen, die sich nicht wehren können, statt. Eigentlich kann ich mir nicht vorstellen, dass kein Bruch vor Ablauf der Legislaturperiode erfolgt.

Freitag, 21. Juli 2006

Israel ist dabei den Gaza-Streifen und den ganzen Libanon in „Schutt und Asche" zu legen. Die Berichterstattung in unseren Medien ist so einseitig zu Gunsten Israels, dass es einen graust. So wird die Beerdigung von zwei durch Raketen getötete israelische Kinder groß im Fernsehen gezeigt. Dass auf der anderen Seite schon weit über einhundert unschuldige Zivilisten dem Bombardement der Israelis zum Opfer fielen, ist nur eine kleine Meldung nebenbei. Nicht einmal weinende, verzweifelte deutsche Staatsangehörige, die den Libanon verlassen wollen, können unsere Politiker zu einer israelkritischen Aussage bringen. Der Liter Superbenzin kostet inzwischen ca. € 1,40 – eine auch durch Spekulanten verursachte Katastrophe. Jetzt wird allen Ernstes diskutiert, deutsche Soldaten zur Friedenssicherung in dem Gebiet einzusetzen. „Wir sollten stolz sein, wenn wir Israel verteidigen dürften"!

Kofi Annan, der Generalsekretär der UNO, hat gewagt, Israel für seinen übertriebenen Militäreinsatz zu kritisieren. Beleidigt hat ihn daraufhin der israelische Botschafter bei der UNO scharf kritisiert und dabei ausgeführt: Israel würde den Kampf solange fortführen, bis die „Tiere" vernichtet sind. Für solche Äußerungen und Taten hat Deutschland Milliarden an Wiedergutmachung gezahlt.

Freitag, 28. Juli 2006

Israel bombt weiter. Vorgestern ist eine Stellung der UNO Soldaten getroffen worden. Es gab vier Tote. Eine Verurteilung Israels durch die UNO wurde von den USA verhindert. Herr Bush ist in meinen Augen nichts weiter als eine Marionette der Israelis. Es wird

Zeit, unser Verhältnis zu Amerika und zu Israel zu überdenken!

Nach dem Dauergewinner Armstrong hat in diesem Jahr wieder ein Amerikaner die „Tour de France" gewonnen: Floyd Landis. Nur der war nicht so clever, wie sein Vorgänger, in dessen Stall er gefahren war. Nach vier Tagen schon war der Beweis für Doping auf dem Tisch. Aber wahrscheinlich ist von den Spitzenfahrern kein einziger „sauber"!

Freitag, 4. August 2006

Das Morden im Nahen Osten geht weiter. Israel ist dabei einen Völkermord in einem souveränen Staat, nämlich dem Libanon, zu begehen. Große Teile des Landes liegen in Schutt und Asche. Hunderttausende sind auf der Flucht. Offiziell sind schon siebenhundert Zivilisten ums Leben gekommen. Wahrscheinlich sind das noch viel mehr. Zynisch wurde auf Bilder von toten Kindern und Frauen, die durch israelische Luftangriffe ums Leben kamen, reagiert. Die hätten selber Schuld, weil sie nicht geflüchtet waren! Aber offensichtlich hat das israelische Militär den Widerstand massiv unterschätzt. Es fliegen weiter Raketen auf Israel und richten auch hier große Schäden an. Auch hier sterben unschuldige Menschen. In unserem Fernsehen wird aber ein großer Unterschied gemacht, wenn berichtet wird, ob Israelis ums Leben kamen oder „nur" Palästinenser oder Libanesen!

Mir ist nicht klar, wie die Sache zu Ende geführte werden soll. Aber Deutschland hat schon seine Bereitschaft zur Hilfe beim Wiederaufbau des Libanon angekündigt. Toll!

Auch im Irak sterben täglich Menschen und auch in Afghanistan scheinen die Taliban wieder an Boden zu gewinnen. Amerika, was hast du aus dieser Welt gemacht?

In Deutschland ist die Arbeitslosenzahl gesunken. Das wird von allen Politikern bejubelt. Ich habe meine Zweifel, ob der Jubel angebracht ist. Viele Einstellungen sind während der Fußballweltmeisterschaft vorgenommen worden und auch, weil viele Sachen vorgezogen werden. Die massive Erhöhung der Mehrwertsteuer um 3% ab 1/2007 wirft Schatten! Nur, - durch sie wird die Konjunkturbelebung wieder egalisiert. Ich würde mich freuen, hierbei Unrecht zu haben!

Sonntag, 20. August 2006

Der Literaturnobelpreisträger Günter Grass hat sich geoutet. Er sei Mitglied der Waffen - SS gewesen. Auf die Frage nach seinem späten Weg in die Öffentlichkeit hat er keine befriedigende Antwort. Aber er ist „verwundert" über die Kritik. Dabei ist die Tatsache der Mitgliedschaft an sich nicht zu kritisieren. Denn gerade die Waffen SS war eine Eliteeinheit, die sich im Krieg durch besondere Tapferkeit und Tollkühnheit ausgezeichnet hat. Euer Urgroßvater, also mein Vater, hat mir erzählt, dass er und seine Einheit von der Waffen SS aus einer Einkesselung befreit worden ist.

Nur, dass Herr Grass sich in der Nachkriegszeit bis heute als Moralapostel gegenüber ehemaligen Nazis aufgespielt hat ist infam. Mit seinem jetzigen Bekenntnis soll er nur einer anstehenden Veröffentlichung zuvor gekommen sein. Den Nobelpreis hätte er wahrscheinlich bei einem früheren Bekenntnis nicht bekommen. Offensichtlich musst du ein Schwein sein, um in dieser Gesellschaft etwas zu werden!

Dienstag, den 29. Aug. 2006

Im Krieg zwischen Israel und dem Libanon herrscht ein brüchiger Waffenstillstand. Entgegen der UNO Resolution hierzu, blockiert Israel weiter die Häfen des Libanon und auch den Flughafen von Beirut.

Eine UNO Friedenstruppe soll im Südlibanon stationiert werden um Israel zu verteidigen. Das, was den Israelis nicht gelungen ist, nämlich die Hisbollah zu besiegen, soll nun von den UNO Soldaten gemacht werden. Lächerlich!

Deutschland ist auch bereit, seinen Beitrag zu leisten. Es will die Marine mit der Sicherung der Küste beauftragen. Nur leider ist dafür gar kein Bedarf vorhanden. Die israelische Außenministerin Zippi Livni war gestern in Deutschland. Zuerst wurde wieder in bekannter Form unsere Schuld an der „Schoah" beschworen. Dann wurden in unglaublich frecher Art Forderungen gestellt. Von Schuldgefühlen für das Morden von über 1000 Zivilisten und der vier UNO Soldaten keine Spur.

Dienstag, den 5. September 2006

Letzten Donnerstag habe ich zufällig im Radio einen Beitrag der ev. Kirche gehört, der mir voll aus der Seele gesprochen war. Aus dem Internet habe ich mir die Druckversion ausgedruckt. Heute habe ich versucht, den Text auf meine Word Datei zu ziehen, damit ich ihn an andere weiter-mailen kann. Es ist mir nicht gelungen, an den Text zu kommen. Funktioniert hier schon die Kontrolle?
Es ging in der Rundfunkansprache um den Konflikt zwischen den Brüdern Kain und Abel und dem gleichgelagerten zwischen den Palästinensern und Israelis. In der Bibel steht, dass Kain Abel erschlägt, und der „Pastor in Ruhe", der den Beitrag verfasst hat, kommt mit Argumenten zu dem Schluss, dass die Israelis mit Kain gleichzusetzen sind, die die Palästinenser vernichten wollen!
Da solche Meinungen nicht in die Zeit passen, ist der arme Herr Pastor mit Briefen überflutet worden, wie er selbst schreibt.

Freitag, den 15. September 2006

Am 13. Sept. hat der Herr Pastor öffentlich geantwortet. Mutig der Mann! Wie gut für ihn, dass er schon in Ruhestand ist, sonst wäre es aus mit der Karriere. Wo sind wir nur hingekommen?
Übrigens soll unsere Marine jetzt ausrücken um Waffenschmuggel vor der Küste des Libanons zu unterbinden. Das Afghanistan Mandat ist auch um ein Jahr verlängert worden. Es gibt in

Deutschland genug Probleme, von denen mit diesen Aktivitäten nur abgelenkt werden soll.

Donnerstag, 9. November 2006

Die Republikaner haben in Amerika die „Zwischenwahlen" gewonnen. Das sind die Wahlen auf der Hälfte der Präsidentschaft. Diese hat ja der unselige George W. Bush inne, der immer noch den Terrorismus im Irak bekämpft. Das erste Bauernopfer war der Verteidigungsminister Rumsfeld. Die Mehrheit der Amerikaner scheint erkannt zu haben, dass sie betrogen worden sind. Über 2000 ihrer Soldaten sind im Irak schon ums Leben gekommen, die Überlebenden kommen mit körperlichen und vor allem psychischen Defekten zurück. Eine Armee, die nicht weiß wofür sie kämpft, wird auf Dauer nie gewinnen können. Dass es der amerikanischen Führung nur um den Einfluss auf die Ölförderung ging und um ein Großisrael, war den Soldaten und der Bevölkerung schwer zu erklären. Dafür brauchte man eine große Aktion, um die Amerikaner „auf Kurs zu bringen". Im zweiten Weltkrieg hatten diesen Zusammenhalt die Japaner mit ihrem Angriff auf Pearl Harbour geschafft. Die Mehrheit der Amerikaner wollte nämlich nicht in den Krieg hineingezogen werden!

Auf dieser Erfahrung wurde das scheußliche und menschenverachtende Attentat auf das World Trade Center in New York inszeniert. Das ist jedenfalls meine feste Überzeugung! Wem hat die Aktion denn genützt? Den angeblichen Terroristen doch nicht, sondern nur der Bush Administration. Wobei ich fast glaube, dass der naive Bush das noch nicht einmal gewusst hat. Tragisch für die Initiatoren war nur, dass sie nicht damit rechnen konnten, dass die New Yorker Feuerwehr so gut ausgebildet war. Durch ihre Schnelligkeit sind die Opferzahlen in die Höhe geschnellt, nämlich die aus deren Reihen.

Armes Amerika, arme Wahlgewinner! Die Demokraten müssen nun eine Lösung finden, wie sie ohne zu großen finanziellen und moralischen Ansehensverlust die Sache Irak beenden.

In Deutschland wurstelt die Große Koalition weiter vor sich hin. Sie sonnt sich an besseren Wirtschafts- und sinkenden Arbeitslosenzahlen. Hoffentlich ist das nicht nur ein Strohfeuer, das da brennt, denn an der Koalition kann das nicht liegen. Richtig ist, dass **trotz** der Politik ein kleiner Aufschwung zu vermelden ist.

Die Israelis benehmen sich weiter so, als wenn die Weltmeinung ihnen völlig egal wäre. Trotz Waffenstillstand im Libanon fliegen sie Tiefflüge über Beirut und erschrecken die Bevölkerung mit dem Durchbrechen der Schallmauer. Sogar auf die Schiffe der Bundesmarine wurden Scheinangriffe geflogen. – Gestern konnten wir im Fernsehen wieder Bilder von getöteten Kleinkindern und Frauen sehen, die im Schlaf von Artilleriegeschossen getroffen wurden. Angeblich eine Reaktion der Israelis auf die „Bedrohung" durch selbstgebaute Raketen der Palästinenser. (Das auserwählte Volk wird bedroht!) Dass es auch eine wachsende Friedensbewegung in Israel gibt wurde auch gezeigt. Vielleicht ist das die Hoffnung für die Zukunft, denn mit denen würden viele gerne zusammenarbeiten.

Freitag, 24. Nov. 2006

Der schwule Wowereit ist erst im zweiten Wahlgang mit einer Stimme Mehrheit wieder zum regierenden Bürgermeister von Berlin gewählt worden. Der überschuldete Saustall Berlin wird seine Probleme mit der rot/roten Regierung bestimmt nicht lösen können.

Die Merkel-Regierung, also die Große Koalition, sonnt sich in angeblichem Wirtschaftsboom. Dass das nur auf die gute Weltkonjunktur zurückzuführen ist und nicht auf ihre Politik, will ihnen nicht eingehen. Leider schwächt sich die Weltkonjunktur schon wieder etwas ab, also wird das Schuldenmachen weitergehen.

Freitag, 8. Dezember 2006

Die „Baker Kommission", benannt nach dem ehemaligen Außenminister Baker, hat in der USA Aufsehen erregt mit ihrem Untersuchungsergebnis, das Amerika im Irak nicht gewinnen kann. Man müsse sich auf einen Rückzug vorbereiten. Die „Schurkenstaaten" des Herrn Bush, nämlich der Iran und Syrien, sollen von den Deutschen! zur Mitarbeit aufgefordert werden. Eine schallende Ohrfeige für den Präsidenten und Israel. Diese wurden aufgefordert, die besetzten Gebiete zurückzugeben, was sofort abgelehnt wurde. Israel will keinen Frieden!

Freitag, 5. Januar 2007

Das neue Jahr ist da mit einer Mehrwertsteuererhöhung von 16 auf 19%. Noch ist nicht so viel davon zu merken, da die Firmen alle mit Sonderangeboten locken. Aber das böse Erwachen wird schon noch kommen. Wenn man die Entwicklung der, von der Politik zu verantwortenden Kostensteigerungen über die Jahre verfolgt, dann muss man zu dem Schluss kommen, dass wir von unfähigen Leuten regiert werden und wurden. Das Abzocken der Bürger kommt einer schleichenden Vermögensvernichtung gleich, und das ohne dass man gegensteuern kann. Die Entfremdung der Bürger und der Politiker nimmt zu. Dass trotz der ungeheuren Zunahme der Steuern und Abgaben noch massiv Schulden gemacht wurden, dokumentiert die Unfähigkeit. Wie gerne würde man dem einen oder anderen eine Ohrfeige verpassen! Übrigens war einmal, u.z. am 1.1.1968, die Mehrwertsteuer mit 10% bzw. 5% bei Lebensmitteln gestartet worden. Schon am 1.7. desselben Jahres wurde auf 11% / 5,5% erhöht. Eine Steuer, die immer größere Beträge in die Staatskasse spült, je mehr die Preise steigen, muss nach meiner Meinung nicht noch zusätzlich erhöht werden. Sparen wäre angebracht, nicht Steuern erhöhen!! Doch das ist für Politiker ein Fremdwort. So will das jämmerliche Bundesland Brandenburg in Potsdam das abgerissene

Stadtschloss wieder aufbauen, um es als Landesparlament nutzen zu können. Richtig wäre es, das Bundesland mit Berlin zu vereinen, dann könnte das ganze Parlament eingespart werden.

Dienstag, 9. Januar 2007

Gestern war die Öl-Pipeline, durch die Öl zu uns von Russland durch Weißrussland transportiert wird, unterbrochen. Die beiden Länder trugen einen Streit aus. Von diesen unsicheren Kandidaten ist unsere Energieversorgung abhängig, bei gleichzeitiger Abschaltung von Kernkraftwerken. Armes Deutschland, - die Leute, die so etwas entscheiden, hast Du nicht verdient!

Mittwoch, 21. Februar 2007

Unsere Politiker haben ein neues Thema, mit dem sie durch die Talk Shows rennen – die Klimaerwärmung! Es ist keineswegs bewiesen, dass die Klimaerwärmung von Menschenhand gemacht ist, und. von Menschenhand beseitigt werden kann. Aber für die Umweltpolitiker ist das eine Tatsache. Dass diese Menschen die selben sind, die emissionsfreie Kernkraftwerke schließen wollen, macht die Sache noch dubioser. Andere Länder tragen sich, um ihre Energieversorgung sicherzustellen, mit dem Gedanken, neue Kernkraftwerke zu bauen, wie heute die Schweiz verkündete. Gleichzeitig will man in alternative Energien setzen, die etwas bringen, wie die Wasserkraft. Das sind akzeptable und intelligente Ansätze, die in Deutschland nicht zu finden sind. Da meint sich ein gescheiterter Ministerpräsidentenkandidat, Herr Gabriel, als Bundesumweltminister profilieren zu müssen und hat sich den Co^{2-} Ausstoß als Klimakiller ausgeguckt. Unterstützt hierbei merkwürdigerweise von dem SPD Bundesverkehrsminister Tiefensee. Dem hatte man eigentlich mehr zugetraut, was nach dem Stasipastor Stolpe auch nicht so schwer zu schultern gewesen wäre. Aber jetzt wird der, der als Ossi ja nicht gerade in sauberer Luft aufgewachsen sein kann, plötzlich zum Saubermann und Gegner der deutschen Autoindustrie. So ist plötzlich Feinstaub aus Dieselfahrzeugen ein zu bekämpfendes Problem und auch der CO_2 Ausstoß. Dass der Umweltkommissar der EU diese Pläne, die eine massive Beeinträchtigung unserer Autoindustrie bedeuten, unterstützt, macht ihm als Grieche ohne eigene Autoindustrie keine Probleme. Jetzt soll allen Ernstes die Kfz-Steuer nach dem CO_2 Ausstoß erhoben werden, also sollen die Leute mehr bezahlen, die sich kein neues Auto leisten können. Warum wird die Kfz-Steuer nicht auf den Treibstoffpreis gelegt? Wahrscheinlich, weil dann auch die Dümmsten merken, wie sie von der Politik abgezockt werden.

Wo ist endlich eine akzeptable Alternative zu unseren heutigen Schwachpolitikern?

Samstag, 24. März 2007

Gestern sind in Grenzgewässern zwischen Irak und Iran fünfzehn englische Matrosen von den Iranern festgenommen worden. Angeblich hätten die sich in iranischen Hoheitsgewässern befunden. Das wird von den Engländern natürlich bestritten. Mir drängt sich durch den Zeitpunkt der Eskalation auf, dass tatsächlich ein Atomangriff auf den Iran für April diesen Jahres geplant ist. Hierfür muss die Weltöffentlichkeit aber noch bereitgemacht werden. Wer sagt, dass dieser Zwischenfall nicht provoziert worden ist, um die Iraner schlecht zu machen?

Frau Merkel als EU Ratspräsidentin sonnt sich in ihrer Rolle als „mächtigste Frau der Welt". Machtpolitiker haben immer gerne Außenpolitik betrieben, schon um den gemeinen Bürger von eigenen Problemen abzulenken.

Dienstag, 17. April 2007

Die Engländer sind wieder frei gelassen worden. Ob ihre Geständnisse erpresst waren, kann ich nicht sagen. Noch ist glücklicherweise die Bombe nicht gefallen.

In Deutschland wird gegen „Rechte" ein regelrechte Hetzjagd veranstaltet, geschürt auch durch den Zentralrat der Juden. Der mischt sich auch ein, wenn gar nichts gegen Juden gesagt wird. So z.B. jetzt, als der Baden-Württembergische Ministerpräsident Oettinger bei der Beerdigung eines früheren Ministerpräsidenten des Landes, Herrn Filbinger, diesem eine Gegnerschaft zum Nationalsozialismus bescheinigte. Das löste einen Aufschrei aus, denn Filbinger war in Kriegszeiten als Marinerichter an Todesurteilen für Deserteure beteiligt. Ich glaube, dass es kein Land der Welt gab, das seine Deserteure im Krieg nicht mit der Todesstrafe bedrohte.

Donnerstag, 26. April 2007

Herr Oettinger ist inzwischen zurückgerudert und hat sich entschuldigt. – Seine Äußerung mit der Gegnerschaft war natürlich auch nicht sehr überlegt.

In Sachsen-Anhalt hat es bei der Kommunalwahl eine Beteiligung von nur 35% gegeben. Die Politik läuft immer mehr an den Menschen vorbei. Sie fühlen sich von den Repräsentanten nicht mehr vertreten, zumal sich keine Partei an Wahlversprechen hält.

Nach dreißig Jahren füllt die RAF wieder die Zeitungen. Bei der Diskussion geht es nur um das Wohl der Täter. Von den Opfern spricht fast keiner, wie überhaupt in der ganzen Nachkriegsjustiz. Meine Meinung dazu: Solange die Morde durch das Schweigen der Täter nicht restlos aufgeklärt sind, gibt es keine Freilassung!

Dienstag, 15. Mai 2007

Bremen hat einen neuen Landtag gewählt. Die bisherigen Koalitionäre SPD und CDU haben kräftig verloren. Gewinner sind die Grünen und die Linke. Die Wahlbeteiligung lag knapp über 50%, auch hier ein historischer Tiefststand. Jetzt scheint eine Koalition zwischen SPD und Grünen angesagt. Die Menschen werden nicht schlau!

Ansonsten soll die Konjunktur auf Hochtouren laufen. Das scheint aber an vielen Branchen und Menschen vorbeizugehen. So konnte der größte Möbelhersteller Europas, die Schieder Möbelgruppe nur durch neue Kredite gerettet werden. Für wie lange?

Dienstag, 19. Juni 2007

Die Holding der Schieder Gruppe hat inzwischen Insolvenz angemeldet. Es handelt sich um die größte Firmenpleite seit langem. Angeblich soll es aber eine englische Finanzgruppe geben, die an der Firma Interesse gezeigt hat. An diesen Strohhalm klammert sich nun eine ganze Region. Obwohl wir jeden Tag im Fernsehen von einem Konjunkturboom in Deutschland hören, kann ich aus eigener Erkenntnis diesen Optimismus nicht teilen. Im Mittelstand, der nicht am Export orientiert ist, gibt es jeden Tag aufs Neue Pleiten zu vermelden. So hat jetzt auch die ehemalige Vorzeigemöbelfirma Bergmann in Lage Insolvenz angemeldet. Das alles scheint den abgehobenen Politikern aber ihre Freude nicht zu trüben. Jeder versucht sich die Erfolge auf seine Fahne schreiben zu lassen.

Aus der westdeutschen Linkspartei, die WASG, und die ehemalige SED der DDR ist es zu einem Zusammenschluss gekommen. Wir haben jetzt eine bundesweite SED, „Die Linke". Als nützlicher Idiot für die Rattenfänger Gysi und Bisky hat sich Oscar Lafontaine einfangen lassen. Durch den Edellinken wurde die PDS im Westen hoffähig. Der SPD schlottern die Knie, denn vor allem linke Gewerkschaftler sympathisieren mit der neuen Partei. Wo bleibt das Gegengewicht auf dem rechten Flügel?

Frau Merkel hat keine Zeit für Deutschland. Sie sonnt sich in ihrem Amt als Ratspräsidentin der EU und als Gastgeberin für den G8 Gipfel. Dieser hat Millionen Euro gekostet und gezeigt, wie zimperlich Deutschland mit linken Chaoten umgeht. Nicht auszudenken, die Demonstranten hätten einen rechten Hintergrund gehabt!

Freitag, 13. Juli 2007

Der Ratsvorsitz der EU ist von Deutschland an Portugal weitergegeben worden. Ob er für die Menschen in Europa ein Erfolg war, vermag ich nicht zu sagen – für mich jedenfalls nicht!

Der DAX, der deutsche Börsenindex, befindet sich auf einem Jahreshoch, und das bei rekordverdächtig hohen Ölpreisen und einem überhöhten Euro Kurs. Hoffentlich gibt das nicht bald ein böses Erwachen für die Privatanleger.

Samstag, 28. Juli 2007

Der DAX fällt, noch nicht dramatisch, aber er fällt!

In New York ist ein Bild im Museum ausgestellt, das ursprünglich in Berlin gehangen hat. Eine Berliner Straßenszene von Kirchner. Angeblich hatte das Berliner Museum das Bild nicht rechtmäßig erworben, denn es gehörte Juden. Die Nachkommen hatten nun so eine Sehnsucht nach dem Bild, dass Berlin gar nicht umhin konnte, es herauszurücken. Dann hatten die neuen, alten Besitzer nichts Eiligeres zu tun, als das Werk zu versteigern. Es brachte der Judenfamilie

$ 35 Millionen ein. Die jüdischen Anwälte werden einen ganzen Batzen abbekommen haben. Die marschieren nämlich durch die Museen in Deutschland und Österreich und versuchen hier schmutzige Geschäfte zu machen. In Österreich haben sie auch schon Erfolg gehabt und sich einen Klimmt ergaunert. In dem Zusammenhang darf doch wohl die Frage erlaubt sein: Woher hatten die Juden in der Weimarer Republik, denn da sind die Bilder gekauft worden, das Geld für den Erwerb? Die Mehrzahl der Menschen hatte nicht einmal Geld um ausreichend zu essen! Offensichtlich sind sie sogar in großen Mengen in der „schlechten" Zeit zugewandert, um mit der Not der Menschen Geschäfte zu machen. Otto Reutter, der Coupletsänger, dichtete in der Zeit:

F r e m d zu sein – von weither kommen –
Hier von Staat wird´s Geld genommen,
Bis Millionen man erschleicht,
Das ist leicht.
Doch als D e u t s c h e r was erreichen,
´nen Minister zu erweichen,
Dass er dir zehn Mark bescher´,
Das ist schwer!

Otto Reutter hat mit den Fremden der damaligen Zeit bestimmte keine Schwarzafrikaner gemeint.

Dass die jüdischen Anwälte es auch geschafft haben, für Zwangsarbeiter in der Nazizeit, aus der Bundesregierung und der Industrie jeweils 5 Mrd. Euro herauszupressen, passt in dieses Bild. Aber dass nun nach dem Abschluss immer noch kein Ende ist, denn 450 Mio. sind in einen Fond „gegen das Erinnern" geflossen, aus dem sich bestimmt die Richtigen bedienen. Die Sippenhaft und die Kollektivschuld gab es auch schon nach dem verlorenen ersten Weltkrieg. Da dichtete Otto Reutter:
Kind, sobald du kommst, wird dir die Rechnung schon gebracht,
Noch eh´ du was „gemacht", bist du gemacht.
Mensch, komm´ bloß nicht auf die Welt!
Denn das kost´t ´ne Menge Geld.

Hast vom Leben kaum ´ne Ahnung
Kriegst du schon ´ne Schulden-Mahnung.
Der Franzos kommt an die Wiege:
(Recht freundlich): „Kind, du bist mit Schuld am Kriege",
„Drum bezahl´, du kleiner Held!" ---
Mensch, komm´ bloß nicht auf die Welt!

Nicolas Sarkozy, der seit zwei Monaten amtierende französische Staatspräsident, hat die deutschen Politiker überrascht. Er hat dem libyschen Präsidenten Ghadhafi den Bau eines Atomkraftwerks zugesagt. Das soll zur Meerwasserentsalzung eingesetzt werden. Unsere Ausstiegspolitiker schreien unisono auf. Wenn ich daran denken, dass eigentlich wir, als frühere Freunde der Araber, das hätten liefern können, bekomme ich Wut. Hier kommt endlich einmal ein Politiker, der Politik für sein Land macht. Wir werden uns über sein Handeln noch sehr wundern, denn für ihn steht zuerst Frankreich. Übrigens ist er an die Macht gekommen, weil er sich bei den Rassenunruhen in den Pariser Vorstädten als Hardliner gezeigt hat (da war er Innenminister). Unsere Weicheier von Politikern sollten sich da mal ein Beispiel nehmen – das Volk in seiner Mehrheit will starke Persönlichkeiten!

Donnerstag 13. Sept. 2007

Durch die Sommerferien bedingt hat sich in der Politik nicht viel zugetragen. Nur jetzt bei der Einbringung des Haushalts für 2008 ist sie wieder präsent. Die Große Koalition brüstet sich mit Erfolgen, für die sie aber ganz und gar nichts kann. Dass die Konjunkturdaten zur Zeit in Deutschland, nach vielen Jahren, nicht mehr ganz so schlecht sind, liegt ausschließlich an der boomenden Weltwirtschaft. Die Steuereinnahmen der Öffentlichen Hand sprudeln, vor allem wegen der Abzockerei der Bürger. Denn die sind nur belastet worden, u.z. durch höhere Steuern und Wegfall von Vergünstigungen, wie die Eigenheimzulage und die Kilometerpauschale. Die Mehreinnahmen werden als Sparen des Bundes verkauft – eine Lüge. Der Bund spart nicht, er kassiert nur.

Unverständlicherweise wird weiterhin Entwicklungshilfe an das stark wachsende China gezahlt. Außerdem wird trotz der Einnahmen kein Pfennig der Schulden getilgt. Im Gegenteil, auch im nächsten Jahr ist eine „Neuverschuldung" vorgesehen. Armes Deutschland, diese Schwachpolitiker hast du nicht verdient.

Donnerstag 11. Okt. 2007

Eva Hermann, eine populäre Fernsehmoderatorin und Buchautorin, hat sich anerkennend über die Familienpolitik der Nazis geäußert. Deshalb wurde sie fristlos von dem NDR entlassen. Nach dem Motto: In Deutschland darf man alles sagen, - aber das nicht!!!

Ein deutsch/iranischer National Fußballspieler der U 21 will aus persönlichen Gründen nicht an einem Länderspiel in Israel teilnehmen. Sofort fordert Frau Knobloch vom Zentralrat der Juden den Ausschluss dieses Spielers – und so wird es auch werden. Die Macht in Deutschland haben anscheinend wieder die Juden.

Zur „modernen" Familienpolitik ist aus meiner Sicht, der ich das Althergebrachte für besser halte, denn es hat eine lange Zeit der Anpassung hinter sich, nur anzumerken, dass Naturgesetze

durch „moderne" Regeln völlig außer Kraft gesetzt werden. Dass die Natur uns Menschen durch Hormone steuert, damit wir unserer Pflicht zur „Erhaltung der Art" nachkommen, soll außer Kraft gesetzt werden. Wenn die Frauen, die massiv an einer Umwälzung arbeiten, nicht gezwungen wären, die Kinder zu bekommen, hätten sie die Männer schon noch weiter umfunktioniert. Das Kinderkriegen wird nun zur lästigen Pflicht herunter stilisiert, alles weitere soll der Staat dann machen. Der drängt sich auch danach, schon Säuglinge in Krabbelgruppen zusammen zu führen. Immer mit dem falschen Argument, dass dadurch die Chancengleichheit wachsen würde. Vergessen wird dabei, dass die Menschen nun mal glücklicherweise nicht gleich sind, und dass die Natur das so vorgesehen hat. Auch wird vergessen, dass das Programm der Sozialisierung der Kinder schon in der DDR gescheitert ist. Das hält unsere Politiker aber nicht ab, das zu kopieren. Nun wird für dieses Handeln angeführt, dass die Frauen als Horthalter für ihre Familie nicht ausgelastet sind. Ein Argument, das nicht zieht, wie ich aus eigener Anschauung weiß. Die falsche Politik, die ja auch die Frauen in Arbeitsverhältnisse zwingt, die das gar nicht wollen, könnte leicht ins Absurdum geführt werden. Dazu müsste nur eine völlige Umkehrung der Familienpolitik betrieben werden. D.h., die Familien müssten so gefördert werden, dass es sich lohnt, sich hier zu engagieren. Eine eigene Altersversorgung für die Hausfrau müsste selbstverständlich sein. Finanziert könnte das locker werden durch viel höhere Abgaben bei Doppelverdienern. Wenn sich also eine Frau, wie immer argumentiert wird, im Beruf selbst verwirklichen will, kann sie das ja nicht schmerzen, wenn dieses Hobby hochbesteuert wird. Die Familie müsste zum großen Teil durch Steuerersparnis des Verdienenden finanziert werden, d.h. ein normal verdienender Familienvater mit drei Kindern dürfte gar keine Steuern mehr zahlen müssen. Dadurch würde auch der Anreiz für Sozialfälle genommen, vom Kindergeld leben zu wollen. Merke: Mehr Frauen am häuslichen Herd lösen das Problem der Arbeitslosigkeit am Schnellsten und Besten, und das zum Wohle Deutschlands!

Freitag, 16. November 2007

Die Binnenkonjunktur in Deutschland lahmt weiter. Die Freude der Großen Koalition über angebliche Erfolge ihrer Politik hat dazu geführt, dass man sich erst einmal die Diäten erhöht hat. Und das in Zeiten, wo die Normalbevölkerung immer ärmer wird. Die Preise steigen und steigen, und die Menschen sparen und sparen. Eine Solidarität untereinander gibt es nicht mehr. Für sein Land, oder sei es nur für seinen Nachbarn, fühlt sich keiner mehr verantwortlich. Das sieht man ganz deutlich an dem laufenden Eisenbahnerstreik. Dabei sind das gar nicht die Eisenbahner, sondern nur nicht beamtete Lokführer, die da streiken. Für völlig realitätsferne Forderungen (+30% und eigener Tarifvertrag) wird die Wirtschaft lahmgelegt! Aber wo soll die Solidarität auch herkommen, wenn die Bürger immer mehr das Gefühl haben, unsere Politiker interessiert mehr die Zufriedenheit des Auslandes als das der eigenen Bürger. Frau Merkel tourt durch die Welt und brüskiert damit Ihren SPD Außenminister Steinmeier. Dabei erfahren wir dann nebenbei, dass sogar das reiche Indien noch Entwicklungshilfe von Deutschland bekommt!?

Abgelehnt wurde angeblich das unverschämte Ansinnen der Juden, die Bezüge der Holocaust Überlebenden erneut zu erhöhen. Ich habe da meine Zweifel, wahrscheinlich hat man dafür etwas anderes finanziert.

Die SPD ist trotz ihrer Regierungsbeteiligung in einem Stimmungstief. Da im Januar zwei Landtagswahlen anstehen, muss etwas passieren. Ihr Spitzenmann, der Parteivorsitzende Beck, muss also dringend aufgewertet werden. Da ist den Strategen etwas eingefallen: Herr Beck muss irgendwie als Sieger präsentiert werden, damit die dumme Bevölkerung ihn mehr wahrnimmt. Bei Umfragen, die vorgeschoben wurden, kam heraus, dass eine Mehrheit für eine verlängerte Auszahlung von Arbeitslosengeld an Ältere ist. Becks Parteifreund, Herr Müntefering, war der verantwortliche Arbeitsminister und angeblich gegen diese Pläne. Nun hat der aber eine Frau, die an Krebs erkrankt ist und hatte wohl seine Absicht intern verlauten lassen, dass er aus dem Kabinett ausscheiden will. Deshalb hatte er auch nichts dagegen sich im Interesse der SPD als Verlierer aufbauen zu lassen. Er beharrte also weiter auf die Koalitionsbeschlüsse über die Länge und Höhe des Arbeitslosengeldes. So wurde dann der Herr Beck aus Rheinland-Pfalz zum Sieger über Herrn Müntefering, der wegen seines Rückzuges aus der Regierungsverantwortung nur noch gelobt wurde. Fast hätte ich geschrieben: Wegen seines Rückzuges aus der Politik – aber da hätte ich dem 67jährigen zu viel Ehre angetan. Mitglied des Bundestages will er natürlich bleiben, das scheint sich mit der Fürsorge für seine Frau gut vereinbaren zu lassen.

Da sich der „Sieg" in der Bevölkerung nicht wie erhofft in guten Umfragewerten ausgezahlt hat, musste ein neues Thema gefunden werden. Jetzt wird bei Tag und Nacht von der SPD nur noch von einem Mindestlohn gefaselt. Ein Mindestlohn ist nur nötig, wenn die Politiker ihrer Aufgabe nicht gerecht werden, der Wirtschaft solche Bedingungen zu schaffen, damit diese viele Arbeitsplätze zur Verfügung stellt. Will heißen, wenn genügend Arbeit vorhanden ist, wird niemand zu Löhnen arbeiten müssen, die ihm kein ausreichendes Einkommen gestatten. Also würden auch die niedrigen Löhne von selbst ansteigen. Der Markt kann alles regeln, - wenn die Politik nicht die freie Gestaltung verhindert! Nur leider haben wir keine Kaufleute in der Politik, sondern nur Funktionäre, öffentlich Bedienstete und vor allem Juristen (Paukstudenten).

Donnerstag, 22. November 2007

In Horn-Bad Meinberg hat man aus Verzweiflung über die reichlich leerstehenden Ladenlokale sich etwas einfallen lassen. Bewerber für diese Verkaufsstellen sollen bei Eignung für sechs Monate mietfrei gestellt werden. Eigentlich eine gute Idee, aber wer soll sich auf Dauer dort halten. Die vorherigen Ladenbesitzer sind ja auch nicht wegen zu großen Reichtums aufgehört. Nein, die Leerstände sind auf eine von mir immer wieder beklagte falsche Politik in Berlin zurückzuführen! Denn auch in anderen Kommunen sieht es keinesfalls besser aus. Aber unsere selbst gewählte Große Koalition klopft sich selbst auf die Schulter wegen ihrer guten Politik. Hoffentlich hält die Weltkonjunktur noch auf hohem Niveau an, denn ansonsten würde dem Kabinett die Selbstgefälligkeit schnell vergehen.

Donnerstag, 29. November 2007

In Sachsen Anhalt hat der höchste Kriminalbeamte seinen Hut nehmen müssen. Er hatte Hakenkreuzschmierereien ohne gefassten Täter nicht mehr als rechtsradikale Straftaten in die Statistik aufnehmen lassen. Dadurch halbierte sich diese Zahl, was zu einem linken Aufschrei führte. Die ganzen gut von öffentlichen Geldern lebenden „Gruppen gegen Rechts" wären ja in ihrer Existenz gefährdet. Armes Deutschland!

Übrigens habe ich in einem Buch einen Zeitungsausschnitt mit dem Abdruck von Adolf Hitlers Testament gefunden. Das Testament wird in der Regel „unter dem Tisch gehalten", weil man annehmen muss, dass ein Mensch angesichts des Todes nicht lügt. So bekommt seine Aussage, den Krieg nicht gewollt zu haben, ein neues Gewicht. Aber noch wichtiger ist, dass sein Hass auf die Juden nicht unterdrückt wird. Nur offensichtlich hat es die „Endlösung der Judenfrage" nie gegeben! Hätte er sonst geschrieben: *Ich habe aber auch keinen Zweifel darüber gelassen, dass, wenn die Völker Europas wieder nur als Aktienpakete dieser internationalen Geld- und Finanzverschwörer angesehen werden, dann auch jenes Volk mit zur Verantwortung gezogen werden wird, dass der eigentliche Schuldige an diesem mörderischen Ringen ist: Das Judentum. Ich habe weiter keinen darüber im Unklaren gelassen, dass dieses Mal nicht nur Millionen Kinder von Europäern der arischen Völker verhungern werden, nicht nur Millionen erwachsener Männer den Tod erleiden und nicht nur Hunderttausende von Frauen und Kindern in den Städten verbrannt und zu Tode bombardiert werden dürften, ohne dass der eigentliche Schuldige,* **wenn auch durch humanere Mittel,** *seine Schuld zu büßen hat.*

Dieses Testament war unter Kontrolle der englischen Militär-Regierung im Flensburger Tageblatt am 2. Januar 1946 erschienen.

3

Sonntag, 30. Dezember 2007

Ein für die meisten Deutschen enttäuschendes Jahr geht zu Ende. Die Große Koalition bringt außer Unsicherheit und Ausbeutung
der Bevölkerung nichts zustande. Die Verunsicherung wird vor
allem durch die Umwelthysterie verursacht. Es wird der Eindruck
erweckt, als wenn alleine Deutschland in der Lage ist, die Welt vor
einer angeblichen Klimakatastrophe zu retten. Im Gegensatz zu
unserer Regierung, der solches völlig fremd ist, sollen die Bürger
nur noch sparen. Wenn sie dann doch mal etwas konsumieren wollen, dann aber bitte nur Artikel mit Öko Zertifikat. Die Entmündigung schreitet in großen Schritten voran. Auch für das nächste Jahr
erwarte ich nichts Positives, leider!

3. Januar 2008

Ab diesem Monat ist in fast allen Bundesländern ein Rauchver-
bot in Gaststätten und Kneipen gültig. Als überzeugten Nichtrau-
cher betrifft mich das eigentlich nicht, aber es ist ein weiterer Weg
zur Entmündigung des Bürgers. Der „Big Brother" denkt für alle.
Eine massive Aufklärung mit evtl. erhöhten Krankenkassenbeiträ-
gen für die Betroffenen wäre besser gewesen.

Das Silvesterfeuerwerk steht wegen einer die Grenzwerte über-
schreitenden Feinstaubbelastung auch in der Kritik,und das wahrscheinlich zu Recht. Aber hieran werden sich die „Denker und Len-
ker" nicht wagen. Das könnte zu viele Wählerstimmen kosten.

Angeblich geht es der Wirtschaft gut und sie soll weiter um 2%
in 2008 steigen. Daran soll auch der Rekordölpreis von 100$ pro
Fass nichts ändern. Ich habe meine Zweifel, vor allem weil ich nicht
sehe, dass sich die Politiker um Alternativen bemühen würden.
Nein, die Alternativen, wie z.B. heizen mit Atomstrom oder Strom
aus Wasserkraft, werden verworfen. Wie gerne hätte ich mit meiner
negativen Einschätzung der deutschen Wirtschafts- und Gesell-
schaftsentwicklung Unrecht!

In Niedersachsen und Hessen wird Ende Januar gewählt. In Hessen versucht die SPD mit ihrer Spitzenkandidatin Frau Ypsilanti, die Unterschriftenaktion der CDU von vor neun Jahren zu kopieren. Nur diesmal für einen Mindestlohn, und das weil die Mehrheit der Bevölkerung dafür ist. Selbstverständlich ist jeder, der nicht zu weit denkt, dafür. Wer wäre nicht dafür, dass jedem Bürger z.B. € 10 000.- überwiesen würden? Aber das wäre bei einigem Nachdenken genau so bescheuert wie ein Arbeitsplätze vernichtender Mindestlohn. Die Politik ist nicht dazu da für einen Mindestlohn zu sorgen, sondern dafür, Wege für mehr Arbeitsplätze aufzuzeigen. Denn wenn ein genügendes Angebot an Arbeit vorhanden wäre, würde keiner zu Dumpinglöhnen arbeiten. Das passiert doch nur, weil in Deutschland Arbeitsplätze durch die Politik vernichtet werden.

Dass der bisherige hessische Ministerpräsident, Roland Koch, angesichts schlechter Prognosen plötzlich die Kriminalität von ausländischen Jugendlichen anprangert, ist genau so durchsichtig und verwerflich.

Zum Jahresanfang wurde uns Fernsehzuschauern die „Erfolgskanzlerin", Angela Merkel, präsentiert. Mir ist es schleierhaft, wie diese Machtnudel so gute Umfragewerte bekommen kann. Sie hat es geschafft, dass die mächtigen CDU Ministerpräsidenten, wie Herr Oettinger, Herr Wulff, Herr Koch und alle anderen nur noch buckeln und auf dem Parteitag ein peinliches Bild abgaben. Dabei ist die Dame dabei, den Deutschen die DDR überzustülpen.

Montag, 28. Januar 2008

Gestern haben nun die beiden Landtagswahlen stattgefunden. In Niedersachsen kann die CDU/FDP Koalition weiterregieren. Die SPD hat im „Schröder Land" das schlechteste Ergebnis sei je eingefahren. Auch die CDU hat Federn gelassen, und neu in den Landtag gekommen ist erschreckender weise die Linkspartei.

Wie befürchtet ist in Hessen Roland Koch, der bisherige Ministerpräsident von der CDU, abgestraft worden. Die CDU hat massiv

Stimmen verloren und ist nur mit einen hauchdünnen Vorsprung stärkste Fraktion geblieben. Da auch hier die „Linke" die 5% Hürde geschafft hat, reicht für beide Lager die Mehrheit nicht für eine Regierungsbildung. Ich bin gespannt, wie man hier heraus kommen will.

Die FDP ist in beiden Wahlen der Wahlgewinner, weil sie sich endlich auf ihre Klientel im Mittelstand besonnen hat. Weiter so!

Dienstag, 29. Januar 2008

Gestern gab es im Fernsehen in der Sendung Report München zum ersten Mal das, was ich seit langem mit Sorge betrachte. Es wurde über die Verarmung der Normalfamilien gesprochen, die ohne eigene Schuld in diese Situation gebracht wurden. Denn sie waren die Melkkühe der Politik, die hemmungslos ausgebeutet wurden. Deshalb passt hier auch meine Anmerkung, wie nach meiner Meinung eine vernünftige Politik zu funktionieren hätte:

Familie Deutschland

Warum muss eigentlich alles Naturgegebene in Frage gestellt werden? Unsere Politiker übertreffen sich in der Forderung nach Neuem. Dabei sollten sie sich ruhig einmal vergegenwärtigen, dass auch das Alte nicht immer schlecht war! Aber wenn das einer behauptet, wird der sofort als nicht reformfähig und als nach hinten gewandt eingestuft. Dabei ist es eigentlich ganz einfach, Vorbilder für sein Verhalten zu bekommen. Man muss sich nur mit der Natur beschäftigen, denn hier sind seit Jahrmillionen Reformen durchgeführt worden. Deshalb sollten verantwortliche Politiker und andere die hieraus resultierenden Erkenntnisse ernster nehmen.

Die Politiker haben die Pflicht, die Bereiche, für die sie Verantwortung übernommen haben, wie eine funktionierende Familie zu führen. Aber meistens wissen gerade diejenigen nicht was eine Familie ist. So sind viele mehrmals verheiratet, beklagen sich laut darüber, dass sie sooft getrennt leben müssen, aber haben sich flugs schon wieder für die nächste Legislaturperiode beworben. Wie sollen diese schlechten Vorbilder eine Musterfamilie präsentieren können? Das Schlimmste aber ist, dass sie das auch gar nicht wollen, denn sie meinen noch, dass ihr Verhalten richtig ist. – „Ich bin schwul, und das ist gut so!" – Durch dieses krankhafte Verhalten kann auch keine gesunde Politik entstehen. Die Normalbürger, die ja ruhig sind und brav ihre Steuern zahlen, werden nicht ernst genommen. Diese, um die sich der Hauptteil der Politik drehen müsste, werden nur vor Wahlen wahrgenommen. In der Zwischenzeit wird sich fast ausschließlich mit Randgruppen und Sachen, die uns gar nichts angehen, beschäftigt. Die schweigende Mehrheit wird abgezockt, statt so behandelt zu werden, wie sie es verdient hätte. Sie verursacht nämlich am wenigsten Kosten!

Aus einem funktionierenden Familienverband werden selten Straftäter erwachsen. Die Schule wird ohne teuren Förderunterricht bewältigt, und wenn doch Nachhilfe vonnöten ist, dann auf eigene Kosten. Jeder normale Politiker müsste daraus schließen, dass diese Musterfamilien entlastet und nicht belastet werden müssten.

Wie sieht nach meiner Meinung und dem Vergleich mit der Natur diese zu fördernde Familie aus? : Sie sollte von einer starken Persönlichkeit geleitet werden. Das kann der Vater aber auch die Mutter sein, wenn sie die Stärkere ist. Hierfür gibt es in der Natur auch Beispiele. Auf alle Fälle muss die Familie der Hort sein, in der sich alle Mitglieder mehr oder weniger geborgen fühlen. Die Eltern haben eine Vorbildfunktion, die sie nur ausüben können, wenn sie sich Zeit für ihren Partner und die Kinder nehmen. D.h. im Idealfall geht ein Elternteil arbeiten und der andere ist zu Hause bei den Kindern. So eine Familie müsste steuerlich entsprechend der geringen Kosten für den Staat massiv entlastet werden. Denn ist Quatsch anzunehmen, dass ein Kinderhort eine funktionierende Familie ersetzen könnte. (Das schließt einen normalen Kindergartenbesuch natürlich nicht aus, sondern der ist vor der Einschulung notwendig).

Einer kranken Familie, die es ja zunehmend auch gibt, sollte geholfen werden zu einer normalen zu werden. Familien von Drogenkonsumenten und Alkoholabhängigen muss ein fürsorglicher Staat mit Zwang trocken legen. Es darf keinesfalls so sein, dass diesen mehr Fürsorge zuteil wird als Normalfamilien. Hilfe zur Selbsthilfe ist angebracht, aber mehr nicht. Wenn die Vertreter des Staates das Gefühl haben, dass z.B. das Kindergeld nicht bei den Kindern ankommt, oder dass diese verwahrlosen, dann müssen sie notfalls in Pflegefamilien verbracht werden.

Ein Familienoberhaupt wird immer seine Augenmerk zuerst darauf zu richten haben, dass es seiner engeren Familie gut geht! Wenn das so ist, kann er auch schon mal schauen, ob er im weiteren Familienkreis irgendwo helfen kann. Ist auch da alles in Ordnung, dann darf er auch gerne einmal den Kreis seines Engagements erweitern. Aber immer zuerst mit dem Ziel, in Not geratenen Normalbürgern zu helfen.

Was macht nun die „Familie" Bundesregierung? Sie vernachlässigt die Bevölkerung, die sie trägt. Hilfe gibt es für Menschen, die diesen Staat bekämpfen; für Randgruppen, die sich nicht eingliedern lassen wollen; für Wirtschaftsflüchtlinge; für Strafgefangene; für Migranten, die auch nach zwanzig Jahren Hierseins, nicht die deutsche Sprache sprechen; für die Armen in aller Welt und vor allem für die eigenen Pfründe.

Wer macht aus den Quasselbuden der Parlamente endlich einmal wieder etwas Vernünftiges? Wo ist die Partei, die keine Wischiwaschi Programme aufgestellt hat, sondern die, die das Interesse der normalen Familie an die erste Stelle stellt? Dazu gehört natürlich auch ein starkes Familienoberhaupt, das den Mut hat zu sagen: „Erst wenn es meiner Familie gut geht, kann ich mich auch um andere kümmern!" Die EU hätte bestimmt Verständnis dafür gehabt, wenn Helmut Kohl nach der Wiedervereinigung die Zahlungen erst einmal beschränkt hätte, mit dem Hinweis auf die zu bewältigenden Aufbauleistungen in der Ex DDR, die zu leisten waren.

Aber unsere Schwachpolitiker haben kein Rückgrat und deshalb verkommt die Familie Deutschland immer mehr!

Denjenigen, denen Deutschland nach dem Krieg in erster Linie den Wiederaufstieg zu verdanken hat, nämlich den Bürgern der Mitte, müssten wieder Rahmenbedingungen geschafft werden, dass sie als Vorbilder für andere gelten können. Nur an Vorbildern werden sich Randgruppen aufrichten lassen.

Samstag, 16. Februar 2008

Im Nachtrag zur Hessenwahl ist nach meiner Meinung wichtig zu wissen, dass die CDU im Wahlkreis des fallengelassenen Martin Hohmann massiv verlor: In Fulda I verlor sie 18,7%, in Fulda II 17,6%, in Hohmanns Heimatgemeinde Neuhof 21,2% - in Hessen gesamt aber „nur" 12%. Die Stammwähler wurden damals vor den Kopf gestoßen, und das war die Quittung! (Siehe hierzu meine Einlassungen am 24. 11. 2003).

Donnerstag, 21. Februar 2008

Einige Reiche in Deutschland zittern, denn ihre Steuerhinterziehung steht vor der Aufklärung. Eine gestohlene CD aus der Steueroase Liechtenstein hat die Finanzbehörde gekauft und hat als erstes den Postchef Zumwinkel an den Pranger gestellt. Vor laufender Kamera wurde sein Anwesen durchsucht und er abgeführt. Methoden wie in einer Bananenrepublik! Das soll das Unrecht des Herrn Zumwinkel und seiner Mittäter nicht beschönigen. Aber der Aufschrei der „anständigen" Politiker und anderer ist so falsch wir ihr Handeln. Fachleute, die schon seit ewiger Zeit eine Vereinfachung des Steuersystems fordern, werden nicht ernst genommen. Herr Kirchhoff und Herr Merz sind Beispiele dafür, die von der machthungrigen Merkel fallengelassen wurden. Jetzt mehr Steuerfahnder zu fordern ist der falsche Weg. Bei einem einfachen, gerechten

Steuersystem wären sie gar nicht in Mengen nötig. Denn, da kein Mensch mehr seine Steuerklärung alleine machen kann, verlässt man sich auf seinen Steuerberater und muss auch für dessen Fehler gerade stehen. Unglaublich, welche Einsparmöglichkeiten es gäbe bei den Steuerberatern, den Rechtsanwälten und vor allen bei den Finanz- und anderen Behörden. Aber wer hat daran schon Interesse?

Donnerstag, 6. März 2008

Plötzlich haben auch Institute entdeckt und veröffentlichen in den Medien, dass der deutsche Mittelstand immer mehr in die Armut abrutscht. Eine Erkenntnis, die ich und einige andere schon lange hatten, nur nicht die Politiker, die daran ein gerütteltes Maß an Schuld haben.

Deutschland wird zum Überwachungsstaat, in dem die Rechte der Bürger immer mehr eingeschränkt werden. Aufgerüstet wird nur in Berufen, die mit Überwachung zu tun haben, wie Geheimdienst, Zoll, Polizei und Finanzamt. Die pleite gegangene DDR wird uns allmählich als nachahmenswert übergestülpt. Plötzlich wird die vom Staat übernommene Kindererziehung über den grünen Klee gelobt, und Frauen, die zu Hause bleiben, werden diskriminiert. Der Staat übernimmt das Denken und ist dabei die Gleichschaltung herbeizuführen.

Eine ganzes Volk wird von „aktiven" Politikern in Panik versetzt, weil ihm die Schuld am Klimawandel gegeben wird. So gibt es jeden Tag neue Bestimmungen und Einschränkungen durch unseren Abzockerstaat. Ab Juli diesen Jahres muss eine Energiebilanz für Häuser erstellt werden, die verkauft oder vermietet werden sollen. Das soll angeblich die Umsetzung einer EU Richtlinie sein. (Da möchte ich bezweifeln, dass das auch auf z.B. La Gomera umgesetzt wird.) Alte Heizungsanlagen, auch wenn sie störungsfrei funktionieren, sollen ersetzt werden – natürlich auf eigene Kosten! In Großstädten werden, oder sind schon, Umweltzonen eingerichtet worden, in denen die Autofahrer abkassiert werden. Denn die positive Wirkung für die Umwelt ist wahrscheinlich gleich null.

Das ganze Land leidet unter einem Linksrutsch, und es gibt keine Alternative. Deshalb nimmt die Zahl der Nichtwähler dramatisch zu. In Hessen will sich Frau Ypsilanti nun doch gegen alle vorherigen Beteuerungen, von der Linkspartei zur Ministerpräsidentin wählen lassen. (Was schert mich mein Geschwätz von gestern!) Und in Hamburg steuert die CDU auf eine Koalition mit den Grünen zu. — *Denk ich an Deutschland in der Nacht, bin ich (nicht nur Heinrich Heine) um den Schlaf gebracht!* —

Montag, 10. März 2008

Glücklicherweise hat eine ehrliche SPD - Abgeordnete das böse Spiel der Frau Ypsilanti durchkreuzt. Also bleibt Roland Koch erst einmal geschäftsführender Ministerpräsident. Die Schuldzuweisungen, wer die Linkspartei hoffähig gemacht hat, die Bundes - SPD mit Herrn Beck oder die hessische Landes - SPD, wogen hin und her. Die Angst vor dem Absturz sitzt im Nacken.

Man freut sich ja, wenn man sich in seine Gedanken irgendwie bestätigt fühlt. So habe ich gestern in der Frankfurter Allgemeinen Sonntagszeitung die Überlegung gelesen, dass es volkswirtschaftlich erheblich besser wäre, wenn auch mal „schwarz" gearbeitet würde, als wenn vieles gar nicht passierte. Diesen Überlegungen hatte ich in meine Lebenserinnerungen einen ganzen Abschnitt gewidmet.

Dienstag, 1. April 2008

Die Tibeter nutzen die Gunst der Stunde und demonstrieren gegen eine seit fünfzig Jahren andauernde Besetzung durch China. Wegen der bevorstehenden Olympischen Spiele in Peking ist die Aufmerksamkeit der Weltöffentlichkeit natürlich gegeben. Aufmerksam wird bei dem Niederschlagen des Aufstandes auf Menschenrechtsverletzungen durch die Chinesen geachtet. Unsere schlauen Politiker übertreffen sich in Überlegungen eines Boykotts der Spiele. Unehrlicher geht es nicht mehr! Was hat man denn erwartet, was die Chinesen mit den Demonstranten in Tibet machen? Man tut jetzt so, als wenn man die Ausrichtung der Spiele in ein Land gegeben hätte, das die Menschenrechte nach unserem Gusto achtet. Und vielleicht sollte man sich, wenn überhaupt, auch mal öfter mit den Verletzungen dieser Rechte durch Amerikaner und Israelis beschäftigen.

Weil in der Statistik die Arbeitslosigkeit weiter gesunken ist, drängen sich die Politiker vor den Kameras um ihren Anteil an dem „Erfolg" hinauszuposaunen. Ich glaube, dass diese Zahlen in erster Linie aussagen, dass immer mehr Menschen aus der Statistik herausfallen. Entweder sie landen in Billigjobs oder werden wegen Unvermittelbarkeit nicht mehr aufgeführt. Es wäre schön, wenn ich mich mit meiner Einschätzung irren sollte.

Eine Finanz- und Bankenkrise, ausgelöst durch faule amerikanische Immobiliengeschäfte, wird durch Steuergelder und durch massives Gelddrucken versucht zu bewältigen. Dass auch, und zwar in erster Linie, staatliche Banken diese windigen Geschäfte abgewickelt haben ist schwer verdaulich. Ich habe immer gefordert, dass der Staat und seine Ableger nur das Geld ausgeben dürfen, dass sie auch einnehmen. Alles andere sollte man Privaten überlassen, die ja auch haften müssen, wie ich schmerzlich erfahren konnte. Auf alle Fälle ist der Schrei nach immer mehr Staat, wenn das überhaupt noch geht, ein Schrei in die falsche Richtung.

Freitag, 16. Mai 2008

Der Staat Israel feiert seinen 60. Geburtstag und das nicht nur bei sich, sondern auch in der Paulskirche in Frankfurt. Unser Bundestagspräsident Lammert konnte die großartige Freundschaft zwischen unseren Ländern gar nicht genug loben. Dabei ist nur eine Scheinfreundschaft aufgebaut worden, die von Israel sofort aufgekündigt würde, wenn wir anfangen sollten, selbstbewusster aufzutreten. Als ewige Büßer und Zahler sind wir willkommen. Frau Knobloch von Zentralrat der Juden musste uns dann auch sofort noch davor warnen, ja nicht zu versuchen mit dem Iran Geschäfte zu machen. Die deutsch - arabische Freundschaft darf nicht weiter gepflegt werden. Dass die Palästinenser auch „gefeiert" haben, u.z. sechzig Jahre Vertreibung aus ihrer Heimat, war in den Medien nicht weiter erwähnenswert.

Mit klammheimlicher Freude habe ich im Fernsehen die „Münchner Runde" gesehen. Zwei Politiker der Großen Koalition in Berlin, also von SPD und CSU, versuchten zu rechtfertigen, warum sich die Bundespolitiker zweimal innerhalb kurzer Zeit eine gewaltige Erhöhung ihrer Bezüge genehmigt haben. Außer einem hilflosen Gestammel oder trotziger Frechheit von einem Herrn Ziegler von der SPD war nichts Neues zu erfahren. Nur die Klatsche, die sie am Ende der Sendung bekamen, war nicht von schlechten Eltern. Die Zuschauer konnten nämlich anrufen und mitteilen, ob sie die Einkünfte von Abgeordneten für angemessen oder für überhöht einschätzten. Das Ergebnis: **Über 96% der Anrufer meinten, dass die Abgeordneten ihr Geld nicht wert seien!!**

Mittwoch, 4. Juni 2008

Die Abgeordneten sind vor dem Druck der Öffentlichkeit eingeknickt und haben die zweite Diätenerhöhung gekippt.

In Amerika hat sich der erste Farbige als Präsidentschaftskandidat der Demokraten durchgesetzt. Sein Konkurrentin, Hillary Clinton, kann die Niederlage nicht fassen, aber mir scheint der Herr Obama nicht so festgelegt zu sein, wie sie. Vielleicht kann er im November den Republikaner McCain schlagen und Amerika aus dem Irak herausholen. Das wäre eine neue Hoffnung für den ganzen Weltfrieden!

Die deutsche Politik wurstelt weiter perspektivlos vor sich hin. Die Parteien sind nur mit Meinungsumfragen beschäftigt, die im Moment die SPD mit ihrem Vorsitzenden Beck am Boden sehen.

Unverständlicherweise schwimmt die Kanzlerin Merkel auf einer Sympathiewelle, und so gibt sie sich auch. Lässt sich im Ausland als Geldgeberin feiern und stülpt uns den DDR- Sozialismus über. Der Mittelstand ist schon auf der Strecke geblieben, auch im Handel, was ich schon immer beklagt habe. Der Einzelhandel wird nun fast ausschließlich von Konzernen abgewickelt, die eine unvorstellbare Einkaufsmacht repräsentieren. Dagegen versuchen nun Milchbauern mit Lieferboykott anzugehen um höhere Preise zu erzwingen. Das ist wohl verständlich, widerspricht aber natürlich der Marktwirtschaft. Denn dass zu viel Milch produziert wird, ist eine Tatsache, und die Nachfrage bestimmt den Preis. Trotzdem müssen dringend die Konzerne zerschlagen werden! Denn auch die Beseitigung der Vielfalt im Handel ist den Sozialisten nachgemacht.

Montag, 9. Juni 2008

Vor zwei Tagen konnte man im Internet lesen, dass der israelische Ministerpräsident Olmert, gegen den wegen Korruption ermittelt wird, vom amerikanischen Präsidenten Bush verlangt hat, einen Militärschlag gegen den Iran zu veranstalten. Prompt folgt zwei Tage später eine entsprechende Warnung von Bush an den Iran, ohne dass neuer Erkenntnisse über Verfehlungen vorliegen. Wann wird dieser wahrhaftige Idiot endlich entmachtet?

Der von den Grünen und der SPD initiierte, und von der Großen Koalition weitergeschriebene Atomausstieg führt zum Untergang Deutschlands! Anstatt schon seit Jahrzehnten auf Atomstrom zum Heizen u.a. zu setzen, versucht man verzweifelt Alternativen zu finden. Potentielle Kaputtmacher und nützliche Idioten, die sogenannten Gutmenschen, hatten in der Atomkraft den Gegner gefunden, den es zu bekämpfen galt. Dieselben Menschen, die schon darauf warten, einmal mit der A 380 fliegen zu dürfen, und sich hier voll Vertrauen in die Hände von Fachleuten begeben, die ihnen versichern, dass so ein Riesenflugzeug sie sicher irgendwohin fliegt, kommen bei dem Gedanken an Atom in Panik. Es geht hier nicht

mehr nur um die idiotisch hohen Preise für Gas und Öl, in deren
Abhängigkeit wir uns begeben haben, anstatt Alternativen zu überlegen. Der Anfang von Ende war der Verzicht auf die Wiederaufbe-
reitungsanlage in Wackersdorf. Unfähige Politiker und Manager
haben sich dem Druck der Straße gebeugt und den bequemen, teuren Weg der Wiederaufbereitung in England und Frankreich gewählt. Dieselben Leute versuchen nun verzweifelt Alternativen auf-
zubauen, um nicht beim wirklichen Abschalten der Atommeiler
gelyncht zu werden, wenn dann der Strom wegbleibt, bzw. aus
Atomkraftwerken im Ausland bezogen werden muss. Die Mehrheit
wird ja leider erst dann aktiv, wenn es zu spät ist. Also wird, auf
Kosten der Steuerzahler und Stromverbraucher, in eine unzuverläs-
sige und ineffektive Windkraft und Solarenergie investiert. Dass
man als vorausschauender Entscheider, auch andere Möglichkeiten
prüft, als die vorhandenen, ist eigentlich normal. Nicht normal ist
aber ein Ausstiegsbeschluss und dann das Suchen nach Alternativen! Jetzt wird auch die Landwirtschaft aktiv, weil sie hier, unterstützt von einem unfähigen Umweltminister, mit Namen Gabriel,
meint Geld verdienen zu können. So wird aus „Scheiße“ - Biogas,
d.h. die Tiere bleiben fast ausschließlich im Stall, denn sonst ist ja
nicht an den Mist zu kommen. Als Ersatz wird Kunstdünger auf die
Felder gestreut, von dem keine Insekten profitieren. Also werden
die Insekten weniger, mit verheerenden Folgen für die Vogel- und
Tierwelt. Den Tieren wird das hochgepowerte Gras in den Stall
gebracht, mit der Folge, dass alle Bodenbrüter kaputt gemäht oder
kaputt gefahren werden. Zwischen freilaufenden Kühen hatten sie
genügend Freiraum zum Überleben. Wenn man sich jetzt die sogenannte Kulturlandschaft betrachtet, wird man in erster Linie Getreidefelder sehen (die Getreidepreise sind hoch!), daneben Mais-
und Rapsfelder, weil hieraus Biosprit gewonnen werden soll. Die
wenigen Wiesen dazwischen fallen dadurch auf, dass sich hier keine
Blume mehr sehen lässt. Die chemische Industrie hat es geschafft,
dass dort ausschließlich Gras wächst. Auf den Getreidefeldern
wächst ebenfalls nur Getreide, auf den weniger werdenden Rüben-

feldern (der Zuckerpreis sinkt!) wachsen ausschließlich Rüben. Die Folgen: die Insekten und später wir, bleiben auf der Strecke! Die Getreidefelder bestäuben sich durch den Wind und die Rüben kommen nicht zur Blüte. Nur wenig Schmetterlinge kommen über das Raupenstadium hinaus, denn die meisten werden das Opfer des Mähbalkens, da das überdüngte Gras viel zu früh gemäht werden kann. Also ist es schon eine Seltenheit, Schmetterlinge zu sehen, geschweige denn Vögel, die sich über den Feldern in der Luft zeigen. Keine Lerchen, wenig bis keine Schwalben und auch immer weniger Greifvögel. Die Behörden, die eigentlich Alarm geben müssten, sind damit beschäftigt, die Wälder zu beschildern oder nur mit sich selbst und ihrer Ideologie.

Nun werden viele Menschen sagen, dass ich maßlos übertreibe. Aber die sollten einmal zurückdenken, daran dass bei Autofahrten ihre Windschutzscheibe bei einer ähnlichen Wetterlage, wie der jetzigen, voller zerschmetterter Insekten war. Jetzt ist das eher selten der Fall!

Samstag, 14. Juni 2008

Gerade habe ich im aktuellen „Spiegel" gelesen, dass sich in der Unionsfraktion Widerstand gegen die Politik von Frau Merkel regt. U.a. wird die Familienpolitik, Steuerpolitik und der nachgiebige Umgang mit dem Koalitionspartner SPD kritisiert. Also bin ich doch nicht alleine mit meiner Meinung.

Das Denkmal, für die in der Nazizeit verfolgten Homosexuellen, ist im Berlin aufgestellt worden. Es handelt sich um eine Stele mit einem eckigen Loch zum Hereinschauen. Drinnen ist dann ein sich küssendes Männerpaar zu sehen. Meine Assoziationen waren dann sofort, dass das Loch eigentlich hätte rund sein müssen. Aber Scherz beiseite - aber ernsthaft betrachtet hat die Sache eine andere Zuordnung als die Verfolgung Andersdenkender. Die Homosexualität war nämlich zu der Zeit verboten, und wer sie trotzdem ausübte, war ein zu verfolgender Straftäter.

Donnerstag, 19. Juni 2008

Der Ölpreis steigt und steigt, und ein Ende der Spekulation ist nicht abzusehen. Wenn es so weiter geht, werden viele Menschen ihre Öltanks zum Winter nicht befüllen können. Reaktion der Politik: Schweigen! Nur der unselige Herr Gabriel gibt der Bevölkerung quasi die Schuld. Sie müsste eben viel mehr Energie sparen. So einfach kann man es sich machen!

Freitag, 27. Juni 2008

Deutschlands Politiker beschließen eine Ausgabe nach der anderen, um im Ausland Punkte zu sammeln. So zahlen wir für den Wiederaufbau des von Israel kaputtgebombten Palästina und für Afghanistan, das in der Mehrzahl der Bevölkerung uns gar nicht will. Mein Schwiegersohn Kalle muss wieder für sechs Wochen Dienst in dem Land leisten. Keiner der Soldaten weiß, was er dort eigentlich soll, außer dass er eine gute zusätzliche Bezahlung bekommt. Jetzt soll das Kontingent auch noch erhöht werden.

Gleichzeitig geht es in Deutschland immer weiter bergab. An den Großstädten bilden sich langsam aber sicher Slums. Hier, wie z.B. in der Nordstadt Dortmunds, wohnen zu über 50% Menschen mit Migrationshintergrund. Über 30% beträgt die Arbeitslosigkeit, ohne Hoffnung auf Besserung. Alleine in Lage nimmt die Anzahl der Industriebrachen erschreckende Zustände an. So gammeln die Gebäude der einstmals stolzen Firmen Landwehr, Pieper, Schinken Thomas, Echterhölter, Kopp und jetzt auch Bergmann vor sich hin. Und von Siemens wird verbreitet, dass man sich von tausenden Mitarbeitern verabschieden will. Dabei wird das Volk durch „Brot und Spiele" ruhig gehalten. So lenkt im Moment die Fußball-Europameisterschaft die Menschen ab, zumal es Deutschland bis ins Finale geschafft hat.

Freitag, 4. Juli 2008

Der Preis für Benzin ist zum ersten Mal auf 1,6 Euro gestiegen.
Die Leitzinsen sind von der EZB erhöht worden um der Inflation
Herr zu werden. Dadurch werden natürlich konjunkturelle Erho-
lungen verhindert. Europa schwimmt in Hilflosigkeit und hat der
Spekulation nichts entgegen zu setzen. Die Politiker schweigen und
die Menschen werden immer ärmer, nur die Politiker nicht. Sie ent-
fernen sich immer mehr von der Bevölkerung weg. Auch eine
Neuwahl würde nichts bringen da es keine wählbaren Alternativen
gibt. Wählen gehen wird zur Farce, denn auch wenn der Bürger
gefragt wird, wie z.B. die Iren zum Lissabon Vertrag, wird ihr Vo-
tum, wenn es nicht im Sinne der Politik ist, als ein zu korrigierender
Irrtum angesehen. Wir Deutschen durften nicht einmal wählen!! Die
europäischen Umweltminister wollen weiter auf dem Weg der Bekämpfung von angeblich klimaschädlichen Gasen gehen. Dabei
wird auch in Kauf genommen, dass ganze Industriefirmen kaputt
gemacht werden. Alternativen zu fossilen Brennstoffen sollen nicht
Kernkraft, sondern Wind- und Sonnenenergie sein. Alles Phantas-
ten, die ja nicht für ihr evtl. falsches Handeln einmal zur Verantwortung gezogen werden. Dabei bin ich überzeugt, dass in den neuen
Mitgliedsländern noch nicht einmal Kläranlagen installiert sind, was
viel nötiger wäre.

Montag, 7. Juli 2008

Auf dem G8 Gipfel in Japan steht Deutschland mit seinem
Atomausstieg ganz alleine da. Frau Merkel, die ja gegen ihre Überzeugung diesen Koalitionsbeschluss verteidigen muss, wird massiv
von Amerika „abgewatscht“.
Gestern im Fernsehen in der Politikrunde bei Anne Will, wurde
der Linkspartei vorgeworfen, sie würde die Ängste der Menschen
schüren. In viel größerem Maße haben das die Grünen aber betrieben. Zuerst wurde das Sterben der Wälder in ganz kurzer Zeit

prognostiziert; dann musste unter dem Druck der Grünen mit ihren Mittätern in den Medien, das Schwefeldioxyd aus dem Rauch der Kohlekraftwerke ausgefiltert werden, ohne die Notwendigkeit ausreichend prüfen zu lassen; (da war von einer angeblichen Schädlichkeit des Kohlendioxyds noch keine Rede); und jetzt wird CO^2 als größter Klimakiller bekämpft. Das alles zum Nutzen der Bevölkerung, die sich nicht wehren kann und jeden noch so großen Blödsinn über die Strompreise bezahlen muss. Smogalarm, Pollenwarnung, Vorrang für Frauen und natürlich die Bekämpfung des Erzfeindes: Kernkraft! Alles das ist verkauft worden mit einer unsäglichen Angstmache. Die Grünen haben Deutschland mehr geschadet, als alle anderen Parteien vorher. Dass die SPD - Linken sich den unausgegorenen Thesen angeschlossen haben, verwundert nicht. Denn diese alte Arbeiterpartei versucht verzweifelt überall aufzuspringen, denn sie merkt, dass sie ein Auslaufmodell geworden ist.

Sonntag, 10. August 2008

Die Olympischen Spiele in Peking sind seit Freitag eröffnet. Man merkt allenthalben den Stolz und die Freude der Chinesen. Aber viele Schlauberger in der „freien" Welt wollen nur auf noch nicht gelöste Probleme aufmerksam machen, und damit natürlich sich ins Bild setzen. Wenn sich z.B. vier Personen in tibetische Fahnen gehüllt auf dem Platz des himmlischen Friedens hinlegen und nach fünf Minuten von den Sicherheitskräften abgeführt werden, wird das bei uns in allen Nachrichtensendungen idiotischerweise gezeigt, anstatt auf die freundlichen Menschen zuzugehen und so eine weitere Öffnung und Verbesserung der chinesischen Situation zu bewirken.

In Georgien herrscht Krieg zwischen abtrünnigen Provinzen und dem Land. Russland hat massiv militärisch eingegriffen, ob zu Recht oder zu Unrecht, kann ich nicht beurteilen. Nur, dass das der jämmerliche amerikanische Präsident, ein Kriegstreiber erster Güte, kritisiert, macht mich wütend. Er hatte nämlich versucht Georgien aus dem russischen Einflussbereich herauszulösen und sogar in die Nato zu holen. Welches Spiel spielt dieser abgewirtschaftete Präsident eigentlich? – Für mich ist die eigentliche Erklärung, nach einem Blick auf die Landkarte, dass die Gegend zwischen Türkei und Pakistan ein zweites Amerika werden soll, natürlich unter Führung Israels und dem Zugang zum Öl. Nur das wird sich wohl nicht verwirklichen lassen. Für mich ist Herr Bush ein Kandidat für das Kriegsverbrechertribunal in Den Haag.

In Afghanistan sind drei Bundeswehrsoldaten, bei einem Selbstmordanschlag auf sie, schwer verletzt worden. Wann treten wir den Rückzug an?

Mittwoch, 20. August 2008

Morgen soll der Vertrag zwischen den USA und Polen unterzeichnet werden, der das Aufstellen von US Raketen in Polen regelt. Angeblich soll mit diesen Raketen eine Abwehr eines feindlichen Raketenbeschusses auf die USA ermöglicht werden. Die Gefahr solle angeblich aus dem Iran kommen. Meine Meinung hierzu ist, dass es wieder einmal nur um Israel geht. Die Führung dieses Landes will den Iran angreifen und fürchtet den Gegenschlag. Diesen wiederum soll die neue Raketenabwehr verhindern. Dass die Polen bei diesem Spiel mitmachen, erschreckt mich sehr. Denn die müssten eigentlich am besten wissen, dass sie den benachbarten Russen auf der Nase herumtanzen. Aber einmal werden sie für ihr Einverständnis fürstlich entlohnt werden, und außerdem scheinen sich hier polnisch/jüdische Verbindungen getroffen zu haben.

Frankreich hat gestern zehn Soldaten in Afghanistan verloren – das traurige Spiel geht weiter. Und das alles um einer angeblichen Terrorgefahr zu begegnen.

Montag, 25. August 2008

Die olympischen Spiele in Peking sind gestern mit einer tollen Abschlussschau zu Ende gegangen. Die Fabelweltrekorde der jamaikanischen Sprinter und des amerikanischen Schwimmers Michael Phelps sind bestimmt Folge einer neuen Dopingart, aber das sind bestimmt nicht die einzigen Ergebnisse, die nicht regulär erzielt wurden. Aber ich habe fast Verständnis für die „Täter", denn schon ein vierter Platz zählt als Niederlage. Nur die ersten drei Plätze bringen Ansehen und Geld. China hat sich der Welt als kommende Nation präsentiert und hat es geschafft, friedliche Spiele zu bieten. Aber heute in den Nachrichten kam als erste Meldung, dass Menschenrechtsgruppen beklagen, dass China ein Polizeistaat sei. Denen wären Demonstrationen und Prügeleien mit der Polizei lieber gewesen. Anschließend kam dann als positive Meldung, dass Israel, als vertrauensbildende Maßnahme, zweihundert gefangene Palästinenser freilassen will. Aber es wurde auch gesagt, dass sich in israelischen Gefängnissen über 10 000, zum Großteil ohne Verurteilung durch ein Gericht, befänden. Wo sind denn hier Demonstrationen der Gutmenschen?

Sonntag, 7. September 2008

Die SPD steckt tief in der Krise, und Herr Beck muss seinen Platz räumen. Frank Walter Steinmeier und der Neuwitwer Franz Müntefering sollen den Karren aus dem Dreck ziehen. Um diesen Job sind sie nicht zu beneiden.

Donnerstag, 11. September 2008

Amerika gedenkt der Anschläge auf das World Trade Center und das Pentagon am 11. September 2001. Meine Zweifel, ob es sich wirklich um einen Terroranschlag gehandelt hat, oder um eine hausgemachte Aktion, bestehen fort. Auf alle Fälle hat die Nato das als Angriff auf ein Mitgliedsland gewertet und den Verteidigungsfall ausgerufen. Und deshalb verteidigen wir nun Amerika in Afghanistan und haben gar nicht die Möglichkeit aus eigenem Antrieb hier auszusteigen.

Samstag, 13. September 2008

Dass in der Regierung in Berlin, und nicht nur dort, eine freiheitliche Partei fehlt, wird von Tag zu Tag deutlicher. Die Politiker und Verwaltungen sind voller Misstrauen gegen jede Aktion, die sie nicht kontrollieren können. Und um reglementieren und Strafen aussprechen zu können, wird ein Wald von Verbotsschildern aufgestellt. Neuerdings findet man unzählige Schilder, die Naturschutzgebiete ausweisen. Angeblich sind hier Pflanzen und Tiere zu finden, die unbedingt geschützt werden müssen. Deshalb dürfen die Wege nicht verlassen werden, Hunde müssen an die Leine und es darf nichts aus der Natur entnommen werden. D.h. hier dürfen nicht einmal Pilze gesammelt werden. Damit nun keiner, der sich nicht daran hält, seiner Strafe entgehen kann, diese unglaublich aufwendige Beschilderung. Ich habe mir einige dieser ausgewiesenen Naturschutzgebiete einmal genauer angesehen, und keine besonders schützenswerten Sachen ausmachen können. Obwohl ich davon überzeugt bin, einen Test über das Erkennen von Pflanzen und Tieren gegen jeden Umweltschützer gut bestehen zu können. Dass die Probleme, die der Natur zweifelsohne bereitet werden, nicht durch irgendwelche Spaziergänger und freilaufende Hunde verursacht sind, spielt keine Rolle. Die Verwaltungsmaschinerie ist in Gang gesetzt und es ist keiner da, der sie bremst. Der Mensch spielt in den Überlegungen keine Rolle mehr, er wird nur als Störfaktor betrachtet. Dabei wäre der richtige Schritt, die Ausweisung von Wanderparkplätzen, damit die Menschen die Natur kennenlernen können. Nur dann werden sie auch pfleglich mit ihr umgehen!

Mittwoch, 17. September 2008

Amerika steckt in einer riesigen Finanzkrise, und überall muss der Staat einspringen, um Banken und Versicherungen zu retten. Die Börsen reagieren weltweit mit Kursverlusten und es wird gehofft, dass nicht noch Panikverkäufe erfolgen. Wir sind schon schlecht regiert, aber die Amerikaner anscheinend noch schlechter.

Die Europäische Kommission hat plötzlich die „unterdrückten" Roma und Sinti, die ja durch die unverständliche Hereinnahme von Rumänien und Bulgarien in die EU unsere Mitbürger geworden sind, als zu fördern, entdeckt. Dass die meisten Probleme dieser Menschen hausgemacht sind, könnte auch die Kommission ganz schnell bei einer Befragung des Mitglieds Ungarn erfahren. Aber das wäre ja zu einfach.

Dienstag, 23. September 2008

Amerika will seine angeschlagenen Banken mit einem gigantischen Hilfsprogramm von unvorstellbaren ca. 700 Milliarden Dollar stützen. Die Verursacher der Krise bekommen die Hilfe, die der kleine Hausbesitzer nicht bekommt. Gleichzeitig meint der amerikanische Finanzminister andere Länder auffordern zu müssen, ihn bei der Hilfsaktion zu unterstützen. Finanzminister Steinbrück hat dieses Ansinnen zusammen mit anderen Finanzministern abgelehnt. Ob diese Ablehnung von Dauer ist, möchte ich bezweifeln! Auf alle Fälle kommen auf die amerikanischen Bürger noch härtere Zeiten zu. Nur die Börsenspekulanten wittern Morgenluft und lassen die Kurse steigen.

Donnerstag, 25. September 2008

Die „gelbe Gefahr" blüht.

Mein Sohn Axel hat mir einen Zeitungsausschnitt zu gemailt, in dem von einer Infoveranstaltung über das Jakobskreuzkraut berichtet wurde.

Meine schon seit einiger Zeit geäußerte Meinung hat sich auch durch diese Veranstaltung verfestigt, dass die „moderne" Landwirtschaft Schuld ist an unseren Umweltproblemen. Wobei ich gerne immer wieder betone, dass ich dem einzelnen Landwirt keine Schuld zuweisen kann. Er ist wahrscheinlich gezwungen gegen die Natur zu wirtschaften, um über die Runden zu kommen. Die wahren Schuldigen sind unfähige Politiker und Bürokraten, die das Problem nicht erkennen! Dabei spielt natürlich die Lobby einer großen Wählergruppe die maßgebliche Rolle. Denn so dumm können doch die Eurokraten nicht sein, dass sie ohne Druck eine Berufsgruppe mit 40% des EU Haushalts subventionieren, ohne dass es hierfür eine Notwendigkeit gibt. Das Ergebnis ist doch eine unverantwortliche Überproduktion, mit der Folge, dass diese Produkte in den Entwicklungsländern die dort tätigen Bauern ruinieren. Jeder vernünftige Bürger würde doch ohne zu Zögern mehr für z.B. Fleisch bezahlen, das nicht in Ställen mit hunderten oder sogar tausenden Tieren „produziert" wurde.

Wadsterben

Ein massiv überbewertetes Phänomen, das den Autofahrern von den „Grünen" angelastet wurde. Eingesetzt hat das nicht, seit es Autoverkehr gibt, sondern seit in der Landwirtschaft massiv mit Herbiziden gegen „Unkräuter" spritzt. Inzwischen sind diese Mittel und auch die Aufbringemethoden verbessert worden, so dass nicht so viele Spritzmittel in die Luft verwirbelt werden. Deshalb regnen sie nicht mehr über den Bäumen ab, und so fallen auch die Waldschadensberichte undramatischer aus. Wenn nun die Landwirtschaft bestreitet, dass sie Mitverursacher des Waldsterbens ist, dann sollte sie zur Kenntnis nehmen, dass im ewigen Eis der Antarktis Herbizidmittel nachgewiesen wurden.

Viehwirtschaft

Bei den Protesten der Milchbauern gegen zu geringe Erlöse, wurden im Fernsehen immer riesige Ställe gezeigt. Hier standen die Milchkühe in langen Reihen nebeneinander und das Futter wurde ihnen vorgelegt. Dieses spielte sich nicht im Winter, sondern im Hochsommer ab! Also werden die Tiere gar nicht, oder nur selten auf die Weide gelassen. Da das Futter nun in die Ställe geholt wird damit noch Kraftfutter hinzugefügt werden kann, und die Kühe noch mehr Milch geben – trotz der Überproduktion - , muss es also auf den Wiesen gemäht werden. Das passiert durch entsprechende Düngung schon sehr früh im Jahr, mit der Folge, dass den Bodenbrütern zunehmend der Garaus gemacht wird. Nachteilig für die Landwirtschaft ist das in dem Zeitungsbericht geschilderte Problem: Es werden nämlich auch Pflanzen mitgemäht, welche die Tiere selbst auf der Weide nicht gefressen hätten. Wie eben das Jakobskreuzkraut oder der Ampfer. Dieses mit den geschilderten gesundheitlichen Folgen für die Stalltiere. Um das zu verhindern, empfiehlt die Landwirtschaftskammer ein noch früheres Mähen! Also auch noch weniger Chancen für ein Überleben der Lerchen, Wiesenpieper und anderer Bodenbrüter. Dazu kommt noch, dass eine Stilllegungsverpflichtung von landwirtschaftlichen Flächen aufgehoben wurde. Verschwiegen in dem Bericht wird, dass offensichtlich schon massiv gegen das Kreuzkraut gespritzt wird, wobei alle anderen Blatt- und Blütenpflanzen ebenfalls beseitigt werden. Meines Wissens nach hat es noch nie Wiesen gegeben, in denen kein Löwenzahn wächst. Jetzt gibt es die „sauberen Wiesen" aber, in denen nur Gras und sonst nichts gedeiht. Dass, wenn es keine Blühpflanzen mehr gibt, auch keine Schmetterlinge Nahrung finden, müsste doch jedem klar sein. Nein, es wird nur beklagt, dass keine Falter auf den Schmetterlingsflieder auszumachen sind, aber nach dem Grund fragt keiner. Herr Gabriel würde sicher den durch CO^2 Ausstoß verursachten Klimawandel anführen. Alles andere würde ja auch nicht ins Konzept passen.

Getreidewirtschaft

Eine Besonderheit in Deutschland und besonders in unserer Gegend ist der Rote Milan. Jetzt konnte man in der Zeitung lesen, dass ein massiver Rückgang dieser Art befürchtet wird. So wären in den Nestern, wo im Schnitt zwei Junge aufgezogen würden, nur noch eines zu finden. Warum das so ist, kann man sich leicht erklären, denn im Gegensatz zu den „denkenden" Menschen, vermehren sich die meisten Tier nach dem Nahrungsangebot. Das wäre für Milane zwar vorhanden, aber ist nicht im erforderlichen Maße greifbar. Durch hohe Getreidepreise und den Irrsinn mit den nachwachsenden Rohstoffen sind alle nur möglichen Flächen mit Weizen, Raps und Mais belegt worden. Diese fein säuberlich gespritzt, damit auch ja keine Kornblume gedeihen kann, aber das nur nebenbei. Nein, in diesen Industriefeldern kann kein Greifvogel Mäuse oder andere Nahrung erjagen. Deshalb werden wir uns bald von den wunderschönen Tieren verabschieden müssen. Und nicht nur von diesen!

Rückblick

Ältere Menschen werden sich sicher noch erinnern an riesige Mengen Schwalben, die sich auf Hochspannungsleitungen zusammenfanden, bevor sie die Reise in den Süden antraten. Es handelte sich um hunderte, wenn nicht tausende. Heute ist man froh, wenn man mal mehr als dreißig Exemplare entdeckt. Auch dieses eine Folge der Umwandlung der herkömmlichen bäuerlichen Betriebe in Industriebetriebe. Als noch das Vieh den ganzen Sommer über auf der Weide war, genügte als Wasserstelle ein Tümpel auf dem Feld. Hierin fanden auch die Amphibien und Wasserinsekten reichlich Lebensraum. Die Schwalben suchten hier ihr Nestbaumaterial und auch ihre Nahrung, denn Mücken und andere Insekten konnten hier gut gedeihen. Da die Kühe aber wohl nur glücklich waren, aber nach Ansicht der Bauern nicht genug Milch gaben, wurden das Nahrungsangebot erhöht, in dem die Wiesen gedüngt wurden. Mit der Folge, dass die Tümpel zwangsläufig auch mit gedüngt wurden und umkippten. Die stinkenden, toten Löcher wurden verfüllt und zum Tränken des Viehs alte Badewanne o.a. aufgestellt. Nicht viel später wurde, vor allem in Schleswig-Holstein der Rückgang der Störche beklagt, ohne dass jemals die wirklichen Ursachen hierfür genannt wurden. (Keine Frösche – keine Störche!)

Wenn in den Nachkriegsjahren die Felder gepflügt wurden, war in der Nähe derselben Gegend das Pferdegespann oder der den Pflug ziehende Traktor umschwärmt von Möwen. Denn es wurden reichlich Regenwürmer nach oben geworfen. Inzwischen hat die Intensivlandwirtschaft es geschafft, viele Würmer wegzudüngen, deshalb sind die großen Möwenschwärme nicht mehr auszumachen.

Dreißig Feldlerchen gleichzeitig beim fröhlichen Singflug aus-zumachen war in der selben Zeit kein Problem. Bis vor ein/zwei Jahren konnte man sich immer noch an wenigstens einigen Exemplaren erfreuen. Das ist in diesem Jahr schon zu einer bemerkenswerten Ausnahme geworden!

Geärgert hat man sich noch vor gar nicht langer Zeit über die Verschmutzung des Autos durch aufgeprallte Insekten. In diesem Jahr war das absolut selten zu bemerken. Wohl deshalb hat man nicht so viele überfahrene Igel gesehen, die sich an den getöteten Nachtfaltern gütlich getan hatten. Aber das ist auch das einzig vielleicht als positiv einzustufende, was mir zu unseren Umweltproblemen einfällt.

Schlussfolgerung

Es ist fünf vor Zwölf, und die Uhr tickt weiter. Immer noch nicht ist
offiziell erkannt worden, woher die Probleme unserer Natur rühren. Solange Überschüsse produziert werden, darf der Eingriff in
die Natur so nicht weiter gehen. Ganze landwirtschaftliche Flächen
müssten stillgelegt und nur in Notzeiten wieder bewirtschaftet
werden. Auch eine riesige Bauernlobby darf nicht davon abhalten,
das Nötige zu tun!

Diese Pamphlet habe ich an mehre Leute geschickt, u.a. an den
NABU Leopoldshöhe und an die Bundestagsabgeordnete Gudrun
Kopp. Es ist wahrhaftig nicht so, dass ich hoffe, Recht zu behalten
mit meiner pessimistischen Zukunftsprognose. Aber, falls ich doch
Recht habe, sollen sich nur weniger herausreden können, in dem
sie behaupten, es wäre nicht gewarnt worden.

Freitag, 26. September 2008

Die Bankenpleite in Amerika geht weiter und das Rettungspro-
gramm der Bush Regierung hakt, weil nicht alle Politiker mitspielen.
Das Hilfeersuchen an die anderen Länder wird bislang abgelehnt,
u.a. auch, weil die Finanzminister eine klammheimliche Freude
empfinden. Denn der amerikanische Finanzminister und Bittsteller
soll sich in der Vergangenheit immer als Verweigerer gezeigt haben.
In Israel ist Herr Olmert als Parteivorsitzender zurückgetreten,
und auch für seinen Ministerpräsidentenposten wird ein Nachfolger
gesucht. Der Korruptionsverdacht gegen ihn muss schon heftig
sein. Die bisherige Außenministerin, Frau Livni, scheint ihm nach-
zufolgen. Bei einem Interview mit dem Stern schloss sie einen Militärschlag gegen den Iran nicht aus. Damit konfrontiert, dass dieser
ja noch gar keine Atombombe besäße, und damit keine Gefahr dar-
stelle, sagte sie, dass schon der Ausspruch von Herrn Ahmadinedschad, Israel sei von der Landkarte zu löschen, ausreichend hierfür

sei. Ein Friedensengel scheint da auch nicht an die Macht zu kommen.

Montag, 29. September 2008

In Bayern ist gestern ein neuer Landtag gewählt worden. Hierbei ist die CSU kräftig abgestraft worden. Zum ersten Mal nach fast fünf Jahrzehnten kann sie nicht alleine regieren. Sie stürzte von 60% auf 43% ab. Die SPD ist zwar schadenfroh, aber kann nicht von der Schwäche profitieren. Im Gegenteil, sie muss noch Stimmen abgeben auf nunmehr nur noch gut 18%. Als Koalitionspartner steht neben den freien Wählern, die FDP bereit. Sie hatte mit der Ablösung von Sabine Leutheusser-Schnarrenberger als Spitzenkandidat einen guten Schachzug gemacht. Der neue, Martin Zeil, macht einen kompetenten Eindruck, und hat bei den Wählern mit ca. 8% gepunktet. Die Grünen haben auf 9% dazu gewonnen, aber die Linken wurden gebremst (4,4%). Im Grunde war die Wahl eine Ohrfeige für die Große Koalition!

Sonntag, 5. Oktober 2008

Das bayrische Führungsduo, Beckstein und Huber, ist zurückgetreten. Als Parteivorsitzender ist Horst Seehofer im Rennen, und er wird wahrscheinlich auch der neue Ministerpräsident.

Auf meine Mail über die Naturprobleme durch die Landwirtschaft hat nur Axel zustimmend geantwortet. Für die anderen gilt: Wer nichts sagt, sagt auch nichts Falsches!

Donnerstag, 9. Oktober 2008

Die weltweite Krise in der Bankenlandschaft wurde ausgelöst von der Pleite von Lehmann Brothers. Wie ich schon vermutete, waren das deutsche Juden, wie der Auszug aus Wikipedia zeigt:

Lehman Brothers wurde 1850 in Montgomery, Alabama, von den zwischen 1844 und 1850 aus Rimpar bei Würzburg (Deutschland) emigrierten jüdischen Brüdern Hayum (Henry), Mendel (Emmanuel) und Maier (Mayer) Lehman, Söhnen des fränkischen Viehhändlers Abraham Löw Lehmann, gegründet.[2] Vor der Gründung von Lehman Brothers eröffnete Henry Lehman 1844 in Alabama einen Gemischtwarenhandel. Sein Bruder Emanuel trat 1848 in das Geschäft ein. Die Geschäftstätigkeit wurde dann schon bald auf den Handel mit Baumwolle verlagert, aus der heraus sich dann später die Investmentbankentätigkeit entwickelte.

Nach dem Amerikanischen Bürgerkrieg wurde die Geschäftstätigkeit nach New York verlagert.

1977 fusionierte Lehman Brothers mit Kuhn, Loeb & Co. und firmierte kurzzeitig als Lehman Brothers Kuhn Loeb & Co. 1984 wurde Lehman Brothers von American Express aufgekauft und mit Shearson und 1988 mit E.F. Hutton & Co. fusioniert. 1993 verkaufte American Express die so entstandene Firma an die Travelers Group. Die Travelers Group trennte sich vom Investmentbanking, das 1994 unter dem Namen Lehman Brothers wieder zu einer eigenständigen Firma wurde und an die Börse ging. In den letzten Jahren konnte das nun selbständige Unternehmen auch im Vergleich mit den Wettbewerbern seine Marktposition festigen.

Horst Seehofer ist der neue starke Mann der CSU. Eigentlich dürfte er es nicht so schwer haben, nach den eher schwache Auftreten seiner beiden Vorgänger. Frau Merkel und Herr Steinbrück geben Garantien für Sparer, die nur Absichtserklärungen sind. Die Welt ist in Aufregung, denn noch sind die Verluste der Bankenkrise nicht abzusehen. Island steht vor dem Staatsbankrott – es kommen schwere Zeiten auf die Weltwirtschaft zu.

Freitag, 10. Oktober 2008

Die Kurse an den Börsen der Welt haben im Schnitt 25% ihres Wertes verloren. Und das, obwohl die Politik Garantien übernommen und Banken verstaatlicht hat. Vertrauen in die Führung ist was anderes. Jetzt brechen die Absatzzahlen für Autos ein. Trotzdem wird weiter über eine Anhebung der LKW Maut und der Ausweitung von Umweltzonen in den Städten gesprochen. Wo ist nur die Vernunft geblieben?

Sonntag, 12. Oktober 2008

Der österreichische Politiker und Landeshauptmann von Kärnten ist bei einem Autounfall ums Leben gekommen. Er wurde achtundfünfzig Jahre alt. Da er intelligent und mutig auch unpopuläre Ansichten vertrat, wurde er natürlich von den Medien und den Schwachpolitikern als Rechtspopulist oder noch schlimmer diffamiert. Er ähnelte in seinen Ansichten sehr Möllemann, deshalb halte ich einen Anschlag auf ihn für nicht unwahrscheinlich. Aber so etwas wird sicher vertuscht werden. (Ein paar Tage später kam dann, noch vor der Beerdigung, die Meldung, dass Haider betrunken und viel zu schnell unterwegs gewesen war.) Ist ihm was „in den Tee" getan worden?

Sonntag, 26. Oktober 2008

Die Wirtschaft rotiert und befindet sich in vielen Branchen im freien Fall. Die dreißig deutschen DAX Firmen haben seit Beginn der Bankenkrise ca. 50% ihres Wertes verloren. Die Sache wird noch jede Menge Arbeitsplätze kosten. Ein Versäumnis der Politik war, sich nur in den Erfolgen im Export zu sonnen. Der bricht jetzt ein, und die schwache Binnennachfrage kann nichts ausgleichen. Das einzig Positive an der Situation ist der massiv gesunkene Ölpreis.
Dienstag, 28. Oktober 2008

Die Linken fühlen sich im Aufwind und können nicht oft genug den Neidfaktor gegen die Manager ins Feld führen. Dagegen hat sich der Chef des Ifo Instituts aufgelehnt und gesagt, dass in schwierigen Zeiten immer nach Schuldigen gesucht würde. Bei der Weltwirtschaftskrise 1929 wären das die Juden gewesen und jetzt die Manager. – Den Nachsatz, nämlich dass das beides falsch gewesen wäre, haben die Juden dann wohl nicht mehr gelesen. Denn Herr Sinn musste sich in aller Form beim Zentralrat entschuldigen.

In diesem Zusammenhang muss man wohl sehen, dass wir „Normaldeutschen" in den Hintergrund gedrängt werden. Man hat den Eindruck, dass fast täglich eine neue Moschee oder eine Synagoge eröffnet werden. In Bielefeld ist sogar eine christliche Kirche zur Synagoge umgebaut worden. Deutschland schwankt von einem Extrem zum anderen. Von den Ariern zu Multikulti. Dabei läge das Aussichtsreichste für Deutschland in der Mitte!

Montag, 3. November 2008

Morgen wollte sich Frau Ypsilanti in Hessen zur Ministerpräsidentin wählen lassen. Heute ist ihr Traum geplatzt, denn drei weitere SPD Abgeordnete haben erklärt, sie nicht wählen zu wollen. Hessen und ganz Deutschland atmet auf, - von den Linken aller Parteien einmal abgesehen.

Der unselige Kaputtmacher, George W. Bush, wird morgen Nacht durch einen neuen Präsidenten ersetzt. Wahrscheinlich durch Herrn Obama, weil der republikanischer Mitbewerber, Herr McCain, das böse Erbe von Bush nicht abschütteln kann.

Im Zusammenhang mit Amerika ist mir noch eingefallen, wie schnell man zum Antisemiten gemacht werden kann. Wenn man z.B. in der Vergangenheit gefragt hat, wer denn die Geschäfte an der Wallstreet beherrscht, kam sofort die Antwort: in erster Linie wären das Juden. Keiner empfand das als diskriminierend, eher schon anerkennend für die Cleverheit dieser Leute. Wenn jetzt, wo das Finanzsystem der ganzen Welt, ausgehend von der Wallstreet, in

Schieflage gekommen ist, jemand die selbe Frage stellt, wird er sofort als Antisemit verunglimpft werden.

Dienstag, 4. November 2008

Das Wirtschaftswachstum in Deutschland ist zum Stillstand gekommen. Autos stehen in Mengen auf Halde. Alle großen Hersteller machen Sonderurlaub und hoffen auf eine Wendung. In dieser Zeit haben sich nun die Gewerkschaften vorgenommen, eine Lohnsteigerung von 8% in der Metallindustrie zu erstreiten. Hoffentlich verbiegen sie sich hierbei nicht die Nase!

Mittwoch, 5. November 2008

Herr Obama hat es mit großer Mehrheit geschafft, der nächste amerikanische Präsident zu werden. Zum ersten Mal in der amerikanischen Geschichte ist dieses einem Schwarzen gelungen. Seine Hautfarbe spielt für mich keine Rolle, aber hoffentlich kann er die riesigen Probleme seines Landes und damit auch der Welt lösen. Wir alle haben jedenfalls einen besseren amerikanischen Präsidenten verdient.

Während die Welt von einer Krise in die andere fällt, beschließt der Deutsche Bundestag, quer durch alle Parteien, ein neues Gesetz gegen Antisemitismus. Dass man meint, dieses siebzig Jahre nach der Pogromnacht beschließen zu müssen, ist kein Zeichen von Normalität im Umgang mit den Juden. So würde ich wahrscheinlich auch ins Gefängnis wandern, wenn ich öffentlich mitteilen würde, dass der Sohn von Frau Knobloch, der Vorsitzenden im Zentralrat der Juden, seine Bank, die Eurohypo, mit Derivatehandel an die Wand gefahren hat. Aber es ist nun einmal eine Tatsache, und er hat „in bestem Einvernehmen" seinen Posten geräumt. Er ist also nicht in den Knast gewandert.

Samstag, 8. November 2008

Schon wieder musste sich ein deutscher Politiker für eine Äußerung bei den Juden entschuldigen. Diesmal hat es den niedersächsi-
schen Ministerpräsidenten f getroffen. Er hatte in einer Talkshow
gesagt, *(jetzt habe ich noch gelesen, dass die bei Herrn Friedman stattgefunden
hatte. Ich hatte gar nicht gewusst, dass man diesem überführten Kokser und
Hurensohn eine neue Chance gegeben hatte. Diese natürlich nur im öffentlich
rechtlichen Fernsehen, wo der, glaub ich, sogar im Fernsehrat sitzt. Man stelle
sich nur einmal vor, ein Rechtslastiger hätte sich ähnlich verhalten, - der wäre
weg gewesen bis in die Ewigkeit!)* dass er in Bezug auf die Hetze auf
Manager eine Pogromstimmung ausmachen würde. Aber das hat,
aus welchen Gründen auch immer, dem Zentralrat der Juden nicht
geschmeckt. Auch der polnisch stämmige Jude Henrik M. Broder
hat sich im Spiegel darüber ausgelassen. Um diesen ganzen Ent-
schuldigungen vorzubeugen, sollte man überlegen, ob man nicht
den ersten Januar eines jeden Jahres zum Entschuldigungstag, für
vielleicht noch zu tätigen Äußerungen, die den Juden nicht gefallen,
erklärt.

Montag, 10. November 2008

Frau Ypsilanti hat den „Schwanz eingeklemmt" und tritt für die
Neuwahlen in Hessen am 18. Januar 09 nicht wieder als Spitzenkandidatin an. Jetzt soll ein völlig unbekannter Neuling die SPD
Suppe auslöffeln. Wenn heute gewählt würde, hätten Schwarz/Gelb
die Mehrheit, und das wäre für Hessen und Deutschland wohl auch
das Beste.

Dienstag, 11. November 2008

In Gorleben herrscht ein Kampf zwischen Atomgegnern mit
der Polizei. Dass es für diesen Widerstand gegen die Ordnungs-
macht eine Rechtfertigung gibt, kann ich nicht sehen. Denn erstens
haben wir eine parlamentarische Demokratie, die hier vor Ort vor
allem von den Grünen ad absurdum gestellt wird. Woher wollen die

Demonstranten wissen, dass gerade ihre Meinung die Richtige ist? Und wenn sie das wirklich meinen, so ist doch immer noch das Recht der anderen auf eine andere Meinung, zu respektieren! Also Demonstrationen meinetwegen ja, aber Widerstand müsste hart bestraft werden. Nur ein schwacher Staat trägt Widerständler behutsam aus dem Weg. Ein starker Staat würde ein zeitliches Ultimatum setzen, und bei Nichteinhaltung, die dann festgestellten Widerständler von Schnellgerichten zu den Kosten herbeiziehen. Das gilt auch für die Bauern, die mit ihren Traktoren die Straßen blockieren. Es ist schon eine Perversion, wenn gerade die Bauern, die nach meiner begründeten Ansicht mitschuldig sind, an dem Untergang einer natürlichen, artenreichen Umwelt, hier meinen als Umweltschützer auftreten zu müssen. Warum werden die Castoren nicht mit Lastenhubschraubern in die End- oder Zwischenlager gebracht?

Freitag, 14. November 2008

Im Fernsehen wurde von einer Gruppe Israelis berichtet, die sich, gegen den großen Widerstand ihrer Regierung, um die Aussöhnung mit den Palästinensern bemühen. Das waren ehemalige Soldaten und Soldatinnen, die einen hervorragenden Eindruck machten. Diese Gruppierung sollte massiv unterstützt werden, und ich würde gerne mit diesen Menschen Freundschaft schließen. Das Gegenteil zeigte ein Bericht über die Zustände in einem Arbeiterviertel in Duisburg. Hier hausen Zigeuner (Roma + Sinti) in heruntergekommenen Häusern oder in Autos. Die Gegend wurde durch Fäkalien und andere Sachen verschmutzt, und die Behörden waren mal wieder hilflos. Das Interessante an der Sache ist, dass der Gegenpart dieser Gruppierung dort wohnende Türken sind. Die Deutschen haben schon lange die Flucht ergriffen. Die EU hat es ermöglicht, dass diese Leute aus Rumänien hier eingereist sind.

Montag, 17. November 2008

In Amerika sieht es fast so aus, als wenn Barack Obama sich Hillary Clinton zur Außenministerin nimmt. Das schiene mir eine gute Entscheidung zu sein. Wenn ich mir daraufhin die deutschen Politiker vors geistige Auge hole, drängt sich mir folgender Vergleich auf: Als einziger, der mir spontan einfällt, hätte Friedrich Merz ein ähnliches Charisma wie Herr Obama. Und als Außenministerin wäre Frau Merkel bestimmt besser aufgehoben, als an der Regierungsspitze. Aber gerade diese machthungrige Frau hat das auch erkannt, und Herrn Merz aus dem Parlament gemobbt.

Der Wirtschaft geht es zunehmend schlechter, vor allem die Autoindustrie leidet. So hat Opel um eine Milliardenbürgschaft beim Bund nachgesucht. Plötzlich haben auch die Parteien, welche die Autoindustrie verteufelten, Angst vor den Arbeitslosen in diesem Bereich. Jeder siebte Arbeitsplatz in Deutschland hängt von der Autoindustrie ab!

Freitag, 21. November 2008

Das einzig Positive der weltweiten Konjunkturschwäche ist der im Sinkflug befindliche Ölpreis, der jetzt schon um 2/3 zum Höchststand gefallen ist. Alles andere ist sehr bedrohlich und überall werden Löcher gestopft. Island steht vor dem Staatsbankrott, und Amerika verschuldet sich weiter im Rekordtempo, um seine Autoindustrie und Banken zu retten. Mir ist schleierhaft, wer die Schulden einmal wieder zurückzahlen soll. Dasselbe trifft, wenn auch in verringertem Maßstab, auch für Deutschland zu. Die Neuverschuldung im nächsten Jahr steigt, zur Vorplanung von elf Milliarden, auf siebzehn Milliarden Euro. Auch der angestrebte ausgeglichene Haushalt ist in weite Ferne gerückt.

Dienstag, 25. November 2008

Frau Merkels Image wird langsam angekratzt, und das, weil die CSU verstärkt gegen ihre Politik aufmuckt. Aber bislang scheint alles an ihr abzuprallen. In Afghanistan sind in neun Tagen drei Anschläge auf die Bundeswehr verübt worden, mit einem Toten und mehreren Verletzten, von den Traumatisierten einmal abgesehen. Der Irrsinn geht weiter. Unser „Rechtsstaat" treibt bunte Blüten. So sollen jetzt Marineeinheiten am Horn von Afrika somalische Seeräuber bekämpfen. Zur Festnahme haben sie aber kein Mandat, das dürften nur Polizisten. Also lachen sich die Piraten weiter ins Fäustchen und kapern sogar Supertanker. Vergessen werden darf in diesem Zusammenhang natürlich nicht, dass den Somalis ihre Lebensgrundlage, das Fischen vor ihrer Haustür im Golf von Aden, durch ausländische Fischerflotten entzogen wurde. Aber das ändert nichts an dem Rechtssystem in Deutschland, das einen schwachen Staat, der nur gegen Normalbürger Stärke zeigen kann und zeigt, hervorbringt. Die Folge ist ein massiver Autoritätsverlust unserer Polizei und zunehmende Gewalt. So durfte die Polizei lt. FAZ gegen Steinewerfer in Gorleben nur mit Scheinangriffen „von 17 Metern" vorgehen. Angeblich eine Anweisung aus Niedersachsen, wo Herr Wulff regiert. Aber nur mit Liebe werden keine Probleme gelöst!

Freitag, 19. Dezember 2008

Der weltweite Abschwung ist erst in Anfängen zu spüren, aber er kommt trotz aller plötzlichen Aktivität der Politik. So bricht nicht nur der PKW Absatz ein, nein, auch der Nutzfahrzeugabsatz ist im November zum Vorjahresmonat um über 30% eingebrochen. Dieses natürlich auch mit verheerenden Folgen für die Zulieferer und die Städte, denen die Gewerbesteuer wegbricht. Das einzig Positive, der niedrige Ölpreis, ärgert wiederum die Förderländer, deshalb soll im nächsten Jahr die Förderung massiv zurückgefahren werden. Trotzdem glaube ich nicht an eine baldige Preiserhöhung, denn die Nachfrage wird noch weiter zurückgehen, oder es müsste überall einen massiven Wintereinbruch geben. Auch ein Herr Obama wird schwerlich die richtigen Antworten auf die Krise finden.

Im Jemen war eine Entwicklungshelferin mit ihren Eltern entführt worden. Menschlich ist es ja schön, dass sie wieder auf freien Fuß sind. Aber die Frage bleibt doch, wieso haben wir Entwicklungshelfer im Jemen. Gibt es nicht genug reiche arabische Länder, die dort tätig werden könnten? Außerdem bezweifle ich, dass die Dame Urlaub hatte, als sie ihre Eltern herumgefahren hat. Es gibt noch wahnsinnig viele Sachen, wo gespart werden könnte und müsste. Wir verteilen unsere Güter und Hilfe im Ausland und hier geht es den Berg hinunter. Ein Unternehmer, der jahrelang dafür gesorgt hat, dass zwanzig Mitarbeiter in Lohn und Arbeit waren und ihre Steuern an diesen Staat bezahlten, kann nun sein Haus nicht mehr halten, ohne dass es jemanden interessiert. Noch ein Beispiel für die Ungerechtigkeit in Deutschland: Die Kläranlage in unserer Stadt ist nur zur Hälfte ausgelastet, d.h. die Preise für die Klärung von Abwässern müssen steigen. Nun die Frage, die sich keiner stellt: Wer ist für die Fehlplanung verantwortlich? Gar keiner natürlich, denn wer konnte schon ahnen, dass unser fleischverarbeitenden Betriebe und andere pleite gingen? Nur, wenn eine Privatfirma sich genauso verkalkuliert hätte, würde nicht die Allgemeinheit sondern sie selbst die Konsequenzen zu tragen haben.

Montag, 29. Dezember 2008

Seit zwei Tagen führt Israel Krieg gegen die Hamas im Gaza Streifen. An die dreihundert Menschen sind dort schon getötet worden und hunderte wurden verletzt. Vorangegangen waren eine Abschnürung der palästinensischen Bevölkerung von der Außenwelt. Nur durch illegale Tunnel konnte eine Versorgung aufrecht erhalten werden. Ein riesiger Zaun, von Israel auf Palästinensergebiet errichtet, trennt nun das auserwählte Volk von den anderen. Dass nun die so Eingeschlossenen ihrem Frust durch das Abschießen von Raketen über die Mauer Luft machten, hat die Israelis geärgert. Deshalb wurde dieser unverhältnismäßige Überfall aus der Luft angeordnet. Frau Merkel hat nichts Eiligeres zu tun, als Verständnis mit den Juden zu demonstrieren. Auch damit hat sie für mich ihre Unwählbarkeit unter Beweis gestellt. Nur in der islamischen Welt scheint der Hass auf die Juden neue Nahrung bekommen zu haben. Hoffentlich endet das nicht in einem Flächenbrand.

Sonntag, 4. Januar 2009

Nach einer Woche mit schwersten Luftangriffen auf den Gaza Streifen, der lediglich eine Fläche von der Größe Bremens hat, ist jetzt die Bodenoffensive eingeleitet worden. Die westlichen Regierungen schweigen größtenteils oder geben einseitig der Hamas die Schuld an der Eskalation. Hier sieht man ganz deutlich die Marionetten der Juden, wie der scheidende Präsident George W. Bush und unsere deutschen Pappnasen. Die Bevölkerung scheint aber in großen Teilen da nicht mitspielen zu wollen, denn es gibt auch in Deutschland große Protestmärsche gegen den israelischen Krieg gegen die Palästinenser. Die Nachrichten aus den Kriegsgebieten sind von Einseitigkeit kaum zu überbieten. So hat sich aber mal ein Reporter versprochen, als er zugab, dass seine Berichte von den Israelis zensiert werden. Ein Nahostexperte antwortete auf die Frage eines Journalisten, wie er sich einen dauerhaften Frieden zwischen Israel und den Palästinensern vorstellen könne, wahrscheinlich unabgesprochen: Israel muss sich nur aus den besetzten Gebieten zurückziehen, dann wäre die Auseinandersetzung mit Sicherheit beendet. Den Mann habe ich bisher noch nicht wieder im Fernsehen bemerkt!

Montag, 19. Januar 2009

Nachdem Israel im Gaza Streifen ein Blutbad angerichtet hat, und dort nicht mehr viel aufeinander steht, hat es einen einseitigen Waffenstillstand verkündet. Die Europäer beeilten sich, mit Besuchen in Ägypten und Israel, zu versichern, dass sie natürlich mit viel Geld helfen wollen. Dabei fällt natürlich keine böses Wort gegenüber den Israelis, die sogar UNO Schulen bombardiert haben. Aber das sind wir ja schon gewohnt.

In Hessen haben die Wähler endlich mal für klare Verhältnisse gesorgt. In Zukunft wird Roland Koch, dank der großen Zugewinne der FDP, wieder als Ministerpräsident das Land regieren können. Die SPD hat einen schwere Ohrfeige bekommen, und endlich ist die Lügnerin, Frau Ypsilanti, von allen Ämtern zurückgetreten. Die Grünen haben auch zugelegt, mit Stimmen von enttäuschten SPD Wählern. Und die Linke ist mit 5,1% noch gerade hineingerutscht, obwohl sie ja auch auf Stimmen aus der SPD Wählerschaft gehofft hatten. Dass das so nicht geklappt hat, gibt Hoffnung für die Bundestagswahl. Schlimm finde ich, dass wieder vierzig Prozent der Wahlberechtigten nicht an die Urnen gegangen sind. Den Frust, der hieraus spricht, müssten die Politiker doch auch spüren.

Dienstag, 27. Januar 2009

Ein englischer, katholischer Bischof hat in einem Interview gesagt, dass es die Gaskammern nach seiner Meinung nicht gegeben hat. Der Aufschrei in Deutschland über diesen „Holocaustleugner" war wieder groß inszeniert. Nun hatte der deutsche Papst auch noch vor Kurzem diesen und drei andere Bischöfe, die alten katholischen Regeln nachhingen und ausgestoßen waren, wieder rehabilitiert. Deshalb richtet sich jetzt die Wut der Juden, die auch sofort in den Nachrichten sich verbreiten dürfen, gegen den einen. Die Geschichte wiederholt sich, sagt man, nur es wird verzweifelt versucht, durch Verbote und Vertuschen, dass das nicht passiert.

So hat ein englischer Verlag eine neue Zeitschrift in Deutschland etabliert, und als Anlage Abdrucke von alten Zeitungen aus der

Nazizeit beigelegt. Auf diese Beilagen ist jetzt eine Behördenjagd eröffnet worden. Eine kritische Auseinandersetzung mit diesen Zeitungen traut man dem Bürger nicht zu.

Herr Obama ist im Amt und legt ein atemberaubender Tempo vor. Noch setze ich große Hoffnung in ihn.

Mittwoch, 4. Februar 2009

Frau Merkel meinte, wahrscheinlich auf Druck der Juden, den Papst kritisieren zu müssen, und dieser appelliert nun an den Engländer, sich zu entschuldigen. Meinungsfreiheit? – Nicht in dieser Angelegenheit!

Donnerstag, 5. Februar 2009

Der wirtschaftliche Abschwung setzt sich fort. Heute hat die zweite Autofirma in Lage Insolvenz angemeldet. Auch eine Abwrackprämie von € 2500.- wird nur ein Strohfeuer entfachen. Das Problem unserer Politiker ist, dass sie im Herbst wiedergewählt werden wollen, koste es was es wolle. Deshalb werden die Schulden massiv in die Höhe getrieben. Von wirkungsvollem Sparen dagegen, ist keine Rede. So müsste z.B. jedes Institut, jede Bundesanstalt und jede Gebietskörperschaft auf Kosten und Effektivität untersucht werden. Notfalls müssten Bundesländer mit einander verknüpft werden. Die Auslandseinsätze der Bundeswehr müssten auf den Prüfstand. Die KFZ Steuer müsste von Vielfahrern aufgebracht werden, durch die Erhöhung der Preise für Treibstoff. Der steuerfinanzierte „Kampf gegen Rechts" müsste gestrichen werden. Teilweise könnte die Aktion ersetzt werden durch einen „Kampf gegen Extremismus".

Sonntag, 8. Februar 2009

Herr Pinkwart von der FDP brachte den Stein „Atomkraft" wieder ins Rollen, und auch die CDU hat sich dran gehängt. Vorreiter war nämlich eine Entscheidung in Schweden, neue AKWs zu bauen. Sofort war Herr Gabriel, der Umweltminister, wieder in den Medien, mit der Warnung an die anderen, dieses Thema in den Wahlkampf zu bringen. Wir hätten schließlich kein Endlager für Atommüll. Das sagt einer, der mit Macht verhindert, dass Gorleben zum Endlager erklärt wird.

Übrigens ist die FDP bundesweit in den Umfragen bei 14%, was mir Hoffnung gibt, dass mit den linken Experimenten endlich aufgeräumt wird. Auch eine CDU, mit oder noch besser ohne Angela Merkel, braucht eine starke FDP an ihrer Seite, damit ihre SPD Politik endlich aufhört. Woher soll die DDR Tante auch wissen, wie richtige, freiheitliche Politik gemacht wird?

Samstag, 21. Februar 2009

Die Probleme im Land wachsen und wachsen. Den Politikern bleibt anscheinend nichts anderes übrig, als mit einer wahnsinnigen Neuverschuldung zu versuchen, hier eine Besserung herbeizuführen. Wenn gleichzeitig im öffentlichen Dienst um eine Lohnerhöhung von 8% gestreikt wird, dann wird mein Grimm zur Wut. Die Gewerkschaftsführer gehören ins Gefängnis! Alleine die beschlossenen Staatsbürgschaften für die Pleitebank Hypo Real Estate, haben eine unvorstellbare Höhe, und sollen noch nicht einmal ausreichend sein. **Jeder** Bundesbürger bürgt also schon jetzt mit über € 1000.- für die Pleitebank. Am Rande erfährt man dann noch, dass es in Deutschland eine Bankenaufsicht mit über Tausend Mitarbeitern gibt, die alle noch ihren Job haben. Die Verschuldung weltweit nimmt erschreckende Ausmaße an, vor allem in den USA. Eigentlich ist da eine weltweite Währungsreform unausweichlich, aber ich bin ja kein Fachmann. Trotzdem glaube ich, dass man mit Sachanlagen besser bedient ist, als mit angelegtem Geld.

Donnerstag, 5. März 2009

Gestern brachte Euer Vater/Onkel Axel beim Telefongespräch einen ganz interessanten Aspekt in unsere Diskussion: Die immer „sauberer" werdende Umwelt könnte die Ursache sein für die Zunahme von Krankheiten! Auf den ersten Blick eine verwegene Annahme, aber auf den zweiten sehr wohl nachvollziehbar. Denn es ist eine Tatsache, dass „saubere" Kleinkinder öfter an Neurodermitis erkranken, als andere. Menschen, die nur mit sauberer Luft in Berührung kommen, werde auch keine Abwehrstoffe gegen Schadstoffe gebildet haben, wofür auch?, und haben dann sofort Pollen- und andere Allergien, wenn sie mit irgendetwas konfrontiert werden. Wahrscheinlich liegt auch hier wieder die Wahrheit in der Mitte, und eine Übertreibung, die von den Grünen und anderen Ideologen vertreten wird, macht alles kaputt. Und das nicht nur bei der Gesundheit, sondern auch bei denjenigen, welche die übertriebenen Vorschriften ausführen müssen.

Auch ansonsten sehnt man sich die Bundestagswahl im September herbei, damit die sich selbst blockierende Große Koalition endlich aufgelöst wird. Jetzt muss sich der neue Wirtschaftsminister von Guttenberg bei der Rettung von Opel bewähren. Dabei ist der Konzern gar nicht zu retten, auch wenn noch so viele Arbeitsplätze gefährdet sind. Es wäre auch nicht gerecht, denn dass schon unzählige mittelständische Autohändler und andere Betriebe in die Insolvenz getrieben wurden, hat die Politik, die Gewerkschaft und auch sonst fast keinen interessiert. Aber jetzt könnte ja eine unpopuläre Entscheidung Auswirkungen auf den Wahlausgang haben, deshalb ist das Geeiere bei der SPD auch besonders groß.

In Ägypten hat eine „Geberkonferenz" für den Wiederaufbau des Gazastreifens stattgefunden. Auch Deutschland ist natürlich, ich glaube zum dritten Mal bereit, mit Millionenbeträgen den von den Israelis angerichteten Schaden wieder gut zu machen. Ich habe genau hingehört, aber nicht vernommen, dass auch nur einer gewagt hätte zu fordern, dass Israel den Wiederaufbau zumindest maßgeblich bezahlen müsste. Nein, das Gegenteil ist der Fall, Israel blockiert mit geringen Ausnahmen den Zugang nach Gaza. So darf z.B. kein Zement geliefert werden, - denn damit könnten Bunker gebaut werden! Ein menschenverachtendes Argument, das aussagt, dass sich die Bevölkerung nicht gegen einen erneuten Anschlag der Israelis schützen darf. Was lässt sich die Weltpolitik noch gefallen von den offensichtlich alles beherrschenden Juden? Auch hier in Lippe übertreffen sich die Gutmenschen in der Erinnerung an jüdisches Leben. Es wird mit jedem Jahr, das uns von der Nazizeit entfernt, immer schlimmer, und wer das nicht akzeptiert, ist Rechtsextrem. Und wer trotz Strafandrohung nicht ruhig ist, wird, wie jetzt Herr Mahler, für sechs Jahre weggesperrt. Ein tolles Land, das uns das Denken verbietet!

Montag, 9. März 2009

Die Frau Bundeskanzlerin kommt in der eigenen Partei unter Druck, weil man sogar dort schon gespürt hat, dass ihre Politik die konservativen Stammwähler vergrault. Nun scheinen diese ja von dem Wunschkoalitionspartner FDP aufgefangen zu werden, aber das macht die CDU Abgeordneten nicht glücklicher, denn es geht ja um ihre Plätze im Parlament und nicht um Deutschland. Zu beneiden sind aber alle Parteien in dieser Zeit nicht, denn außer riesige neue Schulden abzuwinken, bleibt eigentlich nichts. Die Weltwirtschaftskrise wird uns noch gewaltig treffen, obwohl die Politik versucht, alles herunterzureden.

In Schweden hat ein Daviscup Spiel gegen Israel unter Ausschluss der Öffentlichkeit stattgefunden. Im Vorfeld gab es nämlich eine gewaltige Demonstration wegen der Aggression Israels gegen die Palästinenser. Aus Sicherheitsbedenken wurden keine Zuschauer zugelassen. Etwas ähnliches wäre in Deutschland undenkbar gewesen, obwohl die Mehrheit der Bevölkerung genauso denkt. Aber man hat uns in der Beziehung gewaltig unter der Knute.

Montag, 16. März 2009

In der letzten Woche hat in Winnenden, einer Stadt in der Nähe von Stuttgart, ein Amoklauf eines Siebzehnjährigen stattgefunden. In seiner ehemaligen Schule hat er ein Blutbad unter Schülern und Lehrer angerichtet. Auf der Flucht hat er dann noch andere Menschen verletzt und erschossen, bis er sich selbst tötete. Insgesamt verloren durch den durchgeknallten Jungen sechzehn Menschen ihr Leben. Jetzt geht die fieberhafte Suche nach den Ursachen los, die gar nicht so schwer zu ergründen sind. Denn dass die Zunahme von Gewalt auch etwas mit der zunehmenden Brutalität, die in Krimis und im Fernsehen (auch im öffentlich rechtlichen) gezeigt, bzw. beschrieben wird, ist für mich klar. Aber die brutalsten Krimis bekommen die größten Preise und die meisten Leser(siehe Henning Mankell). Aber das alleine ist auch kein Grund, nein es ist auch ein, wenn auch völlig unakzeptabler, Hilfeschrei. Eine Gesellschaft ohne Autoritäten und funktionierenden Familien bringt menschliche Versager hervor!

Dienstag, 24. März 2009

Die Weltwirtschaftskrise trifft Deutschland besonders hart. Jetzt rächt sich, dass die Politik sich in hohen Steuereinnahmen gesuhlt hat, die fast ausschließlich dem Export zuzuschreiben waren. Dass die Binnenkonjunktur schon seit Jahren unter einer falschen Politik litt, war völlig nebensächlich. Der Staat mischte sich in alles ein und unterband Schöpfergeist schon in den Anfängen. Der Sozialismus mit einer massiven Einschränkung der Bürgerrechte marschiert in der Großen Koalition unter Angela Merkels Führung. Der Verfassungsschutz und der angebliche Kampf gegen Rechts verschlingen große Geldbeträge. Jetzt versucht man die sogenannten Steueroasen, wie die Schweiz, Liechtenstein, Luxemburg u.a. auszutrocknen. Warum die Bürger zunehmend versuchen, dem Staat Steuern vorzuenthalten, interessiert nicht. Dabei ist die Bedienmentalität der

Politiker und des von ihnen regierten Staates nicht mehr zu überbieten. Die Menschen in Deutschland werden immer ärmer, immer depressiver und von Zukunftsängsten geplagt, und die Politik verschleudert Gelder für zweifelhafte Aktionen im Ausland. Alles falsche Politik, die nur auf Großfirmen gesetzt hat, und den Mittelstand vergaß. Jetzt rächt sich, dass man den Bürgern zu wenig netto vom brutto gelassen hat. Dazu braucht man sich nur einmal seine Stromrechnung anzuschauen, auf der dankenswerter Weise der Staatsanteil an den Kosten aufgeführt ist – ungeheuerlich!! Und das Schlimmste an der ganzen Misere ist, dass die Politiker unisono sich keiner Schuld bewusst sind. Sie können nichts für die Krise und waschen ihre Hände in Unschuld, und dann wollen sie auch noch wiedergewählt werden. Toll, aber nicht mit mir!

Dienstag, 21. April 2009

Die Milchbauern protestieren wegen zu niedriger Erzeugerpreise und geben dem Handel und den Verbrauchern die Schuld. Dabei ist ganz alleine die Übermenge der produzierten Milch für den Preisverfall verantwortlich. Dass diese Übermengen auch noch auf Kosten der Natur produziert werden, interessiert offensichtlich keinen. Die Leistungskühe mit unglaublichen Milchleistungen stehen das ganze Jahr über im Stall, damit sie nicht auf die Idee kommen, etwas anderes zu fressen, als das vorgeworfenen Kraftfutter. Die Wiesen, auf denen die Kühe normalerweise weiden würden, werden mit Dünger „hochgepowert", damit möglichst schnell gemäht werden kann. Um zu vermeiden, dass Pflanzen, die freilaufende Rinder nie fressen würden, wie das Jakobskreuzkraut, nicht mit „geerntet" werden, wird kräftig gespritzt. Damit wird dann fast jeder Blühpflanze der Garaus gemacht. Mit der Folge, dass Insekten keine Nahrung mehr finden, was eine Artenarmut auch bei Insektenfressern zur Folge hat. Dass Bodenbrüter durch die frühe Maht dieser Intensivlandwirtschaft schon fast ausgerottet sind, müssen sich auch die Landwirte zuschreiben lassen. Landwirte, die heute schon fast alle Agraringenieure sind, umgeben sich immer noch mit der Aura des „dummen Bauern", denn dem muss doch geholfen werden. Das ist doch schon immer so gewesen und wird auch wieder so sein, denn eine so große Wählerschar kann von der Politik nicht so behandelt werden, wie jeder andere Betrieb, dessen Artikel nicht in genügenden Maße gekauft werden. Nein, die Politik akzeptiert sogar, dass keine Brachflächen mehr vorgehalten werden müssen und dass hier Raps und Mais neben anderem Getreide in die Höhe gejagt wird. Auf diesen „Totflächen" kann kein Beutegreifer, wie Milan, Habicht oder Bussard seine Beute erblicken und schlagen. Also bleiben auch diese auf Sicht auf der Strecke, und wir können uns über eine „saubere" Landschaft freuen, ökologisch wertvoll wie eine Autobahn!

Freitag, 1. Mai 2009

Die Verdummung der Bürger durch die Politik geht weiter, und sie ist schon in der Verwandtschaft angekommen. So vertrat eine Tante von euch bei einer Familienzusammenkunft die Meinung, dass sie viel lieber eine Windkraftanlage, als ein Atomkraftwerk vor der Tür haben möge. Auf meine Frage, warum sie das so sehe, kam die beleidigte Gegenfrage: „Wieso, willst du lieber ein Atomkraftwerk haben, als ein Windrad?" Im Interesse des Familienfriedens habe ich es lieber dabei belassen. Die Politik, vor allem der Grünen und des Umweltministers, haben es doch geschafft, den Unbedarften (also der Mehrheit) zu suggerieren, dass man mit Windrädern Kernkraftwerke überflüssig machen kann. Ohne hier alle Gegenargumente anzuführen, nur das eine, das ich der Schwägerin hätte sagen müssen: „Möchtest du lieber einige Hundert bis Tausend Windkraftanlagen, als ein AKW in deiner Nähe haben?" Denn diese Menge wäre erforderlich, um wirklich auf ein Kernkraftwerk verzichten zu können. Und das auch nur, wenn es beständig mit einer Windstärke unter 6 weht!

In die gleiche Richtung geht meine Kritik an den Biogasanlagen, in denen nachwachsende Rohstoffe zu Gas und dann Strom verarbeitet werden. Riesige Felder werden mit Mais und Raps belegt. Das sieht für den Betrachter zwar gut aus, ist aber auf Dauer eine Katastrophe. Die Natur wird hier zu einem Spielball der Profitinteressen einiger Großbauern. Auf alle Fälle ist das vorhersehbare Ergebnis der Suche nach Alternativenergien, eine Natur ohne Vielfalt. D.h., es wird bald keine Schmetterlinge mehr geben, keine bodenbrütenden Vögel, keine Beutegreifer usw., usw.

Aber damit keiner sagt, die Politik sein untätig, werden die Neurotiker unterstützt. So werden mit einem erheblichen Finanzaufwand Pollensuchgeräte aufgestellt, damit den Allergikern rechtzeitig übermittelt werden kann, welche Pollen, wo in der Luft sind. Die wirklich Betroffenen wissen das auch so, und werden entsprechende Vorsorge treffen. Schlimm ist es nur für die anderen, die plötzlich auch die Symptome meinen zu verspüren, die sie sonst gar nicht hätten. Auf alle Fälle haben die Ärzte dann wieder Zulauf.

Über die Wirtschaft möchte man gar kein Wort verlieren, aber es muss wohl sein. Die Lage verschlechtert sich dramatisch, und die Politik versucht verzweifelt, bis zur Wahl im September gut durchzukommen. Jetzt rächt sich, dass in Zeiten hoher Steuereinnahmen nicht gespart wurde, sondern weiter Wahlgeschenke verteilt wurden. Wer die Schulden, die jetzt neu gemacht werden, jemals begleichen soll, weiß ich nicht. Also mache ich es zwangsläufig wie unsere Entscheider und sage: Nach uns die Sintflut!

Samstag, 23. Mai 2009

Meine Voraussage, nachlesbar in vielen vorangegangenen Artikeln, dass nur der Export für gute Zahlen in der Wirtschaftsstatistik ausschlaggebend war, hat sich bewahrheitet. Das Einbrechen der Nachfrage aus dem Ausland führt auch bei solide geführten Firmen zur Panik. Die Politik versucht verzweifelt, und das auf Kosten der nachfolgenden Generationen, sich bis zur nächsten Wahl durchzulügen. So werden Leute, für die eigentlich in den Firmen keine Arbeit mehr vorhanden ist, mit Kurzarbeitergeld aus der Arbeitslosenstatistik herausgehalten. Banken und Firmen mit vielen Mitarbeitern werden Milliarden hinterhergeworfen, während kleinere Firmen klammheimlich zumachen müssen. Ich meine auch, dass die EU einen Teil unserer Verschuldung mit verursacht, bzw. unsere Politik reagiert falsch oder gar nicht. So müsste doch, nach meinem Verständnis, die Bundesbank erheblich verkleinert werden, wenn eine Europäische Zentralbank das Sagen bekommt. Aber gerade eben lese ich, dass nach wie vor 10 000 Menschen von dieser Bank entlohnt werden. Die falsche Politik setzt sich fort. Aber etwas Positives hat es heute doch gegeben: Der Bundespräsident Köhler ist im ersten Wahlgang wiedergewählt worden. Damit hat sich das bürgerliche Lager gegen die Linken durchgesetzt. Vielleicht gibt das Hoffnung für die Zukunft!

Dienstag, 26. Mai 2009

Eine Hiobsbotschaft jagt die andere. So steht auch der Mutterkonzern von Karstadt und Quelle vor der Insolvenz und ruft nach Staatsgeldern. Bei Opel gibt es wohl Interessenten für eine Übernahme, u.a. der hoch verschuldete Fiatkonzern, aber alle zielen auf massiver Staatshilfe. Dass der Staat sich in diesen Fällen von der Marktwirtschaft, die eindeutig eine Insolvenz und eine Gleichbehandlung mit kleineren Firmen vorsieht, verabschiedet, hat nur mit wahltaktischen Gründen zu tun.

Aber angeblich haben befragte Unternehmer zum ersten Mal mit Mehrheit positive Wirtschaftsperspektiven zu erkennen gegeben. Wahrscheinlicher haben sie aber nur gesagt, dass es nicht noch schlimmer werden kann.

Donnerstag, 28. Mai 2009

Freiherr von Guttenberg, der junge Wirtschaftsminister, macht eine gute Figur, sehr zum Ärger der SPD Genossen. Vor allem weckt er nicht falsche Hoffnungen, wie seinerzeit Gerhard Schröder, der sich bei Holzmann als Retter feiern ließ, und doch nicht die Pleite verhindern konnte.

Hoffentlich halten der amerikanische Präsident Obama und seine Außenministerin Hillary Clinton das durch, ohne dabei auf der Strecke zu bleiben. Denn mit ihnen geht zum ersten Male eine amerikanische Führung auf Distanz zu Israel. Die Israelis bauten nämlich fleißig weiter Siedlungen im Palästinensergebiet, ohne auf die Weltmeinung zu hören. Das ist nun von den genannten massiv kritisiert worden.

Mittwoch, 3. Juni 2009

Den Politikern steckt die Angst vor einer niedrigen Wahlbeteiligung bei der Europawahl am Wochenende in den Knochen. Aber sie werden auch mit Sprüchen wie: das nützt nur den radikalen Parteien usw. nichts ändern können. Europa ist für die meisten Bürger ein undurchschaubarer bürokratischer Moloch, der sich immer weiter ausbreitet, ohne die Bürger mit einzubinden. Ich persönlich bin ein überzeugter Europäer, aber in dem Maße, wie es am Anfang der EWG war. Was das jetzt mit immer neuen Mitgliedern, die nur kosten und nichts beitragen, bringen soll, ist mir und den meisten anderen nicht erklärlich. Also gehen die und auch ich, aus Überzeugung nicht zur Wahl. Vielleicht kommen dadurch die Politiker mal zum Nachdenken.

Ich werde immer überzeugter davon, dass die Zunahme von Krebs- und anderen Erkrankungen, mit unserer Intensivlandwirtschaft zu tun hat. Heute morgen habe ich mit Erschrecken, direkt neben einem Rapsfeld, wo die verspritzten Herbizide nicht ganz hingekommen waren, eine Pflanze entdeckt von 170 cm Höhe. Eigentlich nicht so ungewöhnlich, aber schon, wenn es sich um eine Wegerauke handelt, die normal zwischen 30 und 60 cm hoch wird.

Der Dünger für den Raps muss also bis hierher geflogen sein, und zeigt deutlich wie überdüngt der Boden wurde, denn ein Breitwegerich daneben hatte auch eine rekordverdächtige Größe erreicht. Wenn ich bedenke, dass man in seinem Garten nicht einmal mehr gegen Unkräuter auf Wegen spritzen darf (was ich nicht falsch finde), dann überkommt mich die Wut auf das Akzeptieren dieses Wirtschaftens, nur um die Biogasanlagen zu füttern.

Donnerstag, 11. Juni 2009

Wie ich es mir gedacht habe, ist die Wahlbeteiligung für die Europawahl mit 42% in Deutschland auf einen historischen Tiefpunkt gesunken. Ob die Politik daraus irgendwelche Lehren zieht, ist nicht zu erwarten. Ganz lange Gesichter machen die SPD-Oberen, denn ihre Partei hat noch einmal verloren auf gerade einmal zwanzig Prozent. Gewinner waren die Nichtwähler. Von den gewählten Parteien haben die FDP, die im Moment einen Lauf hat, und die Grünen zugelegt. Trotz Verlusten blieb die CDU stärkste Partei, und die Linken konnten ihr Wahlziel mit nur sieben Prozent nicht erreichen. Dabei waren die Voraussetzungen ausgesprochen günstig bei der Unzufriedenheit in der Bevölkerung. Dass die sich verrechnet haben, gibt mir wiederum etwas Hoffnung für die Zukunft in Deutschland.

Dienstag, 16. Juni 2009

Im Iran haben Präsidentschaftswahlen stattgefunden. Offensichtlich durch Wahlbetrug ist Ahmadinedschad mit 63% wiedergewählt worden. Sein Herausforderer war ein Herr Mussawi, der mehr Freiheiten versprach, und der sogar seine Frau in den Wahlkampf mit eingebunden hat. Das hatte es im Mullahstaat noch nicht gegeben. Vor allem bei den gebildeteren Schichten, und vor allem bei jungen Frauen kam Hoffnungen auf Erneuerung gut an. Die Enttäuschung dann, nach Verkündung des offiziellen Ergebnisses, war so groß, dass Hunderttausende auf die Straßen gingen. Hoffentlich gibt es nicht eine Eskalation wie vor dreißig Jahren in China, wo Proteste brutal niedergeschlagen wurden.

Freitag, 19. Juni 2009

Die Proteste im Iran gehen unvermindert weiter. Da die westlichen Journalisten in ihrer Arbeit beschränkt werden, kommen die meisten Informationen über das Internet. Es hat bislang wohl acht oder zehn Tote gegeben, aber die Staatsmacht hält sich doch einigermaßen zurück. Offensichtlich sind es doch zu viele, die auf den Straßen protestieren. Eine Neuwahl scheint die einzige Lösung zu sein. Vor allem von dem „Wahlgewinner" Ahmadinedschad ist in den letzten Tagen nichts zu vernehmen.

In Deutschland wird weiter das Handeln von den Wahlen im September bestimmt. Die Europawahlen sind trotz der erschreckend niedrigen Wahlbeteiligung abgehakt. Der Spitzenkandidat der SPD, ein Herr Schulz aus der Nähe von Aachen, der wohl für sein Aussehen nichts kann, tönt wieder herum, obwohl er mit seiner Partei der große Wahlverlierer war.

Eine Firma nach der anderen geht „den Bach herunter". Jetzt rächt sich, dass man in Zeiten, als die Steuereinnahmen ständig stiegen, nicht bemerkte, dass dieser Boom ausschließlich dem Export zuzuschreiben war. Im Inneren war schon seit Jahren nichts in Ordnung!

Dienstag, 23. Juni 2009

Wieder sind drei deutsche Soldaten bei Gefechten in Afghanistan ums Leben gekommen. Aber man kennt es ja schon aus der RAF Vergangenheit, - erst wenn ein Politiker ums Leben kommt, wird gehandelt!

Meine Befürchtungen, was die Schäden in der Natur durch die Intensivlandwirtschaft angeht, sind wieder einmal bestätigt worden.

Der Rotmilan, der früher auch auf der Hörster Egge genistet hatte, ist dort schon länger verschwunden. Ein Horst befand sich wohl noch in Hardissen, im sogenannten Hardisser Moor. Jetzt hat man die zwei Jungvögel verhungert aufgefunden und auch einen Altvogel. Bei dem will man die Todesursache noch untersuchen. Nach meiner Meinung ist das vergebliche Liebesmüh, denn der wird, wie auch sein noch nicht gefundener Partner ebenfalls verhungert sein. Wo sollen diese wundeschönen Tiere denn auch genügend Nahrung finden, wenn die ganzen Flächen mit Getreide, Raps und Mais bepflanzt sind? Es ist eine Schande, denn auch jetzt merkt noch kein Politiker auf. Die werden noch nicht einmal merken, wenn die letzten Vögel verhungert vom Himmel fallen. Nicht nur den Schmetterlingen wird der Garaus gemacht, auch die Nachtfalter haben die selben Probleme. Das kann man wunderbar beobachten, wenn man sich spät abends einmal die Straßenlaternen betrachtet. Wo vor einigen Jahren hunderte von Nachtinsekten herumflatterten, verirren sich gar keine, oder nur einige wenige. Das wird wiederum Auswirkungen auf die mühsam wieder aufgepäppelten Fledermäuse haben. Aber wer bekommt das denn schon mit? Im Gegenteil ist die Meinung: Keine Insekten – keine Flecken an Autos und Fenstern! Nein, es muss gegengesteuert werden, und zwar schleunigst. Der Anbau von Mais und Raps für Biogasanlagen muss umgehend gestoppt werden. Großbauern dürften keine Subventionen mehr bekommen. Nur Kleinbetriebe, bei denen sich noch Schwalben und Sperlinge wohlfühlen, dürften gefördert werden. Aber versuche mal Vernunft gegen die Lobby der Landwirte durchzusetzen! Ein gerütteltes Maß an Schuld an dieser weltweiten Katastrophe haben die Umweltschützer, die alles gut finden, was eventuell als Alternative zur Kernenergie herhalten kann.

Freitag, 3. Juli 2009

Gerade wurde im Fernsehen beklagt, dass die Milane, wenn
überhaupt, statt drei oder vier Junge nur noch eines im Nest haben.
Als Grund wird ein Mäusemangel durch den langen Winter angege-
ben. Der wirkliche Grund wird aus Rücksicht auf die „armen" Bauern nicht genannt. Auch mein Lokalredakteur hat sich noch nicht
getraut, meiner Anregung zu folgen und einen Bericht über die verheerenden Folgen der Intensivlandwirtschaft zu schreiben.

Die SPD befindet sich in einem Umfrage- und Zustimmungs-
tief, aus dem sie wohl so leicht nicht wieder herauskommen wird.

Montag, 6. Juli 2009

In den letzten Tagen häufen sich die Nachrichten, dass Israel
einen Angriff auf die Atomanlagen im Iran plant. Präsident Obama
haben die Juden in Amerika offensichtlich schon mundtot gemacht,
denn sein Vizepräsident Biden spricht den Israelis angeblich das
Recht zu, sich vorbeugend zu schützen. Diesmal glaube ich
wirklich, dass die Israelis es tun könnten. Denn sie meinen, die
gespannte innenpolitische Lage im Iran für sich nutzen zu können.
Außerdem ist der machtbesessene Netanjahu, der auf viele
Koalitionspartner angewiesen ist, davon überzeugt, dass er durch
außenpolitische Härte, innenpolitisch an Macht gewinnen kann.

Freitag, 10. Juli 2009

In Italien findet ein G8 Gipfel statt, bei dem merkwürdigerweise
die Finanz- und Wirtschaftskrise völlig ausgelassen wird. Man einigt
sich vielmehr darauf, das Weltklima nicht um mehr als zwei Grad
ansteigen zu lassen. Ein frommer Wunsch, denn konkrete Maßnahmen hierfür, deren Wirksamkeit ich überhaupt bezweifle, wurden nicht beschlossen. Aber trotzdem muss man wohl konstatieren,
dass ein Gespräch der Mächtigen mit einander, immer noch besser
ist, als kriegerische Auseinandersetzungen.

Heute ist in der LZ das Interview mit mir über die Vernichtung von Natur durch die Intensivlandwirtschaft erschienen. Ich wollte u.a. auf den Irrsinn des Pestizideinsatzes und der übermäßigen Düngung hinweisen. z.B. Wegerauken sind gegen ihre normale Wuchshöhe von 30-60cm neben einem massiv gedüngten Rapsfeld auf bis zu 2m hochgepowert.
Die erste Reaktion kam schnell und war positiv. Eine Frau aus der Nähe von Blomberg zeigte sich begeistert von dem Artikel. Vielleicht habe ich ja doch etwas angestoßen.

Freitag, 17. Juli 2009

Mein „Interview" hat einige positive Rückäußerungen gebracht. Sogar ein Landwirt, der Mitglied im Nabu Leopoldshöhe ist, hat gesagt, dass ich Recht hätte. Trotzdem bin ich mir sicher, dass es noch schlimmer kommen muss, um wirklich eine Wende einzuleiten.

Axel hatte mir einen Zeitungsausschnitt aus seinem heimischen Kreisblatt zukommen lassen, in dem auch kritisch mit den Landwirten umgegangen wird. Dann fand ich noch nachfolgenden Leserbrief. Ich bin doch nicht alleine mit meiner Einschätzung der Situation!

In Schleswig – Holstein ist die Große Koalition, also die zwischen CDU und SPD am Ende. Nur die SPD will angesichts schlechter Umfragewerte keine vorgezogenen Wahlen. Jetzt gibt es erst einmal ein Hickhack, und das Regieren bleibt auf der Strecke. Der SPD Chef Stegner macht auf mich einen unangenehmen, inkompetenten Eindruck (aber das kann auch an meinen Vorurteilen, was die SPD angeht, liegen), aber auch Peter Harry Carstensen reißt mich nicht vom Hocker.
Freitag, 24. Juli 2009

Nach einer gescheiterten Vertrauensabstimmung für den Schleswig-Holsteinischen Ministerpräsidenten ist der Weg frei für Neuwahlen, zusammen mit der Bundestagswahl im September.

In Amerika scheint sich die Wirtschaft etwas zu erholen. Eine Erfolgsgeschichte schreiben deutsche Autos, die jetzt im Süden der USA gefertigt werden (VW und Mercedes). Im Norden verfallen ganze Produktionsstätten und im Süden wird neu gebaut. Warum? Weil im Norden die Gewerkschaften zu stark sind! Meine These seit langem: Zu starke Gewerkschaften schaden mehr als sie nützen — auch ihren Mitgliedern.

Präsident Obama ist im Ausland besser angesehen, als im Inland. Auf alle Fälle sind seine Umfragewerte „im Keller". Das liegt sicher auch an der amerikanischen Presse, die seine kritische Haltung gegen den Siedlungsbau in den besetzten Gebieten durch Israel verurteilt. Denn, wenn irgendetwas Kritisches zu Israel gesagt wird, ist die jüdisch beherrschte Presse weltweit in Gegenstimmung. Überhaupt passen die Juden genau auf, was in der Welt über Israel berichtet wird. Sie reagieren sogar gereizt, wenn sich Juden kritisch äußern. So wurde die Bundesregierung angegriffen, weil sie einer deutschen Jüdin das Bundesverdienstkreuz verliehen hat. Diese hätte „einseitig" Position ergriffen für die überfallenen Palästinenser. Dass die israelischen Soldaten dort in menschenverachtender Weise vorgegangen waren, haben ein paar von ihnen öffentlich gemacht. Die hat man einmal bei uns im Fernsehen gezeigt, und dann nie wieder etwas von ihnen gehört.

Die Kommunalwahl in NRW wirft ihre Schatten voraus, und so sind die Wege gesäumt von Wahlplakaten. Hierbei wird offensichtlich nicht gespart, auch wenn feststeht, dass nach der Wahl kein Geld mehr da sein wird, um die vielfältigen Versprechen einzulösen.

Montag, 27. Juli 2009

Ein neues Zeichen dafür, wie weit weg von der Bevölkerung und wie abgehoben ein Teil unserer Politiker ist, hat sich in der letzten Wochen gezeigt. Frau Ulla Schmidt, ihres Zeichen Gesundheitsministerin in der Großen Koalition, hatte in ihrem Spanienurlaub Angst um ihre Gesundheit und hat für einen Besuch von in Spanien lebenden Senioren, ihren gepanzerten Dienstwagen mit Fahrer dorthin zitiert. Der wurde nun über 2500km von Berlin nach Spanien gefahren, obwohl die deutsche Botschaft in Spanien leihweise wohl auch einen hätte zur Verfügung stellen können. Die ehemalige Lehrerin und Maoistin kann offensichtlich mit der Macht nicht umgehen, und dafür gibt es jede Menge Beispiele, nach dem Motto: Aus Scheiße lässt sich keine Schokolade machen!

Am 19. August fahren Antje und ich, auf Einladung von Gudrun Kopp und auf Kosten des Bundes, nach Berlin. Hoffentlich habe ich mich bei angesagten Gesprächen mit Politikern im Griff, und sage nicht unbedingt, was ich denke, denn das könnte beleidigend wirken.

Dienstag, 28. Juli 2009

Israel schließt weiterhin militärische Aktionen gegen den Iran nicht aus, wurde gestern in den Nachrichten verkündet. Die Welt soll langsam an den Gedanken gewöhnt werden, um dann nicht überrascht zu reagieren, wenn es soweit ist.

Im Stern wird sehr interessant über den Iran berichtet, was mich besonders interessiert, weil ich mich gedanklich dorthin versetzen kann. Nur, auch der Stern ist nicht frei davon, sich Märchenerzählern anzudienen. Denn meine Erfahrung mit den Iranern hier in Deutschland und denen bei meinem Besuch im Iran, zeigt ganz deutlich, dass man immer Abstriche machen muss. Aus einer orientalischen Lust am Aufbauschen, wird oft massiv übertrieben. Ich meine das auch bei einem Artikel im Stern belegen zu können. Denn die Frage ist doch, wie kam der Entflohene an ein Mobiltelefon, und woher hatte der Polizist die Nummer?

Montag, 3. August 2009

Frank Walter Steinmeier, der Lipper aus Brakelsiek, und Hoffnungsträger der SPD für die Bundestagswahl im September, hat sein „Schattenkabinett" vorgestellt. Das hat wirklich den richtigen Namen, denn etwas Herausleuchtendes konnte ich nicht erkennen. Die Bevölkerung scheint es ähnlich zu sehen, denn die Umfragen sehen seine Partei bei gerade einmal 20%. Wenn er dann noch angekündigt, dass er für 4 Mio. neue Arbeitsplätze sorgen will, ohne Angabe von Finanzierung und anderem, dann ist und bleibt er unglaubwürdig und lächerlich. Denn der Herr Steinmeier mit seiner SPD war ja mit in der Regierungsverantwortung. Das heißt ja im Klartext, dass die CDU sein Können bisher unterdrückt hat. Lächerlich! Es scheint auch wirklich nur darum zu gehen, mit einem einigermaßen gutem Ergebnis eine Schwarz-Gelbe Koalition zu verhindern, um dann selbst wieder in den Selbstbedienungsladen zu gelangen. Auf alle Fälle kann man es förmlich spüren, wie die Hinterbänkler um ihre Pfründe fürchten, die bei einem schlechten Ergebnis entschwinden. Für die Bürger will sich keiner wählen lassen, sondern nur für sich selbst (siehe Ulla Schmidt), auch wenn das alle vehement bestreiten würden.

Freitag, 14. August 2009

In zwei Wochen sind in NRW Kommunalwahlen und die Bürger werden mit Informationsmaterial überhäuft, und die Straßen sind mit Plakaten bepflastert. Fast ausschließlich Masse statt Klasse.(Ausnahme: Die „Grünen" zeigen keine Gesichter, sondern Lagenser Problemfelder auf). Es ist natürlich schwierig, auf Plakaten Klasse zu zeigen, aber die Gesichter, die einen jetzt überall angrinsen, sind eigentlich nicht dazu angetan, den abgebildeten Kandidaten zu wählen. Die meisten hätten besser daran getan, sich nicht ablichten zu lassen! Auch die Wahlprogramme sind alles Massenware und in großen Teilen von Partei zu Partei austauschbar. Einzig die „Grünen" haben ein sehr gut gemachtes Heft mit ihrem auf Lage zugeschnittenen Programm erstellt. Wenngleich ich mit den meisten Punkten nicht übereinstimme, sie also auch nicht wählen werde, muss ich doch attestieren, dass sich hier wirklich die Ziele dieser Partei ablesen lassen. Plötzlich wird von allen Parteien ein neuer Schwung angekündigt. Warum der bislang nicht da war, bleibt unbeantwortet, und es riecht mal wieder nach Wählerverdummung.

Samstag, 22. August 2009

Seit einer Woche haben wir es mit einer Hitzewelle zu tun. Das Thermometer ist vor zwei Tagen auf eine Rekordhöhe von über 37 Grad gestiegen. Alles lechzt danach, sich im Wasser abzukühlen. Aber Lage bleibt ihren Grundsätzen, die Stadt der Verbote zu sein, treu. Trotz einer, durch Auskiesung künstlich geschaffener, Seenplatte, ist weiterhin das Baden verboten. Da das bei der Hitze offensichtlich von manchen „Unbelehrbaren" nicht beachtet worden ist, wurden schnellstens neue Verbotsschilder aufgestellt. So hat das Beamtenherz wieder seine Ruhe und braucht sich nicht der Untätigkeit bezichtigen zu lassen. – Liebe Verwaltung! Verboten wirken auf Dauer nur, wenn auch entsprechende Angebote gemacht werden. Wo ist der eine dringend benötigte Badesee?

Mittwoch, 26. August 2009

Die neuesten Meldungen verheißen für Deutschland nichts Gutes. Unsere Staatsverschuldung beträgt für jeden Bürger, sage und schreibe, fast € 20 000.-. Und dann bereiten sich die Arbeitsagenturen auf einen Ansturm von Arbeitslosen nach der Wahl Ende September vor. Bis dahin wird weiter mittels Kurzarbeitergeld u.a. an den Zahlen nach unten manipuliert. Die Verantwortlichen, nämlich in erster Linie die Politiker, sind sich keiner Schuld bewusst und lassen sich noch als Heilsbringer feiern.

Am nächsten Sonntag werden drei neue Landtage gewählt und in NRW die Kommunalparlamente. Interessant hierbei ist nur die Wahlbeteiligung, denn ändern wird keine Partei etwas können, weil die finanziellen Mittel fehlen. Schon aus dem Grunde sind alle Wahlversprechen scheinheilig und sollen den Wähler verdummen.

Samstag, 29. August 2009

Der israelische Ministerpräsident, Bibi Netanjahu, hat seinen Antrittsbesuch in Berlin gemacht. Frau Merkel hatte sogar den Mut, die Einstellung des Siedlungsbaus im Westjordanland zu fordern. Das wurde mit Schweigen ignoriert. Eine Frechheit ist der Vorschlag für einen Frieden im Nahen Osten durch den Israeli. Er könne sich einen „entmilitarisierten" Palästinenserstaat vorstellen, wenn dieser ohne wenn und aber den Judenstaat anerkennen würde. Also mit anderen Worten befürwortet er lediglich einen Staat zweiter Klasse für die Palästinenser, wohl wissend, dass diese so ein Ansinnen ablehnen werden.

Montag, 31. August 2009

Die Kommunalwahl und die drei Landtagswahlen sind gelaufen. Die CDU ist nach wie vor überall die stärkste Kraft, hat aber erhebliche Verluste zu verzeichnen. So hat sie in Thüringen und im Saarland die absolute Mehrheit verloren. Auch verloren hat die SPD, aber nicht so stark, fühlt sich aber als Wahlgewinner. Merkwürdig! Die Grünen und die FDP haben gewonnen, und die Linke hat sich etabliert, vor allem im Saarland,(Oskar sei Dank!). Die Landtagswahlen zeigen, dass die Bevölkerung der Großen Koalition eine Ohrfeige geben wollte.

Die Wahlgewinner in Lage bei der Kommunalwahl sind die Grünen. Vielleicht hat ihr intelligenter Wahlkampf doch etwas für sie bewegt. Auch die FDP konnte zulegen, was aber dem Bundestrend geschuldet ist.

Freitag, 4. September 2009

Zu beneiden sind die Politiker in den Länder, in denen gewählt wurde, nicht. So ist der bisherige Ministerpräsident von Thüringen, Herr Althaus von der CDU, zurückgetreten. Die SPD, obwohl nur mit dem drittbesten Ergebnis ausgestattet, meint nun die Republik ändern zu können. Sie strebt nämlich eine Koalition mit den Linken an, ohne deren Führer, Herrn Ramelow, zum Ministerpräsidenten wählen zu wollen. Ein Eiertanz! Im Saarland passiert etwas ähnliches, und die Politikverdrossenheit nimmt weiter zu. Nicht nur, dass immer weniger Bürger zur Wahl gehen, nein, die Anzahl der ungültigen Stimmen steigt auch noch. In Lage bei der Kommunalwahl z.B. auf 7%. Auch eine Art des Protestes.

Montag, 7. September 2009

In Afghanistan haben die Taliban zwei Tanklaster gestohlen und waren damit in einer Furt steckengeblieben. Die Bundeswehr hat dann Luftunterstützung angefordert und die Fahrzeuge bombardieren lassen. Als Folge davon hat es wohl an einhundert Tote gegeben. Nun brennt eine typisch deutsche Diskussion auf, denn es sind wohl auch Zivilisten ums Leben gekommen. Ich, als ausgewiesener Kritiker des Afghanistaneinsatzes, muss hier zum ersten Male der Militärführung Recht geben bei ihrer Entscheidung. Wer sollte auch annehmen können, dass sich nach Mitternacht auch Zivilisten bei den gestohlenen Wagen aufhalten? Interessant in diesem Zusammenhang ist die Reaktion der Afghaner, die den Militärschlag begrüßt haben. Denen war unser Militär „mit Blumen am Helm" offensichtlich zu lasch im Kampf gegen die Taliban.

Mittwoch, 9. September 2009

Noch drei Wochen bis zur Bundestagswahl, und der Umgangston wird rauer. Plötzlich wird eine Anweisung an Gutachter gefunden, in denen die Bundesregierung unter Kanzler Kohl 1983 angeblich auf deren Arbeit, was die Sicherheit von Gorleben betrifft, eingegriffen hat. Wasser auf die Mühlen von Gabriel und den Grünen. Auch die Afghanistanschelte für den Verteidigungsminister Jung wird immer persönlicher und diffamierender. So lässt sich kein Vertrauen in die Handelnden herstellen. Nur die Randgruppen werden, und sei es nur aus Protest, davon profitieren.

Sonntag, 20. September 2009

Erschreckend für mich ist die Dummheit und die Beeinflussbarkeit der Mehrheit der Bevölkerung. So ist mittlerweile 75% der Meinung, dass Gorleben kein sicherer Standort für ein Endlager sei. Dass dort schon Milliarden verbaut wurden und das mit der Unterstützung vieler Wissenschaftler, spielt keine Rolle. Die laut heraus posaunten Meinungen von den Herren Gabriel und Trittin zählen mehr. Armes Deutschland! Noch langt es in den Umfragen für Schwarz/Gelb, was auch unbedingt nötig wäre, aber es wird eng. Denn gerade die FDP, die ja gar nicht in der Regierungsverantwortung war, wird von den Linken, als „Kahlschlagpartei" bezeichnet.

Sonntag, 15. November 2009

In der Zwischenzeit, in der ich durch Umzug und Computertausch nicht zum Schreiben gekommen bin, hat sich eine Menge getan. Das Wichtigste ist dabei, dass es Schwarz/Gelb geschafft hat. Zu Verdanken haben sie das einem historisch schlechten Ergebnis der SPD mit gerade einmal 20% der Wählerstimmen. Wahlgewinner war die FDP mit ihrem bisher besten Ergebnis von 15%. Kanzlerin ist weiterhin Frau Merkel; Vizekanzler und Außenminister ist Herr Westerwelle; Verteidigungsminister ist Herr von Guttenberg; Wirtschaftsminister Herr Brüderle, Finanzminister Herr Schäuble – um nur die Wichtigsten zu nennen. Gudrun Kopp hat es sogar zur Staatssekretärin gebracht, u.z. im Entwicklungshilfeministerium, das von ihrem Parteifreund Dirk Niebel geleitet wird.

Montag, 23. November 2009

Gut, dass ich nicht in der politischen Verantwortung stehe. Schon gar nicht, wenn ich in einer Koalition mitmachen müsste. Für jeden noch so guten Vorschlag gibt es Kritiker, und das nicht nur in der Opposition. So konnte die FDP bisher auch nicht viel auf den Weg bringen, obwohl das unbedingt nötig wäre, und man bekommt den Eindruck, dass die CDU sich den pflegeleichten SPD Partner zurücksehnt. Auf alle Fälle werden die Probleme Deutschlands nicht geringer, zumal keine sichtbaren Konsequenzen aus der wahnsinnigen Verschuldung gezogen werden.

Die häufigen Wahlen hemmen die Politiker auch bei Entscheidungen, denn sie wollen ja wiedergewählt werden. So ist die, im Mai nächsten Jahres anstehende Landtagswahl in NRW, jetzt schon eine Entscheidungsbremse.

Donnerstag, 26. November 2009

Jede neue Aufgabe bringt neue Erkenntnisse und kann auch Fehler nach sich ziehen. So hat auch der neue Außenminister Guido Westerwelle, schon einige Patzer produziert. Der Schlimmste war, dass er meinte, den Polen einen Gefallen tun zu müssen. Und das, indem er die Vorsitzende des Bundes der Vertriebenen, Frau Steinbach, nicht in dem Beirat der Stiftung: Flucht, Vertreibung, Versöhnung, haben wollte. Dabei geht die Initiative für diese Stiftung von Frau Steinbach aus, und der Sitz im Beirat steht den Vertriebenen zu!

In Israel ist er natürlich auch schon gewesen, einschließlich des obligatorischen Besuches von Yad Washem, der Holocaust Gedenkstätte, und dem Betonen „der besonderen Verantwortung Deutschlands für Israel". Die Sippenhaft wird weiter gepflegt, obwohl die Juden fleißig die Weltöffentlichkeit brüskieren, indem sie weitere Siedlungen auf Palästinensergebiet errichten.

Donnerstag, 3. Dezember 2009

Der amerikanische Präsident Obama will die Truppen in Afghanistan um 30 000 Soldaten aufstocken. Welchen falschen Beratern er da aufgesessen ist, kann ich nur vermuten! Die Angelegenheit wird mit einem Desaster enden, aber das kennen die Amerikaner ja schon aus anderen Konflikten. Offensichtlich werden die nicht schlau, denn sie müssten eigentlich wissen, dass die Sowjetunion seinerzeit viel mehr Soldaten in Afghanistan hatten und trotzdem gescheitert ist. Schlimm ist nur, dass auch wir durch den Nato Bündnisvertrag gezwungen sein werden, unser Kontingent zu erhöhen. Überhaupt ist die Nato ein Kriegstreiber, und das in Zeiten von Entspannung zwischen den Blöcken. Der Ukraine und Moldawien ein Mitgliedsangebot zu machen, ist ein Affront gegenüber Russland!

Montag, 7. Dezember 2009

Plötzlich ist das, vom deutschen Oberst Klein angeforderte Bombardement von gestohlenen Tanklastzügen in Afghanistan wieder ein Thema, und die Selbstbeschmutzungsmaschinerie der Deutschen läuft auf Hochtouren. Die „Gutmenschen" und die Medien beherrschen unseren Alltag.

In Kopenhagen beginnt eine Konferenz zum Klimaschutz. Obwohl noch nicht einmal klar ist, dass der Klimawandel vom Menschen beeinflusst wird, meint man handeln zu müssen. Sollen sie ruhig konferieren, denn damit können sie eigentlich keinen Schaden anrichten.

Mittwoch, 9. Dezember 2009

Die Banker, die die weltweite Krise ausgelöst haben, machen lustig weiter. Nur, dass die Zertifikate, die sie unter die Leute bringen, jetzt einen anderen Namen haben.

Ob Griechenland durch diese Machenschaften in eine Krise gekommen ist, weiß ich nicht. Aber vielleicht haben die mit dazu beigetragen, dass die Kreditfähigkeit durch Ratingagenturen massiv herabgestuft wurde. Wahrscheinlich ist aber auch massive Misswirtschaft im eigenen Lande ausschlaggebend. Nun stellt sich die Frage, welche Auswirkungen das auf den Euro hat, den das Land merkwürdigerweise auch als Währung hat. Die frühere Währung, der Drachme, wäre in so einer Situation massiv abgewertet worden, und alles wäre wieder in Ordnung. Jetzt rächt es sich, dass unsere Politiker meinten, allen noch so unzuverlässigen Ländern, den Euro andienen zu müssen. Was ist nur los in der Welt, wenn Deutschland mit seiner noch nie da gewesenen Verschuldung, beneidenswert gut dasteht? Das Ganze scheint doch auf eine Währungsreform hinauszulaufen.

Freitag, 11. Dezember 2009

Barak Obama hat gestern in Oslo den Friedensnobelpreis in Empfang genommen. Eine Auszeichnung, die wohl bis auf wenige Ausnahmen immer die Falschen getroffen hat. Auch Herr Obama hat außer Absichtserklärungen noch nichts getan, das diese Auszeichnung rechtfertigen würde. (Was er ehrlicherweise selber zugab).

Meine Einschätzung, die ich schon lange habe, dass manche Umweltverbände und andere, durch „Gutmenschen" geleitete Organisationen nichts anderes als Spendensammelvereine sind, wurde gestern durch einen Beitrag im Fernsehen untermauert. „Greenpeace" rief mit falschen Angaben und zu Tränen rührenden Berichten über angeblich bedrohte Delfine im Ärmelkanal zu Spenden auf. Mit den Tatsachen konfrontiert, versuchte man sogar mit Gerichten zu drohen um dann kleinlaut die Manipulationen zuzugeben.

Montag, 14. Dezember 2009

Die Länderfürsten in Deutschland, auch die der CDU, beklagen, dass das Steuersenkungspaket der neuen Schwarz/Gelben Bundesregierung ihre Haushalte überfordern würde. Das mag ja auch so richtig sein, aber keiner fragt, wieso die Länder so viele Schulden angehäuft haben. Denn das ist ein Systemfehler unserer Demokratie, dass diejenigen, die am meisten Schulden machen, am ehesten die Chance haben, gewählt zu werden. Ich erinnere nur an meine Zeit als Kommunalpolitiker, als z.B. die SPD mit einem Hochglanzprospekt in den Wahlkampf zog, in dem aufgezeigt wurde, wofür sie alles gesorgt haben. Alles, ohne Ausnahme, Objekte, die Schulden für die Allgemeinheit nach sich zogen, da sie sich alle nicht rechneten. Beispiele hierfür sind: das Haus des Gastes und das Jugendzentrum. Sparen lässt sich in der Politik nicht gut verkaufen, und ich habe damals immer geäußert, dass ich eher eine Mehrheit dafür beschaffen könne, in Kachtenhausen ein Freibad zu bauen, als ein überflüssiges zu streichen. Besser würde so etwas erst, wenn die Politiker mit, zumindest ihrer Aufwandsentschädigung, in die Haftung genommen würden. Aber das sind wohl Illusionen. Ab 2020 sollen sich die Bundesländer nicht mehr verschulden dürfen. Ich weiß nicht, ob ich das in zehn Jahren noch mitbekomme, dass das scheitern wird!!

Sonntag, 20. Dezember 2009

Die Konferenz in Kopenhagen zur Rettung des Klimas, ist ohne greifbares Ergebnis zu Ende gegangen. Glücklicherweise, kann ich nur sagen! Denn, die wirklichen Probleme, wie die massive Naturvernichtung durch Abholzung und die Intensivlandwirtschaft, waren kein, oder nur ein Nebenthema. Wieder sollte an Europas Wesen (hauptsächlich mit deutschem Geld) die Welt genesen. Dieser Aktionismus der Linken erinnert mich an die Religion. Da man sich den „natürlichen" Klimawandel nicht erklären kann, wird CO_2 zum Feind des Klimas erklärt. Bei der Religion wurde ein Überwesen für das, für Menschen Unvorstellbare, eingesetzt. Wir werden also weiter mit dem unbestrittenen Klimawandel, der wahrscheinlich durch große Sonnenaktivitäten kommt, leben müssen. Wobei es keineswegs falsch ist, für eine saubere Umwelt zu sorgen!

Dienstag, 22. Dezember 2009

Der Demjanjuk Prozess ist eine Unverschämtheit, da hier das Recht mit Füßen getreten wird. Eigentlich gilt in Deutschland die Unschuldsvermutung, solange das Urteil nicht gesprochen ist. In diesem Falle, einem 89jährigen angeblichen KZ Wächter aus der Ukraine, ist das anders. Zuerst einmal ist es überhaupt ein Skandal, dass der alte Mann aus den USA heraus geholt wird, um vor ein deutsches Gericht gestellt zu werden. Und das alles nur, weil man seinen damaligen Dienstausweis gefunden haben will. Die Anwälte des Angeklagten sehen hierin eine Fälschung, was ich nicht beurteilen kann. Aber, dass man einem Angeklagten, von dem man nicht weiß, ob er wirklich schuldig ist, schon angebliche oder reale Gräuel in dem Lager Sobibor vorerzählen lässt, ist in meinen Augen Rechtsbeugung. Denn es zeigt ganz deutlich, dass das Gericht sein Urteil schon gefällt hat. Wenn dann die Verteidigung auch mal Fehler der Juden, wie eine Judenpolizei im Lager, thematisiert, bricht sofort eine Empörungswelle über sie herab. Wann sind wir in Deutschland endlich so weit, dass wir einen Schlussstrich ziehen unter dem Gewesenen. Dass das die Juden nicht wollen, ist klar, denn nur wenn wir uns weiter ihnen gegenüber schuldig fühlen, können sie alles gegen uns durchsetzen!

Mittwoch, 29. Dezember 2009

Durch einen Zufall ist die Sprengung eines amerikanischen Flugzeugs durch einen Selbstmordattentäter verhindert worden. Das sollte die Antwort auf die Bombardierung von Taliban Stellungen im Jemen, bei dem wohl Führer der Gruppe ums Leben kamen, sein. Jetzt ist wieder in großes Erschrecken, vor allem bei den Amerikanern. Trotz aller Sicherheitsbemühungen wird man die Gefahr, die von Menschen ausgeht, die ihr Leben einsetzen, nicht hundertprozentig eindämmen können. Deshalb lässt der Vorschlag von unserem Verteidigungsminister Guttenberg aufhorchen, der vom Rückzug aus Afghanistan spricht, und die gemäßigten Taliban an der Regierung beteiligen will. Völlig richtig, denn wenn man einen Gegner nicht besiegen kann, muss man versuchen, sich mit ihm zu arrangieren! Verhindern will das natürlich weiterhin Israel, das gerade beschlossen hat, weitere 800 Wohnungen im besetzten Ostjerusalem zu bauen. Diese natürlich nicht für die Palästinenser, sondern nur für Juden!

Im Fernsehen wird von Unruhen im Iran berichtet und von Verhaftungen von Oppositionellen. Diese Meldungen sind alle aus dem Internet entnommen worden, denn eigene Journalisten dürfen die Schauplätze nicht besuchen. Die iranische Führung unter Ahmadinedschad macht die USA und Israel für die Schürung der Aufstände verantwortlich, und ganz unrecht wird sie nicht haben. Das heißt nicht, dass mit das Mullahregime sympathisch ist, aber den Menschen etwas anderes aufzwingen zu wollen, ist auch nicht richtig.

Die FDP ist richtigerweise erst einmal abgetaucht, d.h. sie und ihre Minister tauchen in den Medien nicht auf. Vielleicht finden sie dadurch die Muse, etwas zu tun und nicht nur zu reden.

Eigentlich war ich sehr glücklich über die Wunschkoalition, die sich nach der Bundestagswahl gebildet hatte. Nur die Hoffnungen auf eine Änderung in der Politik sind begrenzt. Das war auch so, als der Wechsel in NRW kam, denn wo sind die Änderungen von Fehlern in der Vergangenheit? Die Einrichtung von Frauengleichstellungsstellen wurde nicht auf Freiwilligkeit umgestellt; die Bereitstellung von Flächen für Windräder wurde nicht gekippt. - Warum soll man eigentlich noch wählen gehen, wenn doch alles so bleibt, wie bisher?

Dienstag, 12. Januar 2010

In Afrika, in Angola, ist ein Bus mit der Fußballnationalmannschaft von Togo von Rebellen beschossen worden. Es gab drei Tote und ein Vorwurf gegen die Togolesen, dass sie nicht mit dem Flugzeug angereist sind. Die Frage ist doch, woher kommen diese Massen von Waffen, die dort offensichtlich leicht zu beschaffen sind? Leider habe ich hier auch keine Lösung parat, denn es ist wohl kein Unterschied, ob die Regierungen oder die Rebellen im Besitz dieser Waffen sind. Legitime Regierung müssen sich schützen können und Rebellen mit Anspruch auf Ehrbarkeit können dort leider auch nur mit Waffengewalt etwas ändern. Und auf diesem Kontinent findet in diesem Jahr die Fußballweltmeisterschaft statt! Nun wird zwar mit Recht gesagt, dass Südafrika weit von dem jetzigen Geschehen entfernt ist, aber die dort extrem hohe Kriminalitätsquote gibt schon zu Bedenken Anlass. Überhaupt scheint mir das Projekt „Entwicklungshilfe" bis auf wenige Ausnahmen, gescheitert. Ob der neue Entwicklungshilfeminister Niebel mit seiner Staatssekretärin Gudrun Kopp hier etwas in die richtige Richtung schieben kann, bleibt abzuwarten. Viel Hoffnung habe ich nicht, denn die „Gutmenschen" werden ihre eigenen Pfründe mutig verteidigen. Das sind die Hilfsorganisationen und die Entwicklungshelfer, die wunderbar selbst von den Entwicklungshilfegeldern leben können. Denn dass sie sonst nur wenig oder gar nichts bewegen können, müssten die eigentlich am besten wissen.

Freitag, 15. Januar 2010

Meine Skepsis bezüglich der neuen „Entwicklungshelfer" Niebel/Kopp teilen auch andere, wie ich jetzt der Kampagne in den Medien gegen die FDP entnehmen kann. So hatte Herr Niebel wohl noch in der Opposition die Abschaffung eines eigenen Ministeriums für Entwicklungshilfe gefordert. Als jetzt die Posten verteilt wurden in der Schwarz/Gelben Koalition, war davon keine Rede mehr. Im

Gegenteil: die Liberalen reklamierten das Ministerium für sich selber. Ebenso hatte die FDP der Großen Koalition vorgeworfen, die Anzahl der Staatssekretäre hochgetrieben zu haben. Jetzt hat sie selber acht davon besetzt! Im Stern, der sich eigentlich zum liberalen Blatt gewandelt hatte, wurde die Partei in „**Fang Den Posten**" umfirmiert. Es wurde durch Postengier eine Chance verpasst, auf Dauer wählbar zu sein für die Mitte der Gesellschaft. Da auch die ersten einhundert Tage der Regierungskoalition enttäuschend für den Wähler verliefen, wird es schwer für die Liberalen werden, ihr Stimmungshoch zu halten. Im Gegenteil, ich befürchte Schlimmes bei der im Mai anstehenden Landtagswahl in NRW. Trotzdem werde ich morgen zum Neujahrsempfang von der neuen Staatssekretärin gehen, aber das ohne Euphorie!

Ein volles Haus im Technikum und einige gute Vorträge, vor allem von dem Dithmarscher Jürgen Koppelin, rechtfertigten Antjes und mein Erscheinen. Nur, auf die Vorwürfe im Stern wurde natürlich nicht eingegangen. Und auch Gudrun Kopps Ankündigung, dass ihre erste Auslandsreise in ihrer neuen Funktion nach Indien gehen soll, hat mich nicht gefreut. Denn zusammen mit dem Bundespräsidenten sollen hier, mit Entwicklungshilfsgeldern bezahlte Bewässerungsprojekte besichtigt werden. Also wieder ein Rückzug von Aussagen, dass China und Indien keine Entwicklungshilfe mehr bekommen sollten.

Gerne hätte ich der neuen Staatssekretärin gerne einige Zeilen zum Lesen gegeben und dabei neugierig hinterfragt, ob sie denn wisse, wer das geschrieben hat. Aber das werde ich doch lieber bleiben lassen, denn an den ermordeten Ex-Parteifreund will sie sicher nicht erinnert werden. Denn der war es, Jürgen W. Möllemann!!
Der Stern schrieb in seiner Ausgabe vom7.1.2010 u.a.:
FDP = F ang D en P osten!

Der nächste Haken, den sich meine ehemalige Partei eingefangen hat, geht heute durch die Medien. Denn ziemlich bald nachdem sie der Mehrwertsteuersenkung für die Hotellerie zugestimmt hatte, ist von da eine Millionenspende eingelaufen. Man kann den Medien und den Bürgern nicht verdenken, wenn sie etwas misstrauisch reagieren. Auf alle Fälle wächst meine Befürchtung, dass es einen massiven Abschwung geben wird.

Axel schickte einen Leserbrief, der in seiner Zeitung in Niedersachsen gestanden hatte. Er schrieb zu recht, dass der mich freuen dürfte, denn genauso hätte ich argumentieren können – ich bin also nicht alleine!

Donnerstag, 21. Januar 2010

Zur Spende von Herrn Baron August von Finck, Mitinhaber der Mövenpick Hotels, an die FDP, und dem empörten Aufschrei bei der SPD und den Grünen, kam eine gezielte Retourkutsche. Der Bundesgeschäftsführer der FDP machte eine Millionenspende der Autoindustrie an die SPD vor dem Beschluss zur Abwrackprämie und Spenden der Energieriesen an die Grünen öffentlich. Also, alle sind nicht glaubwürdig und fast nicht wählbar!!

Montag, 25. Januar 2010

Mit Entsetzen habe ich den Medien entnehmen müssen, dass alleine in Ostwestfalen drei Großanlagen zur Biogasgewinnung geplant und genehmigt sind. Meine Bedenken habe ich ja schon des öfteren erläutert, und ich sehe nach wie vor eine Katastrophe für die Natur heraufziehen.

Auch acht Jahre nach Beginn des Engagements der Bundeswehr in Afghanistan ist kein Ende des Einsatzes abzusehen. Und das, obwohl auch von Befürwortern der Aktion keine bemerkenswerte Verbesserung der Situation in Afghanistan zu vermelden ist.

Die Deutschen sind Spendenweltmeister, was sich immer wieder nach Naturkatastrophen zeigt. Diesmal hatte es Haiti erwischt, weil ein Erdbeben das von Armut und Korruption schon gebeutelte Land fast ganz zerstört hat. Nun will ich wahrhaftig nichts gegen Spenden für Arme und Bedürftige sagen, aber trotzdem erschreckt mich, wie die Menschen von den Medien so oder so manipuliert werden können. Denn eines steht für mich fest, u.z., dass die Spendenbereitschaft für Haiti sofort vorbei ist, sobald die Medien das Interesse daran verloren haben und über was anderes berichten. Wer spricht heute noch über die vorhergehenden Katastrophen, wie z.B. in Dafur, wo sich bestimmt noch nichts Entscheidendes zur Besserung der Verhältnisse für die Menschen in den Flüchtlingslagern getan hat? Aus den Augen, aus dem Sinn! Nun ist ja klar, dass wir uns nicht nur mit den vielfältigen Problemen in der Welt beschäftigen können, denn wir haben ja auch genügend eigene Probleme. Deshalb müssten wir eigentlich die Probleme bündeln, d.h., Hilfe haben in erster Linie die Nachbarstaaten zu leisten. Das wären neben den süd- und mittelamerikanischen Ländern, vor allem die USA, was sie ja wohl auch tun. Nur wenn das nicht langt, sollten wir mit eingreifen. Dafür dürften wir dann auch nicht erwarten, dass diese Länder sofort bei einem Oderhochwasser zur Hilfe eilen. Befremdlich ist auch die riesige Medienpräsenz, die sich übertrifft in dem Dokumentieren von Elend und Verzweiflung. Vergessen wird hierbei, dass es gerade auf Haiti auch schon vor dem Beben genügend Elend gegeben hat. Dieses wurde verursacht durch unfähige und korrupte schwarze Führer, die nach dem Muster der meisten Staaten in Afrika, nur sich selbst segneten.

Zu denken gibt auch, dass die Medien in der Lage sind, so eine Spendenbereitschaft zu erzeugen. Daraus folgt auch, wie manipulierbar die Menschen in die Richtung der Redakteure und Meinungsmacher gerückt werden können. Hitler hat es vorgemacht und heute wird es in, zwar andere Richtung, genauso weiter gemacht.

Mittwoch, 27. Januar 2010

Die Bildzeitung hat die Verschwendung von GEZ - Gebühren in den öffentlich-rechtlichen Rundfunkanstalten kritisiert. Das hatte in den Anstalten einen Aufschrei zur Folge, wie nicht anders zu erwarten. Selbstverständlich ist die Kampagne der Zeitung nicht uneigennützig, aber doch überfällig. Denn Zwangsgebühren verführen immer zur Maßlosigkeit! Nur eine freie, vielseitige Medienlandschaft kann zur wirklichen, neutralen Meinungsbildung führen.

Heute ist Holocaust Gedenktag und unsere Politiker übertreffen sich mit Ergebenheitsadressen in Richtung der Juden. So durfte Herr Schimon Peres vor dem Deutschen Bundestag dazu aufrufen, noch lebende Nazitäter abzuurteilen, angeblich nicht aus Rache, sondern nur zur Erinnerung an die Gräuel. Der Iran wurde beschuldigt, Israel mit Atomwaffen zu bedrohen, obwohl nur klar ist, dass Israel über solche Waffen verfügt. Die ach so große Freundschaft zwischen Deutschland und Israel wird nur von den Politikern gespielt, denn in einer gerade in Deutschland gemachten Umfrage, bezeichneten 50% der Befragten, Israel als Aggressor im Nahen Osten.

Sonntag, 31. Januar 2010

Der Winter hat Deutschland, entgegen allen Erwartungen (Klimaerwärmung), voll im Griff. , Schon jetzt sind die Frostschäden in den Straßen unübersehbar, und auch die öffentlichen Haushalten werden durch höhere Heizkosten und den Winterdienst weiter belastet. Wer am Ende für die Kosten eines, eigentlich ja normalen Winters gerade stehen muss, ist klar – der Bürger!

Eine meiner Befürchtungen, die FDP betreffend, zeichnet sich schon jetzt ab, denn bei den Prognosen für die Landtagswahl im Mai in NRW gibt es keine Mehrheit mehr für Schwarz/Gelb. Denn hauptsächlich die FDP befindet sich im Abwärtstrend.

Mittwoch, 3. Februar 2010

Eine gestohlene CD mit Daten von Deutschen, die in der Schweiz Geld gebunkert haben, ist der Bundesregierung zum Kauf angeboten worden. Diese ist wohl willens die zu für 2,5 Mio. zu erwerben, denn die entsprechenden Konten werden in erster Linie Gelder von Steuerflüchtigen beinhalten. Eigentlich ein Unding, dass eine Regierung sich zum Hehler macht, aber angesichts der leeren Kassen wird nach jedem Strohhalm gegriffen.

Freitag, 5. Februar 2010

Meine Befürchtung, die FDP betreffend, hat sich bestätigt. Nur noch 8% der Deutschen würden, nach einer aktuellen Umfrage, heute die Partei wählen. Vielleicht hätte man mich doch als Berater einstellen sollen(Scherz). Nun scheint es besonders schwierig zu sein, in eine Koalition einzutreten, in der der Partner schon vorher an der Macht war. Denn der wird mauern, wenn es darum geht, das bisherige in Frage zu stellen, und mag es noch so falsch gewesen sein. Denn wer gibt schon gerne zu, in der Vergangenheit Fehler gemacht zu haben. Außerdem ist die CDU unter Frau Merkel sowieso zu einer SPD verkommen. Es ist schon peinlich, wenn sich Politiker der Koalition, wie gestern in einer Talk Show passiert, bekämpfen, anstatt Einigkeit zu demonstrieren. Schade, wieder eine Hoffnung für Deutschland zerstört!
Der Euro befindet sich auf Talfahrt, d.h. es gibt eine Flucht aus der Währung, seit Griechenland offenbarte, dass es schon immer mit geschönten Zahlen betrogen hat. Nicht viel besser ist es in Spanien, Portugal und Irland. Es nützt zwar nichts, sich die harte DM zurückzuwünschen, aber schön wär´s doch. Wobei nicht verkannt werden soll, dass auch die durch die Wiedervereinigung und die Wahlgeschenke inzwischen Probleme bekommen hätte. Nur, die wären zu lösen gewesen, während das mit dem Euro in einer Katastrophe endet.

Sonntag, 7. Februar 2010

In München hat es eine Sicherheitskonferenz gegeben. Hier
wurde, vielleicht zu Recht, auf den Iran wegen seines Atompro-
gramms eingeschlagen. Nun weiß ich, dass die Iraner gute Mär-
chenerzähler und Hinhaltetaktiker sind, aber trotzdem muss man
auch ihnen dasselbe Recht zusprechen, das Israel und andere unwi-
dersprochen in Anspruch nehmen – das Recht auf die Nutzung der
Atomenergie. Das muss ja nicht heißen, dass der Iran Atombomben
bauen soll, aber ihm von vornherein zu unterstellen, das tun zu wollen, ist nicht korrekt. Wenn sich dann noch ein Amerikaner mit
Namen Lieberman als besonderer Kritiker des Iran hinstellt, ist das
auch nicht friedensfördernd.
Die FDP Führungsspitze ist zu einer Krisensitzung zusammen-
gekommen, aufgeschreckt durch die schlechten Umfragewerte.
Aber ich glaube, für einen Umschwung ist es schon zu spät.

Mittwoch, 10. Februar 2010

In Baden-Württemberg ist ein Stefan Mappus als neuer Ministerpräsident und Nachfolger von Günther Oettinger gewählt worden. Seinen Vorgänger hat es als Kommissar nach Brüssel gezogen.
Der erst 43 jährige Mappus gilt als „wert-konservativ“, und soll ein
ähnliches Temperament haben, wie seinerzeit Franz Josef Strauß.
Hoffnungsträger? Auf alle Fälle wird er den Schmusekurs der
Kanzlerin nicht unterstützen (schreibt der Stern).

Dienstag, 16. Februar 2010

Im Karneval kann man an den Motivwagen im Rosenmontags-
zug und an den politischen Reden in den Sitzungen gut die Stimmung in der Bevölkerung ablesen. So bekam diesmal besonders die

FDP ihr Fett weg, aber auch Angie Merkel wurde nicht als Heilbringerin verkauft, - im Gegenteil.

Aufgrund der schlechten Umfragewerte ist Guido Westerwelle in die Offensive gegangen und hat den Missbrauch von Hartz 4 thematisiert. Trotz erwartetem Gegenwind von den „Gutmenschen", eine richtige Entscheidung. Nur dass auch die CSU sich gegen Westerwelle stellt, zeigt, wie wackelig die „Wunschkoalition" aufgestellt ist. Dabei braucht Deutschland eine geschlossene, handlungsfähige Regierung! Dass die CDU, in Person ihre neuen Umweltministerns Norbert Röttgen, plötzlich auch aus der Kernkraft aussteigen will, kann nur als Blumenwurf (ohne Topf) in Richtung der Grünen verstanden werden. Offensichtlich befürchtet man in der CDU das Auseinanderbrechen der Schwarz/Gelben Koalition und will dann für die Grünen und Linken bereitstehen. Mit der SPD scheint auf längere Sicht kein Staat mehr zu machen zu sein, und das sahen nicht nur die Karnevalisten so.

Sonntag, 21. Februar 2010

In den Niederlanden ist die Koalition zwischen Konservativen und den Sozialdemokraten auseinandergebrochen. Grund dafür war, dass entgegen der Koalitionsabsprache, die Konservativen nun plötzlich das Afghanistan Engagement verlängern wollten. Dass das die Sozialdemokraten nicht mitmachten, verdient Respekt. Denn seit 2006 haben in Afghanistan 21 ihrer Soldaten ihr Leben gelassen

Die Nato hatte um die Verlängerung ersucht. Dieses Bündnis mir inzwischen völlig suspekt und gehörte schnellstmöglich aufgelöst, denn eine Bedrohungslage für alle Mitglieder ist nicht mehr vorhanden. Dem Weltfrieden würde eine Auflösung dienlich sein und auch dem sehr notwendigen Schuldenabbau in den Ländern! Denn das der Bündnisfall, der durch die Zerstörung des Welthandelszentrums in New York ausgerufen wurde, inszeniert war, findet immer mehr Beweise. Dazu passt, dass in allen Talkshows, in denen jüdische Diskutanten anwesend sind, von diesen ein massiveres

Vorgehen gegen die Taliban, die Palästinenser, den Iran oder andere gefordert wird. Daraus ist deutlich zu entnehmen, dass die „freie Welt" von Israel für ihr Ziel, die unangefochtene Hauptmacht in der Region zu werden, missbraucht wird.

Auch in Deutschland formieren sich Kräfte, die für einen Abzug aus Afghanistan sind. Leider hauptsächlich aus dem Lager der Linken. Aber die anderen gehen bisher nur nicht auf die Straße. Und unserem neuen Außenminister Guido Westerwelle fällt da nichts anderes ein, als dass er beklagt, dass nach einem Abzug die Mädchen dort nicht mehr in die Schule gehen könnten. Was hat Herr Scholl-Latour auf solche Argumente sinngemäß schon vor langem gesagt?: Wenn das das Ziel der militärischen Präsenz in Afghanistan ist, dann gebe es noch unzählige Betätigungsfelder, wie z.B. den Jemen oder den Sudan. Schon daraus ist die Scheinheiligkeit der Argumentation abzuleiten. Also am Wesen der Nato soll die Welt genesen. (Der letzte Satz war wieder von mir, in Umwandlung einer bekannten Spruchweisheit). Nachzutragen bleibt noch, dass sich immer mehr herauskristallisiert, dass Amerika nichts mehr fürchtet, als einen weiteren Gesichtsverlust, wie beim damaligen Flüchten aus Vietnam.

Dienstag, 9. März 2010

Sehr zum Unwillen der Umweltpolitiker und -verbände häufen sich Katastrophen, die „leider" nicht auf menschliches Fehlverhalten zurückzuführen sind. So haben wir jetzt innerhalb weniger Wochen drei größere Erdbeben zu verzeichnen. Zuerst das in Haiti, dann in Chile und jetzt in der Türkei. „Glück" im Unglück hatte Haiti, dass es als Erstes getroffen wurde. Die Spendenbereitschaft, der von den Medien aufgerüttelten Menschen, war überwältigend. Den anderen Betroffenen wird es in der Richtung erheblich schlechter gehen. Wieder einmal kann man registrieren, wie die Öffentlichkeit von den Medien manipuliert werden kann. Das heißt, nur das, was uns vorgesetzt wird, soll uns beschäftigen. - Jetzt ist es das Beben in der Türkei, Haiti und Chile sind passé und vergessen. Aber zurück zu den so genannten Umweltexperten: Der extrem kalte Winter, den wir immer noch haben, passt ja nun gar nicht zur sogenannten Klimaerwärmung. Irgendwas muss das CO^2 falsch verstanden haben. Dass jetzt die Klimaforscher behaupten, dass dieser Winter in ihr Konzept passt, war nicht anders zu erwarten. Sonst würden sie ja zugeben, dass sie an Ahnungslosigkeit leiden würden – und das tun sie!

Freitag, 19. März 2010

Der Bundestag diskutiert über den Haushalt 2010, der mal wieder eine Rekordneuverschuldung vorsieht. Ein gemeinsames Bemühen der Parlamentarier um eine Besserung der Situation ist nicht zu erkennen. Es gibt ja auch noch Länder um die es noch schlechter bestellt ist, und deshalb zeigt sich wieder: „Unter den Blinden ist der Einäugige König". Dabei brauchten wir wirkliche, tiefgreifende Reformen, immer mit der Prämisse der Einsparung. Aber wer soll das auf den Weg bringen? Wenn einer das ernsthaft versuchen sollte in dieser Demokratie, dann kann es sich bei der nächsten Wahl schon mal aus dem Parlament verabschieden. Also wird weiter der Eigennutz über den der Gemeinschaft gestellt.

Der Wehrdienst bei der Bundeswehr wird auf sechs Monate verkürzt. Ein Blödsinn, denn was soll bei einer hochtechnisierten Armee in sechs Monaten wohl gelernt werden? Wann werde wir einsehen, dass wir eine gut ausgebildete Berufsarmee brauchen? Auch der Zivildienst wäre dann Geschichte, und die Wohlfahrtsverbände müssten sich um Kräfte aus den Arbeitslosenheer bemühen.

Sonntag, 21. März 2010

Israel hat wieder Ziele im Gazastreifen bombardiert, angeblich als Reaktion auf einen palästinensischen Raketenangriff, bei dem ein Israeli getötet wurde. Dabei waren schon vorher Luftangriffe erfolgt auf ein Land, das sie angeblich bedroht. Dabei ist die größte Bedrohung im Nahen Osten der Führungsanspruch der Israelis, der die anderen brüskiert. So erlaubt sich Israel, die Palästinenser in Ostjerusalem nicht zum Freitagsgebet in die Moschee zu lassen. Gleichzeitig wird dort durch Siedlungsbau (nur für Juden) und Errichtung einer Synagoge eine Verdrängungspolitik betrieben, der die Welt bislang tatenlos zugesehen hat. Jetzt hat zum ersten Mal eine Gruppe unter dem UN-Generalsekretär Ban Ki Moon, die hochkarätig besetzt war, mit Frau Clinton, Herrn Blair, dem russischen Außenminister Sergej Lawrow und der EU Außengesandten Catherine Ashton, Israel aufgefordert, die Siedlungstätigkeit einzustellen und alle Bauten, die nach dem März 2001 errichtet wurden, abzureißen. Wer da wohl als erstes zurückrudert oder plötzlich verstirbt?

Sonntag, 28. März 2010

Frau Clinton ist schon zurück gerudert und musste Herrn Netanjahu die unverbrüchliche Solidarität der Amerikaner versichern. Und der zeigte sich noch beleidigt über die Kritik in der freien Welt an der Siedlungspolitik in Ostjerusalem. Jerusalem wäre nun mal die Hauptstadt Israels, und da könnten sie machen, was sie wollten. Denn schließlich hätten Juden vor dreitausend Jahren die Stadt gegründet. Hoffentlich melden nicht die Nachkommen von Tschingis Khan mit ähnlichen Argumenten noch Ansprüche an! Also mit anderen Worten: Die Interessen der Palästinenser zählen gar nichts, nur die des „auserwählten Volkes".

Karfreitag, 2. April 2010

In Afghanistan ist eine deutsche Patrouille von Taliban angegriffen worden. Dabei sind drei Soldaten getötet und bis jetzt fünf schwer verletzt worden. Wer beendet endlich diesen sinnlosen Einsatz?

Daimler ist in den USA wegen Korruption und Bestechung angeklagt worden und hat einen Vergleich akzeptiert, der sie 185 Mio.$ kostet. Das Verrückte an der Sache ist, dass die angeklagten Fälle alle nicht in den USA stattgefunden haben, und auch keine amerikanischen Firmen dadurch geschädigt wurden. Aber, weil Daimler in den USA börsennotiert ist, darf das Land sich schamlos als weltweiter Richter aufspielen. Interessant wäre zu wissen, wie viele jüdische Anwälte beteiligt waren und was die abgezockt haben.

Donnerstag, 8. April 2010

Weil das Abzocken von Daimler so gut geklappt hat, haben die Anwälte nachgezogen und jetzt Toyota verklagt, weil die Fahrzeuge angeblich zu viele Mängel hätten. Wieder soll eine Umverteilung von Firmengelder in die Taschen der Anwälte und Richter stattfinden. Das Rechtssystem, wenn man das überhaupt so nennen kann, in den USA, ist alles andere als gerecht!

Mittwoch, 14. April 2010

Die anstehende Landtagswahl in NRW am 9. Mai lässt die etablierten Parteien um ihre Pfründe zittern. Nach den Umfragen hat weder die jetzt regierende Schwarz-Gelbe Koalition unter Rüttgers eine Mehrheit, noch eine Rot-Grüne. „Wahlsieger" werden wohl die Nichtwähler werden.

Die falsche Entscheidung von Deutschland, den Euro als Währung zu übernehmen, und diesen auch Ländern anzudienen, die manipulierte Zahlen vorgelegt haben, rächt sich jetzt brutal. Noch wird versucht, nur mit Bürgschaften für Griechenland über die Runden zu kommen. Aber im Endeffekt werden die „gesunden" Länder, an erster Stelle Deutschland, zahlen müssen. Durch die Tatsache, dass andere Länder noch erheblich schlechter dastehen, als Deutschland, wird eine dringend nötige Einsparungswelle verhindert. So wird darüber hinweg gesehen, dass die Kommunen in der Mehrheit nicht einmal mehr die Mittel haben, um Frostschäden an den Straßen zu beseitigen. Als Fazit ist zu ziehen, dass es nicht einmal Deutschland möglich sein wird, seine riesigen Schulden jemals wieder abzubauen, geschweige denn, Länder wie Griechenland, Portugal oder Spanien!

Freitag, 16. April 2010

Erneut sind in Afghanistan deutsche Soldaten umgekommen. Diesmal hat es vier getroffen und es gab mehrere Verletzte. Die Kanzlerin hatte nichts Eiligeres zu tun, als zu betonen, dass das kein Grund für einen Rückzug wäre. Vielleicht ist das aber eine taktische Äußerung, denn wenn sie öffentlich Zweifel anmelden würde, wäre das ein Grund für die Taliban verstärkt die deutschen Soldaten zu attackieren. Trotzdem müssen die Entscheider endlich erkennen, dass dieser Konflikt nicht zu gewinnen ist. Und dann ist es ehrenhafter, sich rechtzeitig zurückzuziehen, als weiter Menschen zu opfern!

Freitag, 23. April 2010

Frau Merkel hat im Bundestag den Afghanistan Einsatz mit hergesuchten Argumenten verteidigt. So würde dort angeblich auch unsere Sicherheit erkämpft. Dabei hätten wir Sicherheit in dieser Richtung genug, wenn wir die Karte „Deutsch – Arabische Freundschaft" offensiv spielen würden. Aber der Druck der Amerikaner und damit natürlich der Juden ist viel zu groß, als dass wir so handeln könnten.

Montag, 26. April 20102

Noch wird sich von Merkel und Co. geziert, aber der Beschluss, dass Deutschland den größten Batzen an dem Hilfspaket für Griechenland übernehmen muss, steht fest. Die Milliardenbeträge, um die es geht, sind gar nicht mehr fassbar. Dass Griechenland bei unseren deutschen Firmen und Banken sowieso schon tief in der Kreide steht, scheint keine Rolle zu spielen. Hauptgläubiger ist wieder einmal die unselige Hyporealestate, die dem deutschen Steuerzahler schon Unsummen gekostet hat.

Freitag, 30. April 2010

In den verschiedensten Talkshows werden wir Deutschen von Griechen beschimpft, weil wir nicht sofort bereit waren, mit Milliardenbeträgen dem maroden Land zu helfen. Sehr unangenehm wird es dann, wenn dabei an die Besetzung Griechenlands durch die deutsche Wehrmacht erinnert wird. Als wenn das nicht schon genug „wiedergutgemacht" wurde. Dass sich auch Michel Friedman auf die Seite der Griechen schlägt, angeblich um den Euro zu retten, hat bestimmt mit seinem Freund bei der Hyporealestate zu tun.

Mittwoch, 5. Mai 2010

Das Hilfspaket für Griechenland ist geschnürt, aber die Griechen selbst scheinen ihre Lage völlig falsch einzuschätzen. Vor allem die kommunistischen Gewerkschaften meinen mit Streiks eine Besserung oder was auch immer, herbeiführen zu können. Wenn, wie heute, das gesamte Wirtschaftsleben in Griechenland lahmgelegt wird, rückt eine Rückzahlung von Krediten in immer weitere Ferne. Wir Deutschen werden wieder einmal als Retter gebraucht, obwohl wir selbst unsere Schulden nie werden zurückzahlen können. Verantwortlich für dieses Desaster ist natürliche wieder keiner, obwohl ich meine, dass es genügend Schuldige gäbe, die dringend vor den

Kadi geschleppt werden müssten. Bei dieser ganzen Angelegenheit zeigt sich wieder ganz deutlich, dass Deutschland im Ausland nur geliebt wird, wenn es bereit ist zu zahlen, egal wofür!

In Amerika, im Golf von Mexiko, ist eine Ölplattform explodiert und untergegangen. Da das Öl weiter aus dem Bohrloch sprudelt, gibt es jetzt eine Ölkatastrophe. So etwas dürfte nie passieren und ist nur mit Pfusch zu erklären, zeigt aber auch gleichzeitig, auf welchen Ölreserven die Welt noch sitzt.

Freitag, 7.Mai 2010

In Großbritannien ist gewählt worden. Obwohl die Labour Partei starke Verluste hinnehmen musste, gibt es noch keinen klaren Gewinner. Ausschlaggebend sind wohl die Liberaldemokraten.

In Deutschland steigt die Spannung wegen der NRW Wahl am Sonntag. Es scheint wieder ein Kopf an Kopf Rennen zu geben. Die SPD und die Linken/Grünen profitieren von einem schwachen Ministerpräsidenten Rüttgers. (Harald Schmidt sagte gestern in seiner Show: Der Ministerpräsident Rüttgers wäre jetzt auf einer Kennenlerntour unterwegs. Fachleute würden sagen, dass er das lieber hätte sein lassen sollen)! Jetzt steht auch die Schwarz-Gelbe Mehrheit im Bundesrat auf dem Prüfstand. Nichts gewinnen wird die FDP nach den Fehlern bei ihrer Regierungsbeteiligung im Bund. Zunehmen werden die Nichtwähler, und ich bin aus Überzeugung dabei!

Montag, 10. Mai 2010

Die NRW Wahl ist so abgelaufen wie befürchtet und erwartet. Schwarz-Gelb ist abgewählt und Rot-Grün hat keine Mehrheit, da auch die Linkspartei den Sprung in den Landtag, wenn auch nur ganz knapp, geschafft haben. Dass Jürgen Rüttgers sein Amt mit ziemlicher Sicherheit verloren hat, ist nicht weiter schlimm, aber in Berlin wird der Verlust der Bundesratsmehrheit für die Regierungs-

parteien schwerer wiegen. Wahrscheinlich läuft es in NRW auf ein
Große Koalition heraus.

Gegen den Euro wird massiv spekuliert, von wem kann man
sich vorstellen. Um die EU- Gemeinschaftswährung zu retten, sind
die Länder jetzt wirklich zu Sparmaßnahmen gezwungen. Vielleicht
ist dadurch doch noch etwas zu retten, aber die Skepsis bleibt!

Freitag, 20. Mai 2010

Zur Rettung des Euro hat der Bundestag beschlossen, dass
Deutschland eine Bürgschaft über unvorstellbare 148 Milliarden
Euro übernimmt. Eine Bürgschaft für „faule" Staatsanleihen von in
Schwierigkeit steckenden EU Ländern. Das Münchener Ifo-Institut
spricht von einer Entscheidung, die den Interessen Deutschlands
widerspricht. Das ist auch meine Meinung, und meine Sorge um die
Zukunft Deutschlands steigt.

Im Golf von Mexiko ist das Leck noch immer nicht geschlossen, und das Öl verseucht die ganze Region. BP soll die Kosten
tragen, aber das wird auch der Konzern nicht schultern können.

Freitag, 28. Mai 2010

So langsam wird den Politikern der Heiligenschein von dem
Haupt gerissen. In Talkshows wird jetzt offen an dem verantwor-
tungslosen Umgehen mit Geld Kritik geübt. Eine Aussage eines
Unternehmers hat mir besonders gefallen. Er sagte, dass unsere
Politiker auch bei einem Mehrwertsteuersatz von 50% noch Schulden produzieren würden. Warum ist so ein kompetenter mittelstän-
discher Unternehmer nicht in der Politik? Nein, leider wird immer
deutlicher, dass nicht die besten, sondern meist nur die Blender, in
der Politik sind. Auch unser Bundespräsident hat gezeigt, dass er
nicht der Schlauesten einer ist. In einem spontanen Interview, wo
die Antworten nicht von seinen Mitarbeitern ausgearbeitet wurden,
hat er in etwa gesagt, dass wir als Exportnation unsere Handelsinte-

ressen auch durch die Bundeswehr freikämpfen müssten. Diese Aussage passte vielleicht in die dreißiger Jahre und der Vergleich mit einem Vorgänger, nämlich Heinrich Lübke, der an Demenz litt, drängt sich auf.

Der Euro verliert gegen den Dollar, der ja schon durch die unfassbar hohen Schulden der USA eine Schwachwährung ist. Die Mehrheit der Deutschen sehnt die Deutsche Mark wieder zurück. Die Franzosen haben die Deutschen mit einem Rettungsplan für den Euro überfahren, denn damit wurden hauptsächlich französische Banken gerettet. Merkwürdig ist schon, dass die Geldpolitik der EU hauptsächlich in französischer Hand liegt, wo doch Frankreich in früheren Jahren immer wieder seinen Franc gegen die DM abwerten musste. Also offensichtlich nicht so gut mit Geld umgehen konnte, wie die Deutschen. Als Zahlmeister und Bürge kann unser Land jetzt die Machenschaften Frankreichs stützen. Ein jüdischer Einfluss scheint auch eine nicht unwichtige Rolle zu spielen, denn Herr Sarkozy und Herr Strauss-Kahn gehören mehr oder weniger zu denen.

Dass überall massiv gespart werden muss, scheint erkannt worden zu sein. Aber wie immer wird man für Sparmaßnahmen eintreten, die einen selbst nicht betreffen. Welche riesigen Möglichkeiten es geben würde, wenn die Politik Weitblick und Mut aufbringt, haben Fachleute in der Wirtschaftswoche dargelegt. Nur ein Beispiel: 70 Milliarden ließen sich einsparen durch Abschaffung der Solarförderung!:

Montag, 31.Mai 2010

Als Antwort auf meine Anfrage beim Justizministerium, ob jeder sich sein Gericht selbst aussuchen könne, bekam ich zur Antwort, dass das für Leute, die überörtlich beschuldigt würden, der Fall wäre. Denn als merkwürdig empfand ich, dass Stasi-verdächtige immer vom Oberlandesgericht Hamburg entlastet wurden. Hier scheinen Sympathisanten zu sitzen. Offensichtlich hat das Ministerium aber auch mitbekommen, dass da etwas im Argen liegt und geändert werden muss.

Der Bundespräsident Köhler ist heute zurückgetreten. Er fühlte sich missverstanden und nicht genügend unterstützt. Ich habe zwei Seelen in meiner Brust, denn bis auf seine unglaubliche Äußerung zum Auftrag der Bundeswehr, empfand ich ihn als nicht so schlecht, wie einige Vorgänger.

Unglaubliches hat sich Israel heute geleistet. Es hat im internationalen Gewässer, Schiffe mit Friedensaktivisten, die die Palästinenser im Gazastreifen mit Hilfsgütern versorgen wollten, überfallen und nach Israel gebracht. Es soll mindestens 10 Tote gegeben haben. Jetzt müsste eigentlich die Weltöffentlichkeit endlich wach werden und merken, was für ein Terrorregime in Israel herrscht.

Mittwoch, 2. Juni 2010

Schon am 30. diesen Monats soll ein neuer Bundespräsident gewählt werden. Favoritin ist im Moment Ursula von der Leyen.

Die von Israel festgesetzten Aktivisten werden nun nach Verhören wieder **abgeschoben**, wie es frecherweise in unseren Nachrichten verbreitet wird. Abschieben kann man nach meiner Meinung nur welche, die widerrechtlich eingedrungen sind, nicht aber gekidnappte Personen. Die Empörung gegen die israelische Aktion ist weltweit zu vernehmen. Zumal auch Politiker und Prominente an Bord der überfallenen Schiffe waren. So auch der Bestsellerautor Henrik Mankell, der sich nach seiner Freilassung drastisch äußerte und von Piraterie und mehr sprach. Nur in Deutschland hält sich die Empörung noch in Grenzen, - die Umerziehung hat anscheinend gefruchtet.

Freitag, 4. Juni 2010

Die Koalition hat sich jetzt auf Christian Wulff, den jetzigen Ministerpräsidenten von Niedersachsen, als Bundespräsidentenkandidat festgelegt. Somit ist er auch aus dem Rennen, um Angela Merkel Konkurrenz zu machen. Schon bewundernswert, wie die das schafft, sich alle vom Hals zu schaffen. Auch der Hesse Koch will sich aus der Politik verabschieden, und der war einmal mein Favorit für die Führung in Deutschland. Aber danach hat er mein Vertrauen verspielt, indem er z.B. Herrn Hohmann ausrangierte. Jetzt will er in die Wirtschaft, - hoffentlich hat er nicht auch eine Dankbarkeitsangebot von Frau Madeleine Albright, wie der unselige Joschka Fischer!

Sonntag, 6.Juni 2010

Die SPD hat zusammen mit den Grünen einen eigenen Kandidaten aus dem Hut gezaubert. Es ist der Namensgeber der Gauck Behörde und auch nach meiner Meinung ein geeigneter Kandidat. Dass nun plötzlich auch FDP- und CDU Politiker der Presse ihre Sympathie für Herrn Gauck offenbaren, obwohl ihr Kandidat doch Christian Wulfff ist, zeigt die Führungsschwäche und Zerrissenheit in der Koalition. Ein Opposition ist gar nicht mehr nötig, denn die kommt schon genug aus den eigenen Reihen. Besonders die einstmals von mir hochgeschätzte CSU tut sich hier besonders hervor. Vor allem wenn aus dem von Philipp Rösler (FDP) geleiteten Gesundheitsministerium Vorschläge zur absolut nötigen Gesundheitsreform kommen, ist der Koalitionspartner als Gegenpart zur Stelle. So kann nichts Vernünftiges von der Regierung erwartet werden!

Dienstag, 8. Juni 2010

Die Schwarz/Gelbe Koalition hat sich auf ein Sparprogramm in Milliardenhöhe verständigt. Ob es ausgewogen ist, kann ich nicht beurteilen, aber anscheinend andere. Denn der Proteststurm gegen die Kürzungen, vor allem im Sozialbereich, ist sofort losgebrochen. Es kommen noch harte Auseinandersetzungen auf uns zu. Wobei das allzu menschliche wieder herrlich zu studieren ist: Sparen ja, aber bitte bei den anderen! Ob alle Sparbemühungen wirklich zu einem Nutzen der deutschen Bevölkerung führen, ist sehr zweifelhaft. Denn je besser wir dastehen, umso mehr wird von uns erwartet, dass wir anderen helfen. Es ist nun einmal eine Tatsache, dass Deutschland bei den meisten Ländern nur als Zahlmeister geliebt und geachtet wird. Ich bin kein Finanzexperte, meine aber trotzdem beurteilen zu können, dass es weltweit einen Währungskollaps geben muss. Nicht nur die Euro Länder sind überschuldet, nein, auch andere wie Japan und vor allem Amerika sind unvorstellbar hoch in den Miesen.

Donnerstag, 10. Juni 2010

Der Bundeswirtschaftsminister, Rainer Brüderle FDP, hat die Milliardenbürgschaft für Opel abgelehnt. Sofort schreien die Ministerpräsidenten der Bundesländer mit Opelstandorten auf, und das Schlimmste ist, dass die Kanzlerin den Koalitionspartner brüskiert, indem sie sagt, dass das letzte Wort darüber noch nicht gesprochen ist. Wir werden nach wie vor schlecht regiert!

Sonntag, 13. Juni 2010

Plötzlich scheint auch der letzte Hoffnungsträger der Deutschen, Freiherr Karl-Theodor zu Guttenberg, hinschmeißen zu wollen. Wegen der Kundus Affäre hat das Kanzleramt hinter dem Rücken des Verteidigungsministers geschnüffelt, wahrscheinlich um ihm zu schaden. Die Opposition sieht sich nun plötzlich ohne eigenes Zutun im Aufwind. Hoffentlich hat sie sich da man nicht zu früh gefreut, denn die Wirklichkeit ist, dass sich die Bevölkerung immer mehr von der Politik abwendet, gleich von welcher Seite. Auch in NRW ist es auch ein Monat nach der Wahl noch nicht gelungen, eine Regierung zustande zu bringen. Alle Möglichkeiten wurden durchgespielt und wieder verworfen. Lächerlich ist die Rolle von der SPD Chefin Hannelore Kraft. Sie sieht die SPD im Aufwind, obwohl die Stimmen verloren hat; aber die CDU hatte noch mehr verloren, den Kopf aber noch gerade vorne behalten. Dazugewonnen hatten nur die Grünen, weil sie geschafft hatten, ihre Klientel zur Wahlurne zu bringen. Jetzt will die Frau Kraft aus der Opposition heraus die geschäftsführende Regierung Rüttgers blockieren. Auch der Loser, Jürgen Rüttgers meint noch, die Bevölkerung weiter mit seiner Anwesenheit nerven zu müssen, dabei gehört er schon längst in hintere Glied. Hat die CDU wirkliche keine Alternative, die einer Großen Koalition vorstehen könnte?

Donnerstag, 17. Juni 2010

Die Medien überschlagen sich mit der Kritik an der Schwarz-Gelben Koalition. Der angebliche Superstar der Deutschen, Angela Merkel, wird massiv kritisiert und von ihrem Thron gezogen. Es werden schon Wetten darüber abgeschlossen, wann die Koalition aufgibt. Herr Westerwelle ist noch ein einziges Nervenbündel und Herr Niebel mit Staatssekretärin Gudrun Kopp sind abgetaucht. Nach dem furiosen Auftaktspiel der deutschen Nationalmannschaft bei der WM in Südafrika hofft die Politik auf einen Ablenkungseffekt.

Auch in NRW ist noch keine Lösung der, durch das Wahlergebnis erzeugten Probleme, zu erkennen. Das Wursteln geht weiter. Jetzt streben die SPD und die Grünen sogar eine Minderheitenregierung an, nur um an die Macht zu kommen. Frau Kraft hatte so eine Konstellation bislang vehement abgelehnt. Aber was kann man schon auf Politikeraussagen geben?

Mittwoch, 23. Juni 2010

Jürgen Rüttgers hat endlich erkannt, dass mit ihm kein Staat zu machen ist. Er will seine Ämter aufgeben und nur noch „einfacher Abgeordneter" im NRW Landtag sein. Die geplante Minderheitskoalition unter Frau Hannelore Kraft (SPD) und Sylvia Löhrmann von den Grünen hat schon bekanntgegeben, wofür sie neues Geld ausgeben will. Also mit anderen Worten, dass neue Schulden geplant sind. Hirnrissig! Es lohnt bald wirklich nicht mehr, sich überhaupt mit der Tagespolitik zu beschäftigen, zumal ein Wortbruch den anderen ablöst. Noch vor Tagen hatte Frau Kraft eine Minderheitsregierung ausgeschlossen und eine Zusammenarbeit mit den Linken abgelehnt. Jetzt hofft sie bei der Ministerpräsidentenwahl dringend auf deren Unterstützung. Noch lenkt die Fußballweltmeisterschaft die Bevölkerung ab, aber die Euphorie hat nach der Niederlage gegen Serbien eine Dämpfer bekommen. Heute Abend entscheidet nun das Spiel gegen Ghana, ob unsere Mannschaft noch im Turnier bleibt.

Montag, 28. Juni 2010

Der Fußball hat uns wenigstens nicht enttäuscht, denn nach einem Zittersieg gegen Ghana, wurde England deklassiert und mit einer 4:1 Niederlage nach Hause geschickt. Bemerkenswert dabei war ein nicht gegebenes Tor für England, obwohl der Ball nach einem Lattenkracher hinter der Linie aufkam. Diese Fehlentscheidung glich die von 1966 bei dem sogenannten Wembleytor aus, bei dem Deutschland benachteiligt wurde. Aber auch dieses Tor hätte den Spielverlauf nicht geändert, denn die deutschen Spieler waren in Topform. Das kann man immer noch nicht von den Politikern sagen, denn ein Milliarden teures Gipfeltreffen der G8, und später der

G20 Staaten, brachte so gut wie keine Ergebnisse. Vor allem bei geplanten Einschränkungen von spekulativen Bankengeschäften haben die jüdischen Lobbyisten gute Arbeit geleistet, so dass fröhlich weiter betrogen werden kann.

Übermorgen soll nun der neue Bundespräsident gewählt werden. Herr Wulff wird es wohl werden, aber ich könnte auch mit Herrn Gauck leben.

Mittwoch, 30. Juni 2010

Das war eine Klatsche für die Bundeskanzlerin, denn ihr Kandidat für den Präsidentenposten wurde erst im dritten Wahlgang gewählt. Dabei hatten die Schwarz-Gelben in der Bundesversammlung die Mehrheit von 48 Stimmen. Noch nicht einmal im dritten Wahlgang sind alle Stimmen der Koalition für Herrn Wulff abgegeben worden. Das hat nichts mit der Qualität von Christian Wulfff zu tun, nein, das war eine Abrechnung mit der Führung. Obwohl ich das in etwa nachvollziehen kann, meine ich doch, dass es für eine Abrechnung andere Möglichkeiten gegeben hätte. Dieses praktizierte Affentheater fördert nur noch weiter die Politikverdrossenheit.

Montag, 5. Juli 2010

Wenigstens die deutschen Fußballer schlagen sich gut in diesen Zeiten. Bei der WM in Südafrika haben sie vorgestern Argentinien deklassiert und sind ins Halbfinale eingezogen. Dass solche Erfolge sich positiv auf die Stimmung einer ganzen Nation auswirken können, zeigt, wie viel Psyche beim menschlichen Handeln eine Rolle spielt. Auch die Politiker können aufatmen, denn sie sind erst einmal aus den Schlagzeilen. Nur die Linken haben ein ungutes Gefühl bei dem überall demonstrierten Nationalbewusstsein, das man schon für Deutschland als überwunden gehalten hatte.

Dienstag, 6. Juli 2010

Auch in Israel würden deutsche Fahnen geschwenkt und mit den Deutschen für den Fußball – Weltmeisterschaftstitel gefiebert, steht in der Zeitung. Vielleicht ist daraus zu entnehmen, dass es langsam zu einer Entkrampfung des Verhältnisses kommt. Aber es scheint noch ein weiter Weg zu sein, denn gestern wurde z.B. in den Radionachrichten verbreitet, dass die Türkei von Israel verlangt, dass es sich für den Überfall, mit neun türkischen Toten, auf den Hilfstransport für die Palästinenser im Gazastreifen, entschuldigt. Herr Netanjahu hat das aber abgelehnt, und die Türkei droht nun mit dem Abbruch der diplomatischen Beziehungen. In den Abendnachrichten, weder in der Tagesschau noch in Heute wurde dieselbe Meldung ausgestrahlt. Wahrscheinlich hatte der Zentralrat der Juden inzwischen Einfluss auf die Medien genommen.

Donnerstag, 8. Juli 2010

Die deutschen Fußballer sind an Spanien gescheitert. Trotzdem ist ihre Leistung in diesem Turnier schon anzuerkennen, denn unter die letzten Vier von Zweiunddreißig zu kommen, ist nicht selbstverständlich, zumal so starke Nationen wie Frankreich, Italien und England schon früh ausgeschieden sind. Aber nun ist die Ablenkung durch den Fußball vorbei, und die Politik wird wieder mehr wahrgenommen werden. Ob das besser für die Bevölkerung ist, möchte ich bezweifeln.

Sonntag, 11. Juli 2010

Noch einmal hat der Fußball die Nation geeint, denn im Spiel um den dritten Platz wurde eine starke uruguayische Mannschaft niedergerungen. Der neue Bundespräsident Wulff übergab die Medaillen – ein noch etwas gewöhnungsbedürftiges Bild.

Die deutsche Wirtschaft profitiert unerwartet von der Schwäche der anderen Euroländer und dem ungebremsten Wachstum in den Schwellenländern. Ob das nur eine Blase ist, oder etwas Dauerhaftes, muss sich noch erweisen. Angeblich soll die Binnenkonjunktur auch anziehen, ausgelöst durch Furcht vor einer bevorstehenden Inflation. So erwartet man eine Belebung im Bausektor durch eine Flucht in Sachwerte.

Dienstag, 20. Juli 2010

Um sich von innenpolitischen Problemen etwas abzulenken, war Angela Merkel in Russland und China unterwegs. Eine richtige Strategie, denn etwas Abstand zu den USA tut Deutschland gut.

In Deutschland wartete ein erneuter Rücktritt eines CDU Politikers auf sie. Der Hamburger Bürgermeister Ole von Beust hat hingeschmissen. (wegen Frau Merkel?). Auf alle Fälle ist damit das Schwarz-Grüne Experiment in Hamburg gefährdet. Hier ist von einer Bürgerinitiative das Schulexperiment mit einer Grundschulzeit von sechs Jahren zu Fall gebracht worden. Die grünen Kampfhühner laufen aufgeschreckt durcheinander, und das öffentlich-rechtliche Fernsehen will uns glauben machen, dass der Rücktritt nichts mit den Grünen zu tun hätte. Nein, das Experiment Schwarz-Grün wäre ein Erfolgsmodell! Dafür habe ich noch keine Anzeichen bemerken können. Mal sehen was passiert, wenn ein nicht so weicher Nachfolger das Amt von Ole übernimmt.

Dienstag, 3. August 2010

Da wir uns in der Sommerpause befinden, muss man sich nicht täglich über die Politik ärgern. Nein, man muss sich nur ab und zu an den Kopf fassen, wenn innerhalb der Koalition sich einige wieder beharken, aber das ist man ja inzwischen gewohnt.

Die Holländer haben „die Schnauze voll“ und ziehen ihre Soldaten aus Afghanistan zurück. Warum wir nicht?

Donnerstag, 12. August 2010

Die Medien sind voll von Katastrophenmeldungen, was die in dem Sommerloch natürlich nicht ärgert. Aber es ist wirklich schon erschreckend, was sich in Teilen der Welt abspielt. So wird Russland von einer Hitzewelle und unendlich vielen Waldbränden geplagt. Ganz Moskau lag unter einer Rauchwolke, die sich nur langsam verzieht. In Pakistan sind Millionen von Menschen von einer Flutkatastrophe betroffen, ebenso in China. Auch Deutschland kommt nicht ganz ungeschoren davon, denn im Dreiländereck von Polen, Tschechien und Deutschland hat ein Hochwasser der Neiße große Schäden angerichtet. Und Peru erlebt den kältesten Winter seit ewigen Zeiten. Der Klimawandel ist wohl doch da, nur ich zweifel an den Ursachen, denn nach meiner Meinung ist das CO^2 als Stoff allen Übels nur ausgeguckt worden, weil man dann angebliche Verursacher, wie die Autofahrer, die Kraftwerksbetreiber und die Industrie an den Pranger stellen kann. Merkwürdigerweise wird die Landwirtschaft, die durch die massive Einbringung von Stickstoffdünger Lachgas(N^2O) erzeugt, das wohl nachweislich erheblich stärkeren Einfluss als Treibhausgas hat, völlig ausgenommen. Ein ehrlicher Umgang mit den Problemen ist bei den Wissenschaftlern und Umweltverbänden nicht zu erkennen. Die Ursachen für den Klimawandel liegen wahrscheinlich in Dingen, die der Mensch nicht beeinflussen kann, höchstens verstärken. So muss mit allen Mitteln ein weiteres Abholzen der Regenwälder verhindert werden, und die Geburtenraten in den Entwicklungsländern dürfen nicht weiter steigen.

Interessant ist die Aussage von „Helfern der UNO" in Pakistan, dass auf keinen Fall Islamisten mit in die Hilfen eingebunden werden. Denn die könnten dann an politischem Einfluss gewinnen. Ist die Welt wirklich so verrückt, dass bei solchen Katastrophenereignissen nicht nur an Hilfe für die betroffenen Menschen gedacht wird? Und wieder drängt sich die Frage auf, wer denn Angst vor einer Islamisierung eines ohnehin schon islamischen Landes hat?

Sind die korrupten nach dem Westen ausgerichteten Regierungen denn besser? Nein, es geht wie alles im Nahen Osten nur um wirtschaftliche Interessen und um die Vorherrschaft Israels in dem Gebiet.

Angesichts der wirklich schrecklichen Katastrophen wird wieder an die Spendenbereitschaft der Bevölkerung appelliert, und gerade die Deutschen werden wieder ihre Geldbörse zücken. Millionen wurden für das vom Erdbeben zerstörte Haiti gespendet, und jetzt liegen viele Hilfsgüter beim Zoll des korrupten Inselstaates fest. Man könnte schreien!

Dienstag, 17. August 2010

Die Politik hat sich aus dem Urlaub zurückgemeldet, und die Journalisten freuen sich, dass die Zeit, wo nur von Katastrophen die Rede war, wieder vorbei ist. In der Koalition fliegen sofort wieder die Fetzen, sogar in den einzelnen Parteien. So werden Überlegungen des CSU Verteidigungsministers zu Guttenberg, die Wehrpflicht abzuschaffen, von dem CSU - Generalsekretär zurückgewiesen, und Frau Merkels erste Äußerung nach dem Urlaub war eine Kritik an Guido Westerwelle, wegen eines erneuten Vorstoßes in Richtung Steuersenkung. Dabei wäre diese sogar möglich, weil die Wirtschaft unerwartet boomt.

Montag, 23. August 2010

Es tut sich was! In Zeitungsanzeigen haben Prominente in großer Zahl sich für die Weiterführung der Kernkraft ausgesprochen. Unter ihnen Friedrich Merz und Wolfgang Clement. Als ich nun versuchte Herrn Merz aufzufordern, mit den anderen Unterzeichnern, eine neue Partei zu gründen, stellte ich fest, dass diese Aufforderung, bzw. Bitte, schon von unzähligen anderen ins Netz gestellt worden ist. Hoffentlich werden die Bitten gehört und das Vakuum auf dem Rechtsliberalen Flügel aufgefüllt. Das würde endlich einmal wieder eine Hoffnung für Deutschland geben.

Auf den toten Jörg Haider wird weiter herumgehackt. Angeblich sind Dokumente gefunden worden, die beweisen, dass er von Saddam Hussein gesponsert worden sei. Dass der Irak ohne Kriegserklärung und mit falschen Anschuldigungen von der Bush Regierung überfallen worden ist, und dass dort immer noch Chaos herrscht, ist keine Meldung mehr wert. Das Kriegsverbrechertribunal in Den Haag könnte ich nur ernst nehmen, wenn auch George W. Bush dort vorgeladen worden wäre.

Dienstag, 24. August 2010

Zunehmend werden Kommunalpolitiker unter Druck gesetzt, Straßennamen zu ändern. „Historiker" haben dann nach 70 Jahren plötzlich herausgefunden, dass die Namensgeber Sympathisanten der Nazis waren. So wurde in Lage sang und klanglos die Agnes-Miegel-Str. umbenannt, und jetzt ist man dabei den Hindenburg zu demontieren. Unsere angepasste schweigende Mehrheit leistet natürlich keinen Widerstand, und so kann man nur warten, wann denn Wilhelm Busch, Martin Luther oder andere wegen judenkritischer Äußerungen aus den Straßennamen verbannt werden. Nur unser schwacher Staat lässt sich seine Vergangenheit diskreditieren, aber nur aus einer Richtung, denn in der ehemaligen DDR wimmelt es noch von Straßennamen mit kommunistischen Größen. In der Regel wird dann der auszuwechselnde Name mit dem eines Juden ersetzt, wie z.B. Einstein. Damit ist man immer auf der sicheren Seite, was auch die Vergeber des „Friedenspreises des deutschen Buchhandels" erkannt haben, denn die große Mehrheit der so ausgezeichneten waren Juden.

Sonntag, 29. August 2010

Dass Politiker immer weniger erst genommen werden, haben viele sich selbst zuzuschreiben. So rückt die Kanzlerin plötzlich in den Fokus der Öffentlichkeit, weil herausgekommen ist, dass ihre Grillparty mit George W. Bush 2006 dem Steuerzahler unglaubliche 8,7 Mio. Euro gekostet hat. So etwas können nur Leute ohne Gewissen veranstalten!

Montag, 30. August 2010

Thilo Sarrazin ist erneut in den Schlagzeilen, denn er hat ein Buch geschrieben mit dem Titel:
Deutschland schafft sich ab. Darin setzt er sich kritisch mit der zugewanderten Unterschicht auseinander. Ein Aufschrei der Gutmenschen, der Türken, Juden und anderen, die so tun müssen, als wenn sie entsetzt sind, wird registriert. Herr Sarrazin bringt jetzt vor allem die SPD, der Mitglied er noch ist, gegen sich auf. Die wollen ihn nun im zweiten Versuch aus der Partei katapultieren. Darüber wird er wohl gut hinwegkommen, denn der ehemalige Finanzsenator von Berlin und jetzige Vorstandsmitglied der Bundesbank, wird die Reaktionen wohl einkalkuliert haben. Dass das Internet voll ist von Anhängern der Thesen von Sarrazin wird in den kontrollierten Medien natürlich verschwiegen. Denn dass der Mann in großen und ganzen Recht hat mit seiner Einschätzung der, vor allem, Migranten aus Anatolien, steht außer Frage. Die unehrlichen Kommentare in gebührenfinanzierten Medien, sind dann dazu angebracht, um die Befürworter der Thesen von Sarrazin wieder auf den „richtigen" Weg zurückzuführen. So wurde behauptet, dass die Ausländer ausgegrenzt würden und wir also Schuld wären, an den Problemen mit ihnen. Dazu kann ich nur sagen, dass in Zeiten der Anwerbung der „Gastarbeiter" keine Ausgrenzung stattgefunden hat. Im Gegenteil die fleißigen Menschen wurden allgemein begrüßt. Erst als der „Schrott" nachgezogen kam, ein Versäumnis der Politik!, und die

Probleme sich häuften, weil keine Anpassungsbemühungen zu erkennen waren, begann eine Abgrenzung. Hoffentlich behält Herr Sarrazin seinen Mut!

Donnerstag, 2. September 2010

In der Fernsehsendung „Hart aber Fair" sollte Herr Sarrazin zum Abschuss freigegeben werden. Dazu waren eine Türkin, die die Integration offensichtlich geschafft hatte, und natürlich das Ekelpaket Michel Friedman vorgesehen. Einen Verteidiger seiner Thesen hatte Sarrazin in Professor Arnulf Baring. Die Sendung hatte wohl eine unglaubliche Einschaltquote, und nach einer Schlammschlacht von Friedman angefacht, wurden die Zuschauerreaktionen ausgebreitet, und siehe da, die weit aus größte Mehrheit unterstützte das Anliegen von Sarrazin! Aber ich bin sicher, dass die Politiker daraus keine Arbeitsanweisung erkennen.

In Amerika wird erneut der untaugliche Versuch unternommen, einen Frieden zwischen Israelis und Palästinensern herbeiführen. Er wird nicht gelingen!

Sonntag, 5. September 2010

Herr Sarrazin beherrscht die Tagespolitik und zwar mit wachsendem Erfolg für sich. Sein Buch ist überall ausverkauft und 20% der Deutschen könnten sich vorstellen, ihn zu wählen, wenn er eine Partei gründen würde. Plötzlich ist sogar bei der Kanzlerin eine Zurückrudern zu erkennen. So will sie plötzlich verbindliche Richtlinien für das Verhalten von Migranten aufstellen lassen, und die Bildzeitung findet plötzlich nichts mehr dabei, wenn Missstände in der Öffentlichkeit diskutiert werden und nicht nur am Stammtisch. Was für eine Chance hat die FDP vertan, den freien Raum für National – Liberale auszufüllen. Eine Zustimmung von 12% wäre ihnen sicher gewesen!

Spaßeshalber habe ich mir mal ein Wunschkabinett zusammengestellt, über das man lange diskutieren könnte. Leider wird das so nie verwirklicht werden können, obwohl darin eine große Hoffnung läge. Dass keine FDP Kandidaten berücksichtigt werden konnten, liegt an denen selbst. Bei der Zusammenstellung konnte auch ohne Probleme auf fünf Ministerien verzichtet werden, bzw. die konnten in andere integriert werden.

Kanzler würde demnach *Friedrich Merz*.

Außenminister: *Roland Koch*

Justizminister: *Peter Gauweiler*

Wirtschaftsminister: *Freiherr von Guttenberg*. Hier eingegliedert werden Verkehrsministerium und Ministerium für Entwicklung .

Umweltminister: *Wolfgang Clement*. Einschließlich Landwirtschaft und Verbraucherschutz.

Arbeits- und Sozialminister: *Thilo Sarrazin*. Einschließlich Familie und Forschung.

Innenminister: *Markus Söder*

Finanzminister: *Professor Paul Kirchhoff*

Verteidigung: *Jürgen Trittin*

Gesundheit: *Frau von der Leyen*

Samstag, 11. September 2010

Erika Steinbach, die Vorsitzende der Vertriebenenverbände, hat sich vor Vorstandsmitglieder gestellt, die geäußert hatten, dass Polen schon ein halbes Jahr vor dem Überfall der Deutschen mobil gemacht hatten. Das ist eine historische Wahrheit, die aber nicht in die Welt der passt. Denn wir suhlen uns in Masochismus, von wegen Alleinschuld der Deutschen in allen Fällen. Der Aufschrei der Politiker und deren, die sich dafür halten, war entsprechend. Jeder vernünftige Mensch weiß, dass die Wahrheit immer in der Mitte liegt, und dass Deutschland bestimmt keine Alleinschuld am Krieg hat. Die Ursache liegt nämlich größtenteils in dem Diktat nach dem ersten Weltkrieg, aber das führt hier zu weit. Empfehlen kann ich zu dieser Thematik nur das Buch: Der Krieg, der viele Väter hatte, von Gerd Schultze-Rhonhof. Die mutige Frau Steinbach habe ich jetzt mit vorgesehen für mein Schattenkabinett als Staatssekretärin im Außenministerium.

Dienstag, 14. September 2010

Durch die schlechten Umfragewerte für die CDU und die FDP kommt endlich, vor allem in der CDU, eine Diskussion in Gange, ob sie noch die konservativen Wähler erreicht. Die Angst geht um, dass sich eine neue Partei rechts von ihnen etablieren könne. Diese ist auch überfällig, denn alle bestehenden Parteien sind momentan nicht mehr wählbar.

In Schweden, wo man vor dreißig Jahren einen Atomausstieg beschlossen hatte, wird jetzt massiv zurück gerudert. Man erlebte eine Kostensteigerung für Strom und eine erhöhte Emission von Treibhausgasen. Jetzt erwägt man sogar den Neubau von Kernkraftwerken. Nur Deutschland diskutiert weiter über die Abschaltung unserer Kraftwerke. Es ist von interessierter Seite eine Angst geschürt worden, die in Deutschland sofort auf fruchtbaren Boden gefallen ist. Der Grund für diese Ängstlichkeit liegt in der Politik der Nachkriegszeit, die uns immer als Schuldige an allem daherkommen lässt. Mit gesenktem Kopf kann man aber auch nicht für Fortschritt und seine Überzeugung kämpfen. Armes Deutschland, das von den 68ern und den Medien beherrscht wird. Beispiel gefällig? : Am 11. September wollte ein durchgeknallter Pastor in Amerika Exemplare des Koran verbrennen. Das hätte einen nicht abzuschätzenden Protest in der islamischen Welt nach sich gezogen, vor allem die Soldaten in Afghanistan hätten darunter leiden müssen. Diese Ankündigung des Pastors wurde nun durch alle Medien immer und immer wieder verbreitet. Wenn man den Spinner ignoriert hätte, brauchte sich auch nicht Herr Obama einzuschalten und nichts wäre passiert!

Dienstag, 28. September 2010

Nach einem Urteil des Bundesverfassungsgerichts müssen die Hartz 4 Sätze transparenter gemacht werden. Die Schwarz-Gelbe Bundesregierung hat das umgesetzt und jetzt veröffentlicht. Berechnungsgrundlage ist das Einkommen von Geringverdienern, und danach werden die Sätze nur um 5€ erhöht. Der Aufschrei der Opposition und der Gutmenschen kam sofort und hysterisch. Dass die deutsche Bevölkerung inzwischen mit ca. € 20 000.- pro Kopf bei Bund, Länder und Gemeinden verschuldet ist, und dass die Sozialkosten der Hauptgrund hierfür sind, spielt keine Rolle. Hoffentlich werden wir nicht in Zukunft von diesen Menschen regiert, aber die Bevölkerung ist beeinflussbar, wie die Umfragewerte für die Grünen zeigen. Es ist ihnen gelungen, was die 68er vorgehabt haben. Sie sind „durch die Institutionen" marschiert und nutzen das jetzt kräftig aus. Auch in den Medien haben sie ihre Helfer, und so wird z.B. eine Angst gegen Atom eingehämmert. Mit wirtschaftlicher Vernunft, oder überhaupt mit Vernunft hat das nichts zu tun. Warten wir ab, was in einem halben Jahr bei der Landtagswahl im Vorzeigeland Baden-Württemberg passiert!

Sonntag, 3. Oktober 2010

Gegen Stuttgart 21, ein Bahnprojekt, das den Kopfbahnhof in einen Durchgangsbahnhof umfunktionieren soll, gehen immer mehr Menschen auf die Straße. Die parlamentarische Demokratie wird dadurch außer Kraft gesetzt. Auf alle Fälle haben in den Jahren der Planung alle politischen Parteien mit Mehrheit für das Projekt gestimmt. Deshalb ist eine Blockade der Bauarbeiten, von Bürgern die alles besser wissen, ungesetzlich. Die Grünen treten jetzt unverhüllt als Förderer der Proteste auf, und die schwankende SPD ist zwar weiterhin für das Projekt, hat aber angeblich viel Verständigt für die Protestler. Ohne beurteilen zu können, ob das Milliardenvorhaben sinnvoll ist, kann nur feststellen, wenn immer dem Protest der Straße nachgegeben worden wäre, gäbe es noch nicht einmal eine Eisenbahn!

Heute jährt sich zum 20. Mal der Tag der Wiedervereinigung. Dass es noch immer große Differenzen zwischen Ost und West gibt, hätte ich so nicht gedacht. Aber das Zusammenwachsen ist nicht aufzuhalten, auch wenn es etwas länger dauert. Gut ist in diesem Zusammenhang auch, dass die Reden zu diesem Gedenktag auch nicht vor der Einheit mit den Migranten haltmachen. Und das, Sarrazin sei Dank, durchaus kritisch. Der Mann scheint wirklich etwas in Bewegung gebracht zu haben, und die SPD verspürt Widerstand in den eigenen Reihen gegen ein Parteiausschlussverfahren!

Freitag, 8. Oktober 2010

In Stuttgart soll der unselige Heiner Geißler als Schlichter zwischen Projektbefürwortern und

-gegnern auftreten. Dass ich mit meiner ablehnenden Haltung ihm gegenüber nicht ganz falsch liege, hat sich gleich bei seinem ersten Auftritt herausgestellt. Er verkündete nämlich einen Baustopp für das Projekt Stuttgart 21, ohne hierfür die Berechtigung eingeholt zu haben. So ist dieser Stopp natürlich auch nicht vollzogen worden. So langsam können wir die Parlamente abschaffen, denn die Straße macht immer öfter die Politik. Für im November geplante Castortransporte nach Gorleben wird schon jetzt unverhohlen zum Rechtsbruch aufgefordert. Warum ist so etwas nicht strafbar, und warum werden die Behälter nicht mit Lastenhubschraubern befördert? Die Demokratie steht auf dem Spiel, wenn es einer Seite, die meint die einzig richtige Meinung zu vertreten, erlaubt wird, die anders denkenden zu diffamieren. So wurde bekannt, dass in Stuttgart Bürger Angst haben, sich eine Befürworterplakette anzustecken. Der Auftraggeber, der Bahnchef Grube, wurde schon mit Mord bedroht.

Mittwoch, 13. Oktober 2010

Guido Westerwelle hat vor einigen Tagen geheiratet. Eigentlich ein normaler Vorgang, wenn nur unser Außenminister normal und nicht schwul wäre. Aber da wir von immer mehr bekennenden Schwulen beiderlei Geschlechts regiert werden, sind die heterosexuellen bald die unnormalen. Sogar ein bislang von mir geachteter Politiker, Ole von Beust (55 Jahre alt) zeigt sich jetzt mit seinem 18 jährigen Lover in der Öffentlichkeit. Toll! Sogar sein Bürgermeisteramt hat er deswegen aufgegeben, also hat sich der Gendefekt schon sehr tief eingefressen.

Deutschland hat einen Sitz im UNO Sicherheitsrat bekommen. Der wird uns außer Kosten nicht viel bringen, denn ein Veto können nur die ständigen Mitglieder einlegen. Trotzdem freut sich die Bundesregierung sehr über den Erfolg.

Im Iran hat ein Computervirus gewütet, vor allem Atomanlagen waren betroffen, und jetzt explodierte Munition in einem Lager der Revolutionsgarden mit achtzehn Toten. Offensichtlich ist der israelische Geheimdienst sehr aktiv. Außerdem bestellte Israel in Amerika

20 Tarnkappenbomber, die mit ihrer Reichweite ohne weiteres den Iran angreifen können. Welchen anderen Sinn sollte der Kauf sonst wohl haben? Aber unsere Zensur, Israel betreffend, funktioniert. Von unter massiven Korruptionsverdacht stehende Politiker, wie Herr Olmert, hört man nichts mehr. Und dass Israel alles daran setzt, die Palästinenser weiter an der Nase herumzuführen, wird hier wohlwollend kommentiert.

Samstag, 16. Oktober

Die Geschichte wiederholt sich. Nach dem ersten Weltkrieg ging es um den verbrecherischen Versailler Vertrag, der alle Deutschen, ob schuldig oder nicht, in die Pflicht der Wiedergutmachung zwang. Das hatte Otto Reutter zu den nachfolgenden Versen veranlasst. Ich habe mir erlaubt, diese dann etwas abzuändern.

Kind komm´ bloß nicht auf die Welt

Kind, sobald du kommst, wird dir die Rechnung schon gebracht,
Noch eh´ du was „gemacht", bist du gemacht.
Mensch, komm´ bloß nicht auf die Welt!
Denn das kost´t ´ne Menge Geld.
Hast vom Leben kaum ´ne Ahnung
Kriegst du schon ´ne Schulden-Mahnung.
Der Franzos kommt an die Wiege:
„Kind, du bist mit Schuld am Kriege",
„Drum bezahl´, du kleiner Held!" ---
Mensch, komm´ bloß nicht auf die Welt!

Kind komm´ bloß nicht auf die Welt

Kind, sobald du kommst, wird dir die Schuld schon nah gebracht,
Noch eh´ du was „gemacht", bist du gemacht.
Mensch, komm´ bloß nicht auf die Welt!
Denn das kost´t ´ne Menge Geld.
Hast vom Leben kaum ´ne Ahnung
Kriegst du schon ´ne Schulden-Mahnung.
Der Jude dir den Kopf zerzaust:
„Kind, du bist mit Schuld am Holocaust",
„Drum schäm´ dich ewig, du kleiner Held!" ---
Mensch, komm´ bloß nicht auf die Welt!

Die letzte Rate unserer Kriegsschulden an die Siegerländer ist bezahlt. Es handelte sich aber nicht um die Zahlung der Kriegsschulden für den zweiten Weltkrieg, nein für den ersten!! Unsere Freunde haben bis jetzt kassiert! Nur Hitler hatte den Mut nicht zu zahlen, aber das werden wir mit Zins und Zinseszins nachgeholt haben.

In einer Fernsehdiskussion wurde beklagt, dass die Deutschen zu Bange wären, um unbequeme Meinungen zu äußern. Es ging hierbei um das Unbehagen gegenüber von arabischen und türkischen Migranten. Aber wer sollte sich an eine solchen Debatte beteiligen, solange das Denken unter Strafe gestellt wird. (siehe Auschwitz).

Freitag, 22. Oktober 2010

In Stuttgart diskutiert ein „Runder Tisch" über den Bahnhofsausbau. Die Gesprächsleitung hat Heiner Geißler, der sich sehr in seiner Aufgabe sonnt. Die Sitzung wird sogar life im Fernsehen übertragen. Ein unnützes Gemache, denn eine Einigung wird dabei nicht herauskommen.

Die deutsche Wirtschaft boomt und die Zahlen überraschen sogar die Fachleute. Es werden mehr Einnahmen in die öffentlichen Haushalte kommen, und die Begehrlichkeiten interessierter Kreis steigen schon wieder. Dabei wäre es angebracht, alles in die Schuldentilgung zu stecken. Trotz guter Zahlen bleibt die Koalition im Meinungstief, und die Grünen sonnen sich bei den selben Umfragen mit unglaublichen 25% Zustimmung. Die SPD, in Person von Herrn Gabriel, rennt hinter jeder Kamera her, um seine Partei herauszuheben. Dabei schwankt er in seinen Positionen gewaltig, weil er nur erzählt, von dem er überzeugt ist, dass das die Öffentlichkeit hören will. Im Moment wird seine Partei deshalb schon als Juniorpartner der Grünen gehandelt. Und die schweigende Mehrheit sieht dem schrecklichen Treiben tatenlos zu. In NRW ist die Rot/Grüne Minderheitsregierung 100 Tage im Amt. Geschickt hat sie bisher eine Gesetzesabstimmung vermieden, aber jetzt muss bald der Haushalt verabschiedet werden. Da wird sie wahrscheinlich scheitern, aber angesichts einer CDU, die sich noch nicht einmal auf einen neuen Vorsitzenden einigen kann, und einer FDP, der auch gerade der Vorsitzende abhanden kam, kann sie getrost Neuwahlen anstreben.

Sonntag, 24. Oktober 2010

Die bislang schweigende Mehrheit rüstet auf. Zum ersten Mal wurde in der ARD ein längerer Bericht über Befürworter des Bahnhofausbaus in Stuttgart gezeigt. Dabei wurde gesagt, dass Befürworter eines Projektes viel schwerer zu motivieren sind, für ihre Meinung auf die Straße zu gehen, als Gegner. Die zehntausend Demonstranten machen Mut, die Meinungsführerschaft nicht den Linken zu überlassen. Es muss sich im Interesse Deutschlands eine Gegnerschaft zu den Sozialisten aufbauen.

Im Internet bin ich auf interessante Fakten zum Tod von Jürgen W. Möllemann gestoßen, der vor nunmehr sieben Jahren beim Fallschirmabsprung zu Tode kam. Meine damals schon geäußerte These, dass er ermordet wurde, erhält hierdurch neue Nahrung. Besonders erschüttert hat mich, dass Monate vor seinem Tod schon eine Fallschirmspringerin, die unwissentlich in seiner Ausrüstung gesprungen war, auch in den Tod sprang!

Mittwoch, 3. November 2010

In Amerika haben die Demokraten von Barak Obama bei den Kongresswahlen stark verloren. Der Stern des Heilsbringers verblasst. Er hat auch besonders hell leuchten können, weil er den verbrecherischen Dummkopf George W. Bush abgelöst hat. Amerika stöhnt über eine schlechte Wirtschaft, hohe Arbeitslosigkeit und eine unglaubliche Verschuldung. Außerdem ist das Selbstwertgefühl der Amerikaner auch durch Obama nicht gestärkt worden. Die angebliche Führungsmacht der Welt bietet ein Bild des Jammers. Niederlagen auf allen Feldern, militärisch wie wirtschaftlich, drücken die Stimmung. Dringend wird wieder ein Ronald Reagan gebraucht, der das amerikanische Selbstwertgefühl wieder aufbaut.

Im Gegensatz zu Amerika hat die Wirtschaft in Deutschland wieder Fuß gefasst. Man scheint in der Krise doch etwas richtig gemacht zu haben.

Der Flugverkehr ist in Alarmbereitschaft, denn in Frachtsendungen wurden Sprengstoffpakete gefunden. Aufgegeben wurden die im Jemen und adressiert an jüdische Einrichtungen in Amerika. Kein Bekennerschreiben, noch sonst etwas, ist bislang gefunden worden. Die Frage drängt sich auf: Weshalb sollte Al Kaida so etwas tun? Einen Grund dafür kann ich nicht erkennen. Ein Interesse daran, die angebliche Gefahr aus den arabischen Ländern hochzuhalten, hat nur Israel!

Montag, 8. November 2010

Merkwürdigerweise musste ein Castortransport gerade am Wochenende nach Gorleben verbracht werden. Dadurch hatten noch mehr Protestler Zeit und Gelegenheit diesen massiv zu behindern. Politiker der Grünen und auch der Linken versuchten hier Profite aus den Demonstrationen zu ziehen, von den Spendensammelvereinen wie Greenpeace oder andere einmal abgesehen. Herr Gysi hat sich kurz auf einem Demonstrationstraktor abbilden lassen und sich dann postwendend zurück nach Berlin begeben. Schmierentheater! Leid tun können einem nur immer die Polizisten, die für uns den Kopf hinhalten müssen. Die erfüllen ja nur ihre berufliche Aufgabe und dürfen deshalb nicht als Gegner der Demonstranten aufgebaut werden. Wenn die nun von denen angegriffen werden, müssten diejenigen, die das machen, hart bestraft werden. Aber leider berichten unsere Medien meistens einseitig aus der Richtung der Protestler, die ja die Weisheit mit Löffeln gefressen haben. Alleine anzunehmen, dass ein Abschalten der deutschen Kraftwerke ein Nachnahmeeffekt in anderen Ländern hervorrufen würde, ist lächerlich. Seit vierzig

Jahren laufen Kernkraftwerke in Deutschland überwiegend problemlos. Wenn es dann noch Sicherheitsbedenken gibt, wäre es normal weiterzuforschen, um diese zu beseitigen. Aber aus einer weltweit praktizierten Technik auszusteigen und in ungesicherte Alternativen zu wechseln, ist abenteuerlich und rückständig. Aber es ist ja schick geworden, gegen alles neue zu protestieren. Nur dadurch werden wir zu einem unregierbaren, rückständigen Land werden, was auch aus einem der seltenen vernünftigen Kommentare im Radio herauszuhören ist: Ein Herr Hubert Maessen monierte das sofortige Protestieren gegen jede Neuerung, wie hier gegen eine geplante Erdgasbohrung. Wenn immer so gehandelt worden wäre, hätte es den industriellen Aufschwung in Deutschland nie gegeben!

Sonntag, 14. November 2010

Gerade habe ich einen alten Schwarz/Weiß Film im Fernsehen gesehen. Der handelte von Amerikanern in Rom. Dabei wurde mir vor Augen geführt, welchen Ansehensverlust Amerika in den letzten Jahren in der Welt erlitten hat. Der Film zeigte netten Amerikaner, bewundert von den Italienern, und in der Realität war das auch so. Als Junge habe ich immer Amerika und seine Bürger für ihr „Nichts ist unmöglich", bewundert. Inzwischen, vor allem nach dem unseligen George W. Bush, tut mir das Land nur noch Leid. Eigentlich unrettbar verschuldet, mit hoher Arbeitslosigkeit, in aller Welt verhasst, und nur noch als Militärmacht erwähnenswert. Die weltpolitischen Gewichte verschieben sich massiv in andere Länder. Auch Barak Obama war nicht der erhoffte Heilsbringer.

Immer mehr Wissenschaftler bezweifeln den prognostizierten Klimawandel. Dieser wurde hauptsächlich von, mit Milliarden Forschungsgeldern geförderten Instituten an die Wand gemalt. Unbestritten ist wohl, dass in der Arktis und der Antarktis die Temperaturen seit Jahren fallen!

Freitag, 19. November 2010

Der deutsche Innenminister De Maizère hat die Öffentlichkeit vor angeblich bevorstehenden Terrorangriffen gewarnt. Die Folge ist, dass eine Verunsicherung der Bevölkerung eingetreten ist. Jedes herumstehende Gepäckstück wird für eine Bombe gehalten und in Namibia wurde ein Flugzeug nach Deutschland wegen eines angeblichen Sprengstoffpakets lange festgehalten. Es handelte sich aber „nur" um eine Bombenattrappe, die zum Testen des Sicherheitspersonals eingesetzt wird. Schlimm war nur, dass sich kein Geheimdienst offenbarte. Die Frage ist, warum islamistische Terroristen in Deutschland einen Anschlag planen sollten? Einen Vorteil hätte es für die Al Kaida oder wen auch immer, doch gar nicht. Ein Ausstieg aus Afghanistan wird immer mehr diskutiert, also brauchte da kein Druck zusätzlich gemacht werden. Nur Israel kann kein Interesse an einer Befriedung des Nahen Ostens haben. Also vermute ich, dass die Verunsicherungen aus dieser Quelle kommen. Aber das darf ja noch nicht einmal laut gedacht zu werden!

Montag, 22. November 2010

Auch Irland muss es jetzt Griechenland nachmachen und um Finanzhilfen in Milliardenhöhe nachsuchen. Auslöser der Aktion ist die vorausgegangene Rettung ihrer Banken. Die Frage ist, warum sind keine verantwortlichen Bänker lebenslang eingesperrt worden? Da man weiß, welche Leute in erster Linie verantwortlich waren (siehe Lehmann mit seinen Brothers!), traut sich keiner an die ran. Eine Ausnahme gibt es, das ist Herr Madoff, aber der hat ja auch ausschließlich seine gierigen „Brüder" betrogen.

Die ganze Finanzkrise ist noch lange nicht vorbei, denn auch Portugal und Spanien sind Kandidaten für Hilfszahlungen. Wenn nun Deutschland, obwohl auch über alle Maßen verschuldet, plötzlich bestens dasteht, lässt es Böses für die Zukunft erwarteten. Von Frankreich, dass zu DM – Zeiten regelmäßig gegen unsere damalige

Starkwährung abwerten musste, hört man gar nicht Negatives. Da wird bestimmt etwas geschönt!

Wenn von den Linken eine Verstaatlichung der Banken gefordert wird, verkennen die, dass die meisten Probleme in Deutschland von staatlichen Banken ausgegangen sind!

Mittwoch, 24. November 2010

In Korea könnte ein neuer Krieg ausbrechen. Auf alle Fälle ist die Lage durch einen Schusswechsel und Grenzproblemen sehr angespannt. Es könnte sein, dass Nordkorea durch eine Eskalation von innenpolitischen Problemen ablenken will. Die Rolle Chinas in diesem Zusammenhang bleibt undurchsichtig.

Freitag, 26. November 2010

In der gestrigen Talkshow mit Maybrit Illner hat Hans Olaf Henkel, der ehemalige BDI Präsident, seine Bedenken gegen den Euro deutlich gemacht. Dagegen waren die anderen Diskussionsteilnehmer nur Statisten. Die Frage ist: Warum sind nicht solche Leute, die von der Sache wirklich etwas verstehen, in der politischen Verantwortung, und nicht solche Schwächlinge, wie Eichel, Westerwelle und Lafontaine?

Mittwoch, 1. Dezember 2010

Die sogen. Schlichtung zum Stuttgarter Bahnprojekt ist beendet und hat erwartungsgemäß zu keiner Einigung geführt. Heiner Geißler ist zwar für einen Weiterbau, aber mit teuren Auflagen. Deutschland schlittert immer mehr in eine Unregierbarkeit.

Sonntag, 5. Dezember 2010

Die Stimmung in Deutschland scheint zu kippen. Die CDU legt in Umfragen wieder zu und die SPD dümpelt weiter herum. Die FDP verharrt noch im Umfragetief, nur die Grünen mit ihrer Nein-sage – Politik sind nach wie vor zu hoch angesiedelt. Jetzt melden sich plötzlich die Befürworter des Bahnprojekts in Stuttgart zu Wort und die Ablehnerfront wankt. So schnell kann sich die Stimmung im Volke ändern und schon deshalb ist eine funktionierende parlamentarische Demokratie dem Volksentscheid vorzuziehen. Nur leider sind in der Regel nicht die richtigen Repräsentanten in den Parlamenten.

Mittwoch, 8. Dezember 2010

Der Weiterbau der A33 bei Bielefeld wird jetzt gestoppt, weil in der Nähe der Trasse fünfzehn Fledermäuse festgestellt wurden. Der Irrsinn mit unseren sogenannten Umweltverbänden geht weiter. Dass die Fledermäuse mangels Insekten sowieso aussterben werden, wenn nicht bald gegen die Intensivlandwirtschaft gegengesteuert wird, wird nicht zur Kenntnis genommen. Wer die „armen" Land-wirte angreift, auch wenn sie unsere ganze Zukunft gefährden, fin-det keine Mitkämpfer. Aber aus ganz anderen Gründen wird gegen den Straßenausbau votiert, denn hier kann man sich pressewirksam als Gutmensch präsentieren.

Obama hat wieder gegen die Juden verloren. Dem massiven Druck der amerikanischen Juden hat er nachgegeben und hat jetzt nichts mehr gegen den Weiterbau der israelischen Siedlungen im Palästinensergebiet. Kommentar überflüssig!

Heilig Abend 2010

Die FDP ist in der öffentlichen Meinung noch weiter gesunken, und würde momentan bei keiner Wahl über die 5% Hürde kommen. Was ich vor langer Zeit vorgemacht habe, wird jetzt von anderen nachgemacht: Die Mitglieder verlassen in Scharen das sinkende Schiff. Es war schon peinlich, wie versucht wurde, Guido Westerwelles Ansehen in der Bevölkerung zu steigern. Aber auch Auftritte bei der Bambi Verleihung und bei „Herz für Kinder" brachten nichts. Nur eine völlig neue FDP mit neuen Gesichtern könnte wieder an Boden gewinnen. Ich wüsste schon wo die neuen Wähler zu holen wären, auf dem konservativen Boden nämlich, aber mich fragt ja keiner.

In Ungarn hat die konservative Regierung ein Pressegesetz verabschiedet, dass Medien für Falschmeldungen haftbar macht. Ein weltweiter Aufschrei war die Folge. Das wäre ein Eingriff in die Pressefreiheit hieß es. Die Wahrheit liegt wahrscheinlich wieder einmal in der Mitte!

Mittwoch, 5. Januar 2011

Ein Dioxinskandal „erschüttert" die Nation. Die Bevölkerung wird in einem unglaublichen Ausmaße verunsichert. Erst in einem! Hühnermastbetrieb ist der zulässige Dioxinswert überschritten worden, trotzdem wurden unzählige Betriebe geschlossen, und auch der Handel erleidet große Verluste. Sicher ist es ein Skandal, wenn Fette aus der Biodieselproduktion (hört, hört!) in die Futtermittelherstellung mit eingeflossen sind. Aber den Chaospolitikern von den Grünen und den entsprechenden Umweltverbänden kommt alles recht, was ihre angebliche Legitimität unterstreicht. Und die Bio – Generation (vor allem beeinflussbare Frauen) schaut in die Gegend wie aufgescheuchte Hühner. Dabei liegt das Problem ganz woanders, aber das wird bewusst übersehen. Es liegt in der tierquälerischen Massentierhaltung! Um ihre Beiträge über den Dioxinskandal anschaulich zu machen, wurden vom Fernsehen auch Bilder aus den Ställen gezeigt. Wenn dann eine mehrere tausend Quadratmeter große Halle gezeigt wird, mit so vielen Puten bestückt, dass keine Bodenfläche mehr zu erkennen ist; wenn Schweineställe gezeigt werden mit über 1000 Exemplaren, die einzeln in einer Art Zelle eingesperrt sind, in denen sie sich fast nicht bewegen können; wenn nach wie vor Hühner - KZ´s (lt. Professor Grzimek) betrieben werden, wenngleich die Grundfläche pro Huhn etwas vergrößert wurde, und man weiß, dass so eine Massentierhaltung nur unter Einsatz von Medikamenten gegen Stress und Seuchen möglich ist, dann muss man an der Politik verzweifeln. So eine Massenhaltung ist nicht einmal zu verzeihen, wenn ein erhöhter Bedarf an Lebensmitteln besteht, aber schon gar nicht in einer Zeit, wo in großem Rahmen subventionierte Lebensmittel vernichtet bzw. in Entwicklungsländer verschachert werden. Die sprichwörtliche Bauernschläue der Landwirte nötigt mir aber schon Respekt ab. In den Medien werden uns immer schwer arbeitende, „dumme" Bauern, präsentiert, denen man alles verzeiht. Aber hinter den Kulissen und in den Landwirtschaftskammern sitzen Schlipsträger, die dafür sorgen, dass das Image der hilfebedürftigen Bauern nicht beschädigt wird. Und das alles zum angeblichen Vorteil der Verbraucher. Das Gegenteil ist der Fall: Günstige Lebensmittelpreise werden erkauft durch eine massive Beschädigung der Natur und einer Gesundheitsgefährdung der Bevölkerung.

Samstag, 8. Januar 2011

Warum geht ein guter Deutscher normalerweise zur Wahl? Die Antwort ist einfach: Wenn ihm die Regierungsarbeit gefallen hat, dann will er die stärken und bewahren. Ist er aber unzufrieden, wird er eine Änderung herbeiführen wollen. Das letztere war der Beweggrund für viele Menschen, bei der Bundestagswahl 2009 die Rot/Grüne Regierung abzuwählen. Das hat wunderbar geklappt mit

einem Spitzenergebnis von 14,6% für die FDP und einer historischen Niederlage für die SPD mit dem bisher schlechtesten Ergebnis von nur 23%. Jetzt konnte ja eigentlich das Korrigieren der Fehler der Vorgängerregierung beginnen, worauf die Wähler. dringend
warteten. Aber nichts passierte, nein, es wurde weiter gewurstelt.
Der mit 24 Millionen Euro im Haushalt verankerte „Kampf gegen
Rechts" wurde nicht zumindest reduziert. Nein, man erkaufte sich
die Ruhe der Linken durch Nichtstun. Noch ein Beispiel gefällig?
Nachdem 2005 die Schwarz-Gelbe Konstellation in NRW an die
Macht kam, dachte auch hier jeder, der dazu beigetragen hatte, dass
sich nun etwas ändern würde. Aber nicht einmal das vorher bekämpfte Frauengleichstellungsgesetz wurde gekippt, oder auf Freiwilligkeit umgestellt. Und die Beispiele lassen sich fröhlich fortführen. Also fühlte sich jeder mitdenkende Wähler verarscht. Die
Frustration ist an den Wählerzahlen abzulesen, d.h. die Wahlbeteiligung sinkt von Wahl zu Wahl. So werden nur noch historisch niedrige Beteiligungen vermeldet, wie z.B. bei der Bundestagswahl 2009
von nur 7o,8%, und bei der NRW Wahl 2010 von nur 56,7%. Die
Nichtwähler, die sich zu ihrem Tun bekennen, nehmen zu und stellen inzwischen die Mehrheit. Wo ist das Nachdenken der Parteien
zu diesem Problem? Vielleicht sollte man Überlegungen anstellen,
dass z.B. bei einer Wahlbeteiligung von unter 50%, sich die Zahl der
Abgeordneten in den Parlamenten um dieselbe Prozentzahl reduziert. Das würde jetzt schon immer bei den Spesenrittern im Europaparlament zum Tragen kommen, denn für sie sind die Wahlbeteiligungen seit 1979 von 55,7% auf jetzt 43% gesunken.

Dienstag, 18. Januar 2011

Gestern wurde ich im Fernsehen in der Magazinsendung „Fakt"
voll bestätigt, was den Dioxinskandal angeht. Selbstverständlich ist
es ein Skandal, wenn in Futtermittel etwas hineingemischt wird, was
nicht darein gehört. Das müsste auch unterbunden und bestraft
werden. Aber die Belastung der Lebensmittel mit Dioxin wäre so

gering und deshalb auch nicht gesundheitsschädlich, sagten befragte Fachleute. Die Panikmache und Aufgeregtheiten der Parteien diente also nur zur Selbstdarstellung. Da bleibt die Frage: Werden wir wirklich von Realpolitikern vertreten? Ich meine, eher nicht!

In Tunesien ist der Diktator vertrieben worden, weil die Jugend keine Zukunft für sich sieht. Ein Dominoeffekt in ganz Nordafrika ist nicht von der Hand zu weisen. Hoffentlich passiert dasselbe nicht auch einmal bei uns, wenn wir die Unterschicht nicht mehr mit Sozialhilfen ruhig stellen können.

Dienstag, 25. Januar 2011

Endlich ist es den Neidern gelungen, das Image des Politstars zu Guttenberg zu beschädigen. Ihm wurde Nichthandeln in drei Fällen vorgeworfen, bzw. das Parlament fühlte sich nicht richtig informiert. Diese Anfeindungen hätte er ruhig aussitzen können, nur leider meinte er, darauf Rücksicht nehmen zu müssen. So hat er dann gehandelt und den Kommandanten der „Gorch Fock", die vor Südamerika liegt, entlassen. Jetzt schreien dieselben Kritiker, dass er zu schnell gehandelt hätte. Der Meinung bin ich natürlich auch, denn ein Kommandant muss wohl das Recht haben, selbst zu irgendwelchen Vorwürfen Stellung zu nehmen. Nur auch hier geht es den meisten Politikern nicht darum was gut für Deutschland ist, sondern nur um die Selbstdarstellung!

Israel hatte eine sogenannte Untersuchungskommission eingesetzt, die das Kapern eines Hilfsschiffes für den Gazastreifen, im internationalen Gewässer, durch die eigene Armee untersuchen sollte. Dabei waren Friedensaktivisten aus der Türkei ums Leben gekommen. Das Ergebnis ist mit dem Scherz zu vergleichen: Rauchen ist gesund! gez. Dr. Marlboro.

Freitag, 28. Januar 2011

Es ist nicht bei Tunesien geblieben. Auch in Ägypten und im Jemen sind Massendemonstrationen ausgebrochen. Die Perspektivlosigkeit und die Armut sind auch hier Auslöser der Proteste gegen die Führung. Korruption ist an der Tagesordnung und noch größer als in Deutschland, wo sie leider auch zunimmt. Die größte Sorge des Westens ist die Sicherheit Israels, denn gerade Ägypten war in der Vergangenheit ein Garant für die Interessen Israels. Das wird auch bei Herrn Mubarak und seiner Umgebung erkauft worden sein.

Freitag, 4. Februar 2011

Jährlich hat Amerika 1,2 Milliarden Dollar als Militärhilfe an Ägypten bezahlt. Bestimmt nicht, weil das so nette Menschen sind. Nein, es ist ein Wohlverhalten gegenüber Israel erkauft worden.

Noch ist Herr Mubarak im Amt, das er erst im Herbst räumen will, aber so lange will die Mehrheit der Demonstranten nicht warten. Inzwischen demonstrieren Millionen gegen Mubarak und seine Clique. Gut geführte und organisierte Schlägertrupps versuchen Unruhe zu schüren, damit dann eventuell nach der Polizei, die auf Seiten Mubaraks steht, gerufen wird. Die Frage ist, wer ist in dem korrupten Land in der Lage, solche Gegendemonstrationen generalstabsmäßig zu organisieren? Keiner unserer Medienvertreter, geschweige denn Politiker wagt auszusprechen, dass der Mossad dahinter steckt. Denn nur Israel kann daran interessiert sein, dass Mubarak oder sein Umfeld an der Macht bleibt.

Dienstag, 8. Februar 2011

Die Demonstranten in Ägypten geben nicht auf und die Ordnungskräfte und sogenannte Gegendemonstranten halten sich zurück. Noch ist Mubarak aber im Amt und keiner weiß, was nach

ihm kommt. In Deutschland wird weiter gewurstelt, und eine klare
Linie ist bei keiner Partei zu erkennen, und das in jeder Beziehung.

Freitag, 11. Februar 2011

Der erwartete Rücktritt von Mubarak hat nicht stattgefunden.
Aber das Militär will wohl für einen geordneten Wechsel sorgen. Ob
das ägyptische Volk damit zufrieden ist, wird sich heute nach dem
Freitagsgebet zeigen.

In Deutschland wollte die Familienministerin Schröder zwar die
Mittel für Aktionen gegen Rechts nicht kürzen, aber die Empfänge-
rorganisationen sollten schriftlich mitteilen, dass sie auf dem Boden
des Grundgesetzes stehen. Da zog sofort linke Proteste nach sich,
die von einem Generalverdacht sprachen. Den Mut, die ganzen
Millionen einzusparen, hat aber keiner.

Donnerstag, 17. Februar 2011

Mubarak hat doch aufgegeben und das Militär hat die Macht
übernommen, will aber in sechs Monaten demokratische Wahlen
zulassen. Jetzt brodelt es in fast allen arabischen Ländern, und noch
ist nicht abzusehen, was passiert. Nur dass viele versuchen werden,
in die EU zu kommen, wegen der Perspektivlosigkeit in ihren Ländern, wird uns noch große Probleme bereiten.

Freiherr zu Guttenberg soll bei seiner Doktorarbeit abgeschrie-
ben haben. Hurra rufen die Linken, endlich kann man dem Liebling
der Massen etwas am Fell flicken. Auch wenn an den Vorwürfen
etwas stimmen sollte, hier ist das nebensächlich, es geht nur um die
Demontierung des Politikers.

Montag, 21. Februar 2011

Die Hamburg Wahl hat eine absolute Mehrheit für die Olaf
Scholz und die SPD gebracht. Der Grund dafür ist ganz einfach zu

suchen. Potenzielle CDU Wähler haben den schwulen Ole von Beust, der die GAL mit ins Boot geholt hatte und sich dann seinem Lover widmen wollte, eine nachträglich Ohrfeige verpasst. Nur um die GAL nicht an der Regierung zu lassen, hat man den eher konservativen Olaf Scholz gewählt. Glücklicherweise ist diese Handlung von Erfolg gekrönt worden. Nur die SPD hat jetzt keinen Partner, auf den sie bei unpopulären Maßnahmen die Schuld schieben können. Wir müssen abwarten, ob eine SPD Alleinregierung die Erwartungen erfüllen kann.

In den arabischen Ländern geht der Aufstand gegen die Potentaten weiter. Nur was passiert, wenn es, wie in Tunesien, zu einem Sturz gekommen ist? Das ganze Dilemma, das auch von der EU ausgelöst ist, wird dann sichtbar. Ausfuhren in die EU Länder sind mit Zöllen belegt um die heimische Landwirtschaft zu schützen. Dabei wären Agrarerzeugnisse das einzige, mit denen Devisen erwirtschaftet werden könnten. Das zweite ist der Tourismus, der sich aber nur Wege in stabile Regionen sucht. In Tunesien ist er um 80% eingebrochen, aber es besteht die Hoffnung auf eine Besserung. Jetzt wäre es an der Zeit, sich von dem Gießkannenprinzip in der Entwicklungshilfe zu verabschieden und hier gezielt zu helfen. Aber die Politik reibt sich auf darin, Fehler beim politischen Gegner zu suchen. Sogar wenn Außenminister Westerwelle mal etwas Vernünftiges macht, kommt Kritik. Er hat es nämlich geschafft, zwei im Iran einsitzende Reporter frei zu bekommen. Dazu musste er aber bei dem verpönten Ahmadinedschad persönlich vorsprechen. Eine dem Zweck unbedingt dienliche Maßnahme, die er angeblich ohne Rücksprache selbst initiiert hat. Hut ab!

Montag, 28. Februar

Deutschland verdummt immer mehr, da kann ich Herrn Sarrazin nur beipflichten. Auch wenn unseren Meinungsmacher wieder zur Tagesordnung übergegangen sind, so ist doch jeden Tag zu sehen und zu hören, wie Recht der Mann hatte. Wer das immer noch nicht glaubt, braucht sich nur einmal die „selbstgeschriebenen“ Angebote oder Gesuche für irgendwelche Sachen an den Pinnwänden der Supermärkte ansehen. Hier wimmelt es von Fehlern, und nur um ein Beispiel zu nennen: Schranke Eiche masif, anstelle von massiv. Früher gab es auch Menschen, die keine Rechtschreibkünstler waren, aber die ließen sich im Bedarfsfall etwas schreiben von einem, der es konnte. Heute gibt es die Scham nicht mehr, und offensichtlich akzeptiert das die Mehrheit der Bevölkerung. Nachfolgendes Schild steht an der Straße in Pivitsheide!

In Libyen kämpft Gaddafi einen verlorenen Kampf gegen sein

Volk. Jetzt werden die Politiker beschimpft, die ihn früher hofiert haben. Aber was sollten die machen, es ging schließlich ums Geschäft, und sein Öl wurde gebraucht. Wenn wir das auf das tägliche Leben umsetzen, dürften wir keine Geschäfte mit Firmen oder Personen machen, von denen man meint, dass die nicht nett zu ihren Mitarbeitern sind. Auf alle Fälle wäre das eine schwierige, wenn nicht gar unmögliche Aufgabe.

Dienstag, 1. März 2011

Jetzt haben sie es geschafft, die Medien und die Neider, zu Guttenberg hat seinen Rücktritt von seinen politischen Ämtern erklärt. Es blieb ihm wohl auch nichts anderes übrig, als alle anderen Themen, und seien sie noch so wichtig, hinter dieser Kampagne zurückblieben. Der politischen Landschaft an sich wird der Rücktritt nicht nutzen. Nein, die Zahl der Politikverweigerer wird weiter ansteigen.

Mittwoch, 2. März 2011

Der Europäische Gerichtshof hat geurteilt, dass es gegen das Gleichheitsgebot verstößt, wenn für Frauen und Männer unterschiedliche Prämien für Versicherungen berechnet werden. Dabei ist es doch unbestritten, dass Frauen eine größere Lebenserwartung haben als Männer. Also sind die Risiken für die Versicherungen auch höher, länger und mehr zahlen zu müssen. Auch unbestritten ist, dass Männer risikofreudiger als Frauen sind, also sind auch höhere Prämien für z.B. Autoversicherungen angebracht. Doch Vernunft wird der Manie, alles gleichzusetzen, untergeordnet mit der Folge der zunehmenden Unmündigkeit der Bürger und der Kostensteigerung für die Allgemeinheit. Dabei sind Frauen und Männer, glücklicherweise, nicht gleich! Alle Bemühungen, ob durch Frauenquote oder etwas anderes, das zu negieren, sind falsch. Arbeitslosigkeit wäre kein Thema, wenn wieder mehr Frauen sich der Familie widmen würden. Dass die Familie und die Tätigkeit darin, zuerst einmal aufgewertet werden, und dass Hausfrauen eine Rente bekommen müssten, ist natürlich einen Voraussetzung. Denn dass Frauen für manche Arbeitgeber, vor allem im öffentlichen Dienst, eine Mehrbelastung darstellen, wird immer höflich verschwiegen. Nur drei Beispiele aus dem näheren Bereich mögen das verdeutlichen: Die Tochter eines Bekannten war verheiratet und Lehrerin geworden. „Jetzt kann sie Kinder kriegen, denn sie ist jetzt verbeamtet", sagte er. - Meine Tochter hatte sich freiwillig für vier Jahre bei der Bundeswehr verpflichtet. Davon hat sie zwei Jahre abgedient, und dann bekam sie Kinder. - Ein weiteres Mädchen wartete, krankgeschrieben, in der Sonne am Baggersee auf ihre Verbeamtung, denn dann wollte sie ihre Kur antreten. Sicher gibt es auch nicht so effektiv arbeitende Männer, aber dass die keine Kinder bekommen und im Schnitt weniger krank sind, ist nicht wegzudiskutieren.

Sonntag, 6. März 2011

Im Karneval wird kräftig mit der Politik ins Gericht gegangen. Vor allem in der Sendung „Mainz bleibt Mainz", wird gezeigt, dass intelligente Vorträge nur von sogenannten Rechten kommen. Und das in dem, noch von der SPD regierten Rheinland-Pfalz, und dem ebenfalls SPD regierten Mainz. Die zuständigen Politiker sitzen dann da mit gequältem Lachen, aber da das Fernsehen große Einschaltquoten hat, ist die Anwesenheit Pflicht.

In Libyen wird weiter gekämpft und noch ist der Ausgang nicht abzusehen.

Israel hat wieder den Gazastreifen mit Raketen beschossen, und das, obwohl die momentane Bundesratspräsidentin, Hannelore Kraft, gerade zu Besuch ist und sich vorbereitet, Yad Vashem zu besuchen.

Mittwoch, 9. März 2011

Gestern war zu einem „Benzingipfel" eingeladen worden. Der neue Treibstoff E10, dem Ethanol aus nachwachsenden Rohstoffen beigemengt wird, wurde von den Verbrauchern nicht akzeptiert. Nicht alle Motoren und Schläuche sollen ihn nämlich vertragen. Das Argument, dass damit die Umwelt entlastet werden soll ist mal wieder eine Milchmädchenrechnung, denn die massiven Eingriffe in die Natur durch die dafür notwendigen Monokulturen sind nicht berücksichtigt. Hier geht es mal wieder nicht um Vernunft, nein mir scheint, dass die europäischen Bauernverbände hier mitgewirkt haben. Der „Gipfel" hat übrigens den Mist nicht wieder abgeschafft, sondern eine bessere Aufklärung angekündigt. Nur auch das wird eine falsche Entscheidung nicht bessern. Eine ganz schlechte Figur machte der Umweltminister und CDU-Hoffnungsträger für NRW, Herr Röttgen. Der meinte, dass wir mit so einer Aktion den Potentaten, wie Gaddafi, weh tun würden. Lächerlich!

Freitag, 11. März 2011

Herr zu Guttenberg ist mit einem Großen Zapfenstreich verabschiedet worden. Nachvollziehbar, dass er das nicht abgelehnt hat, denn ihm wird ja keine Verfehlung in seinem Amt als Verteidigungsminister vorgeworfen.

In Libyen wird weiter gekämpft und Gaddafi scheint auf dem Vormarsch zu sein. Schon wieder wird nach einem militärischen Einsatz in der westlichen Welt geschrien. Dass der damalige, inszeniert von Madeleine Albright, Hand in Hand mit Joschka Fischer, außer Zerstörungen und Toten nichts gebracht hat, ist anscheinend schon vergessen. Gaddafi ist als Feind ausersehen worden, vor allem von Politikern, die ihn vorher die Füße geküsst haben. Keiner weiß, wer hinter den Aufständischen steht, und trotzdem sind das die Guten. In dem Zusammenhang ist die Politik von Frau Merkel und Guido Westerwelle zu loben, die auf abwarten setzt. Ganz im Gegensatz dazu die Hasstiraden eines Daniel Cohn-Bendit, Europaabgeordneter der Grünen, der sofortige Luftschläge forderte. Was der wohl sagen würde, wenn das gleiche gegen Israel gefordert würde, wenn der Gazastreifen wieder aus der Luft attackiert wird.

Samstag, 12. März 2011

Japan ist von einer Superkatastrophe betroffen. Ein Erdbeben von noch nie da gewesener Stärke und ein anschließender Tsunami richten riesige Verwüstungen an. In dem ältesten Atomkraftwerk Japans droht eine Kernschmelze. Unserem Umweltminister Röttgen fällt dazu nichts anderes ein, als zu sagen, dass für Deutschland keine Auswirkungen zu erwarten sind. Traurig! Die Atomkraftgegner bekommen nun noch mehr Aufwind, dabei haben sich die neueren betroffenen Kraftwerke selbst abgeschaltet. Also müsste nur noch mehr in die Sicherheit investiert werden.

Montag, 14. März 2011

Mindestens zehntausend Menschen sind in Japan bei dem Erdbeben und dem anschließenden Tsunami ums Leben gekommen. Dieses Beben war ein Jahrtausendereignis mit einer noch nie gemessenen Stärke von 9 auf der Richterskala. Japans Bürger zeigen eine beispiellosen Disziplin, die in Deutschland inzwischen nicht mehr vorhanden wäre. Gekämpft wird auch gegen die sich anbahnende Atomkatastrophe in einem Kernkraftwerk. Unglaubliche Verwüstungen werden uns über die Medien übermittelt, und anstatt Mitgefühl zu zeigen, empfinden die Grünen und andere Atomkraftgegner eine klammheimliche, oder sogar öffentlich gezeigte Freude über die Katastrophe. Es wird nur noch rechthaberisch ein sofortiger Atomausstieg gefordert, und ob wir helfen könnten, ist Nebensache. Aber auch Unionspolitiker kippen reihenweise um, weil sie fürchten, sonst abgewählt zu werden.

Sonntag, 20. März 2011

In unseren Medien spielt seit Tagen das Jahrtausendbeben und der Tsunami nur eine Nebenrolle. Die wahnsinnigen Zerstörungen und das Leid der Überlebenden sind nur wenig Meldungen wert. Thema ist einzig und allein das beschädigte Atomkraftwerk und die gewünschte Folgerung aus der Katastrophe, dass die Atomkraft nicht beherrschbar sei. Der heldenhafte Einsatz der Feuerwehrmänner und anderen Helfer, die unter Einsatz ihres Lebens dabei sind, die Gefahr zu bannen, stößt hier bei uns auf unverständiges Staunen. Sich für sein Land und die Bevölkerung in Gefahr zu begeben ist hier von der Tagesordnung gestrichen. Nur noch Egoismen beherrschen dieses Land. Immer deutlicher wird, welch verheerende Auswirkung die 68er Generation auf Deutschland hat. Deren Marsch durch die Institutionen hat schlimmen Erfolg. Überall hat sich die disziplinlose, nur auf Eigennutzen ausgerichtete Grundhaltung durchgesetzt. Ganz besonders schlimm zeigen sich in diesem Zusammenhang die Medien. Mit einseitigen Berichten wird eine pro Links ausgerichtete Beeinflussung betrieben. Wenn überhaupt ein Volk in der Lage ist, die Naturkatastrophe und die Folgen in den Griff zu bekommen, ist das das bewundernswerte japanische Volk! Man muss nur einmal den Vergleich zu Haiti anstellen, wo man nur auf Hilfe wartet und selbst zu nichts zu gebrauchen ist.

Cohn-Bendit hat sich durchgesetzt, Libyen wird bombardiert, und das wird von unseren Medien begrüßt. Frankreich war als erstes in der Luft, um zu demonstrieren, dass es eine „Grand Nation" ist, die sogar ihren bisherigen Freund, Gaddafi, bekämpft. Auch England, Amerika, Kanada und man höre und staune, Italien, wollen Krieg spielen. Dass die deutsche Regierung einen eigenständigen Kurs fährt, ist mutig und wird natürlich entsprechend kritisiert. Dass es bei der Bekämpfung Gaddafis nicht um die Rettung von Zivilisten geht, sondern nur um das Öl, wird sofort deutlich, wenn man sich fragt, warum dieselben Länder nicht auch im Sudan, der Elfenbeinküste usw. eingegriffen haben.

Freitag, 25. März 2010

Die Haltung der Menschen, und hier ihn erster Linie der Politiker, ist mit der Situation nach dem 2. Weltkrieg zu vergleichen. Damals gab es nur noch Leute, die schon immer gegen die Nazis gewesen waren, und heute gibt es nur noch welche, die schon immer für den Atomausstieg votiert haben. Aber am Wochenende sind zwei Landtagswahlen zu bestehen, und da zählt bei den Parteien nicht die Vernunft, sondern nur das, was die Wähler angeblich hören wollen. Profitieren werden von dem Umfallen der Schwarz-Gelben, die Grünen und die Linken. Andere werden nicht zur Wahl gehen. Obwohl das, gerade in Baden-Württemberg, ein Katastrophe für ganz Deutschland wäre. Das Bundesland, das nur von der CDU und den Liberalen regiert wurde und dadurch die unbestrittene Nummer 1 ist, muss eigentlich so weiter regiert werden. Trotzdem wäre es einmal interessant, wenn die Grünen mit der SPD die Regierung stellen würden. Wie schnell würde der Absturz vonstatten gehen? Wer soll dann den Großteil des Länderfinanzausgleichs schultern? Aber leider wird ja keiner in die Haftung genommen, wenn er ein Land ruiniert.

Montag, 28. März 2011

Die Linken haben nicht profitiert, aber ansonsten ist das Debakel da. In Baden-Württemberg wird ein Grüner Ministerpräsident werden und auch in Rheinland-Pfalz muss Herr Beck die Grünen mit ins Boot nehmen. Die FDP ist weiter dabei sich zu verabschieden, d.h. in Rheinland-Pfalz ist sie nicht mehr im Landtag vertreten und in Baden-Württemberg gerade mal so. Einig sind sich alle Parteien plötzlich über einen Atomausstieg und den Einstieg in erneuerbare Energien. Dass es auch nach wie vor Befürworter der Atomenergie gibt, die meinen, dass ein schneller Ausstieg nicht zu finanzieren ist, und die plötzlich „heimatlos" sind, wird von keiner Partei erkannt. Aber es fehlt schon seit langem eine nationalliberale Partei, die sich nicht nach dem Winde dreht, sondern Ehrlichkeit und Vernunft hochhält!

Montag, 4. April 2011

Guido Westerwelle gibt nach langem Zögern den Parteivorsitz der FDP ab. Wer der Nachfolger wird, wahrscheinlich Philipp Rösler, steht noch nicht fest. Aber ganz egal, wer das Amt übernimmt, er wird es schwer haben. Einer toten Kuh durch Mund zu Mundbeatmung wieder auf die Beine zu helfen, hat bislang noch keiner geschafft. Eine neue gesunde Herde lässt sich nur auf einer neuen Wiese mit neuen Rindern aufbauen.

Sonntag, 10. April 2011

Herr Rösler ist es geworden, aber die Hoffnung für eine Erneuerung der FDP ist gering. Wie die Wirtschaftswoche titelt, ist Deutschland zu einer Angsthasen-Republik verkommen. Hier hätte die Chance für die Liberalen bestanden, sich von den anderen Schisshasen abzuheben!

Dienstag, 12. April 2011

Probleme über Probleme und ratlose Politiker - so sieht es im Moment aus! Mit Erstaunen wird zur Kenntnis genommen, dass auch nach einem gelungenen Umsturz in Nordafrika, wie in Tunesien und Ägypten, keine Ruhe einkehrt. Vergleichbar ist die Situation mit der Zeit nach dem Mauerfall. Die alten Seilschaften hatten weiter das Heft in der Hand, und die Hoffnungen auf eine bessere Zeit wurden erst einmal enttäuscht.

Mittwoch, 20. April 2011

Gaddafi scheint doch mehr Anhänger zu haben, als uns von den Medien suggeriert wurde. Die Nato, die mit Luftunterstützung die Aufständischen unterstützt, blamiert sich mit ihrer Erfolglosigkeit. Jetzt muss sie schon Gaddafi bitten, sie humanitäre Hilfe leisten zu lassen. Es rächt sich, dass nicht erst einmal versucht wurde, mit dem Despoten zu verhandeln. In dem Zusammenhang stellt sich wieder die Frage nach dem Sinn der Nato. Nach meiner Meinung hätte die zusammen mit dem Warschauer Pakt aufgelöst werden müssen.

Ganz Deutschland befindet sich in einer Ausstiegseuphorie, auch der neue Umweltminister Röttgen und der Altminister Töpfer von der CDU. Greenpeace und andere beschimpfen die Stromkonzerne, weil die angeblich nicht genug für den Atomausstieg machen. Fast keiner wagt mehr, sich als Atomkraftanhänger zu outen. Auf alle Fälle ist die Stimmung, die im Moment verbreitet wird, tödlich für Deutschland. Andere Länder denken gar nicht daran sich der Ausstiegseuphorie anzuschließen, sondern blicken mit Unverständnis auf die dummen Deutschen. Den großen Firmen wird es egal sein, wie hoch die Energiekosten in Deutschland steigen. Sie haben schon genug Möglichkeiten geschaffen, in andere Länder auszuweichen. Nur die Menschen, die nicht mitziehen können und wollen, werden den Brei auszulöffeln haben. Die Gegenbewegung, die im Moment nicht vorhanden ist, wird kommen!

Dienstag, 3. Mai 2011

Amerikanische Spezialeinheiten haben Bin Laden in Pakistan liquidiert. Aus gutem Grund ist er nicht lebendig gefangen genommen worden, um vor ein Gericht gestellt zu werden. Dann wären wahrscheinlich über ihn verbreitete Lügen widerlegt worden, und das durfte nicht sein. Schon gar nicht was den Anschlag an das World Trade Center angeht. Herrn Obama kommt dieser „Erfolg" gerade recht, denn er befindet sich im Umfragetief. Amerika, das nach dem zweiten Weltkrieg, eine Niederlage nach der anderen einstecken musste und auch sonst von einem Vorzeigestaat zu einem bedauernswerten geworden ist, feiert diesen „Sieg". Euer Onkel, Vater, Axel, rief noch spätabends an und äußerte seine Zweifel, ob das nicht nur eine inszenierte Angelegenheit gewesen wäre. Das glaube ich nicht, aber ob der Mann wirklich der schreckliche Drahtzieher im Hintergrund war, kann ich nicht glauben. Wie soll der, in Zeiten wo man jedes Handy orten kann, eine Terrororganisation aus Pakistan heraus geführt haben?

Dienstag, 10. Mai 2011

Die Beweise, die die Amerikaner aus dem Haus Bin Ladens mit-
genommen haben, sind schon recht merkwürdig. So soll sich der
„größte Feind Amerikas" beim Zappen mit der Fernbedienung ge-
filmt haben lassen, und dass wäre der Beweis, dass er mit seinem
Netzwerk in der ganzen Welt verbunden gewesen wäre. Lächerlich!

Sonntag, 15. Mai 2011

Die FDP hat auf ihrem Parteitag in Rostock die Führungsspitze
ausgetauscht. In den Meinungsumfragen hat das noch keine positive
Auswirkung gezeigt. Herr Brüderle, der ja eigentlich gar kein
schlechter Wirtschaftsminister war, denn dass die Wirtschaft boomt,
kann er ja auch zum Teil für sich verbuchen, hat sein Amt an Rösler
abgegeben. Dessen Gesundheitsressort hat Herr Bahr aus NRW
übernommen. Die Frau ohne positive Ausstrahlung, Frau Hombur-
ger, hat den Fraktionsvorsitz an Brüderle abgeben müssen. Alles
Maßnahmen, die eine Wende versprechen, die aber kurzfristig nicht
einkehren wird.
    In Baden-Württemberg regiert Grün/Rot unter dem Grünen
und Exkommunisten Kretschmann.
    Das Bundesland Nr.1 in Deutschland dank Konservativer und
Liberaler Politik in der Vergangenheit, wird sich wohl bald als
Geldgeber für arme Bundesländer abmelden.

Montag, 16. Mai 2011

Dominique Strauss-Kahn, IWF Chef, ist in New York wegen
versuchter Vergewaltigung verhaftet worden. Eine Angestellte seines Hotels solle er sexuell genötigt haben. Ob die Vorwürfe stimmen, weiß ich nicht, aber eine Parallele zu ähnlichen Begebenheiten
bei jüdischen Personen des öffentlichen Lebens ist auffällig. Mosche
Katzav, israelischer Staatspräsident, wurde wegen Vergewaltigun-

gen zu mehreren Jahren Haft verurteilt, Roman Polanski liebte Minderjährige und „unser" Michel Friedman feierte Kokain Orgien mit über zehn Prostituierten. Ob Silvio Berlusconi auch Wurzeln in diese Richtung hat, kann ich nur vermuten. Auf alle Fälle scheinen kleine Menschen und Juden nicht nur auf Dollars fixiert zu sein!

Donnerstag, 19. Mai 2011

Strauss-Kahn ist keine IWF Chef mehr. Er hat den Posten zurückgegeben, „um Schaden von der Institution abzuwenden". Wie die amerikanische Staatsanwaltschaft mit dem Mann umgeht, ist der eigentliche Skandal. Trotz Unschuldsvermutung, die jedem noch nicht Verurteilten zusteht, wird er wie ein Schwerverbrecher der Öffentlichkeit präsentiert. Amerika Vorbild? - Nein, danke!

Donnerstag, 26. Mai 2011

Frau Merkel erntet auf dem G8 Gipfel in Frankreich nur Unverständnis für den schnellen Atomausstieg, wie Deutschland ihn vorsieht. Deutschland entwickelt sich immer mehr zum Land der Neinsager und Aussteiger. Mutige Zukunftsperspektiven sind damit nicht zu realisieren, mit anderen Worten, und um mit Herrn Sarrazin zu sprechen: Deutschland schafft sich ab!

Dass bei einer Landtagswahl, wie am Sonntag in Bremen, nur noch jeder zweite Wahlberechtigte seine Stimme abgibt, wird nicht zur Kenntnis genommen. Nein, Rot/Grün feiert seinen Wahlsieg.

Unsere Freiheit wird von den Linken in Frage gestellt. Wer heute wagt zu äußern, dass es vorerst ohne Atomenergie gar nicht geht, wird massiv angefeindet. Also sagen diese Leute gar nichts mehr und klinken sich aus der Politik aus, indem sie auch nicht mehr zur Wahl gehen. Dafür habe ich vollstes Verständnis, denn wenn sich die etablierten Parteien in ihren Programmen nur noch in Nebensächlichkeiten unterscheiden, brauche ich nirgendwo mein Kreuz zu machen.

Sonntag, 29. Mai 2011

In Afghanistan haben wieder zwei Bundeswehrsoldaten dran glauben müssen. Auch ihr kommandierender General ist von den Selbstmordattentätern verletzt worden. Gegen solche Gegner ist kein Krieg zu gewinnen. Schon gar nicht, wenn die Alliierten Häuser bombardieren und dabei Kinder ums Leben kommen. Die Stimmung in der Bevölkerung dreht sich immer mehr weg von den „Befreiern". Hier wäre ein Ausstieg im Interesse aller, aber nicht beim hysterisch geforderten Atomausstieg! Die von Frau Merkel eingesetzte „Ethikkommission" unter Leitung des grünen CDU Politikers Töpfer hat „nach langen Beratungen?" auch den Ausstieg empfohlen. Auch Kirchenvertreter waren in der merkwürdig zusammengesetzten Gruppe. Die kennen sich ja auch aus damit, was Angesichts der Kirchenaustritte das Aussteigen bedeutet. Denn wenn für eine Einrichtung nicht gekämpft wird, werden Alternativen, und seien sie noch so falsch, gesucht!

Dienstag, 31. Mai 2011

Der Wetterguru Kachelmann ist vom Vorwurf der Vergewaltigung freigesprochen worden. Ob das so richtig ist, kann ich nicht beurteilen, aber mir scheint das Urteil richtig zu sein. Das Szenario, das die Staatsanwaltschaft aufgebaut hatte mit dem Höhepunkt, eine Strafe von über vier Jahren zu fordern, war einem Rechtsstaat unwürdig.

Montag, 6. Juni 2011

Eine EHEC - Infektion hat schon 21 Todesopfer gefordert und viele landwirtschaftliche Produkte herstellende Betriebe in existenzielle Schwierigkeiten gebracht. Sicher werden Gurken oder Sprossen als Überträger der Bakterien gedient haben, aber die unbeantwortete Frage ist doch, wie wurde die Ware infiziert? Ganz kurz wurden Biogasanlagen als mögliche Ursache für die Entstehung des mutierten Bakteriums genannt. Das wurde schnell unterdrückt, obwohl die Möglichkeit, dass hier die Ursache liegt, sehr groß ist. Die Reste des Gärungsprozesses werden nämlich in der Landwirtschaft als Dünger verwendet!

Samstag, 11. Juni 2011

Der Wähler ist doch nicht so leicht zu manipulieren, wie es die Politiker meinen. Bei Meinungsumfragen in Bayern hat die CSU seit ihrem grünen Getue, mit Atomausstieg usw. massiv an Stimmen verloren. Die langjährigen Garanten für erfolgreiche Politik, nämlich Baden-Württemberg und Bayern, werden jetzt mitarbeiten beim „Deutschland schafft sich ab!"

Samstag, 25. Juni 2011

Die Neuinfektionen bei der EHEC Erkrankung nehmen ab. So weit, so gut. Aber woher der Erreger kam, ist weiterhin nicht geklärt. Dass in dieser Zeit kein Dünger mehr auf die Felder gefahren wird, scheint keinem aufgefallen zu sein.

In Europa geht es nur noch um die Rettung der Euro Währung. Das wird mit Sicherheit nicht gelingen, denn schon der Versuch Griechenland wieder auf die Beine zu stellen, wird scheitern. Denn wie soll das marode Land seine Altschulden jemals bezahlen können? Von den neuen Krediten gar nicht zu reden. Wir Deutschen drängen uns, damit wir auch weiterhin geliebt werden, Gelder und nochmals Gelder zur Verfügung zu stellen. Dabei wird tunlichst vergessen, dass wir auch weit höher verschuldet sind, als es sein müsste und dürfte.

Dienstag, 28. Juni 2011

Der chinesische Ministerpräsident Wen Jiabao ist in Deutschland. Schon jetzt ist China Exportweltmeister, und hat Deutschland auf den zweiten Platz verdrängt. Immer mehr Hochtechnologie kommt aus dem „Land der Mitte". Wir sollen froh sein, dass wir noch so gute Beziehungen haben, denn auf Dauer werden wir gegen die chinesische Wirtschaftsmacht nicht ankommen. Massiv wird Frau Merkel aufgefordert, Menschenrechtsverletzungen in China anzuprangern. Dabei sollten wir uns sehr bedeckt geben, denn ohne eine gewisse Härte und Staatsautorität wäre die wirtschaftliche Erfolgsgeschichte dort nicht denkbar gewesen.

Sonntag, 3. Juli 2011

Plötzlich und (un)erwartet wird der mutmaßliche Vergewaltiger Strauss-Kahn entlastet. Sein Anwalt Benjamin Brafman, der bestimmt nicht (braf) brav ist, konnte aufdecken, dass das Zimmermädchen unglaubwürdig ist. Wahrscheinlich liegt die Wahrheit irgendwo in der Mitte, aber unschuldig ist der gut Strauss-Kahn bestimmt nicht, denn sonst hätte der sich anders gegen seine Verhaftung gewehrt.

Mit großer Mehrheit ist der Atomausstieg in Deutschland beschlossen worden. D.h., die Menschen, die anders denken, sind im Parlamente nicht vertreten.

Mittwoch, 13. Juli 2011

Der Euro wackelt und wackelt, und Finanzminister Schäuble wiegelt ab. Schuld haben nicht die Schuldenländer, zu denen jetzt auch massiv Italien gehört, sondern die Überbringer schlechter Nachrichten, die Rating Agenturen! Ich will mich lieber nicht als Prophet betätigen, denn meiner Einschätzung nach gibt es auf Dauer keine Rettung für den Euro. Genausowenig wie für den Dollar, nachdem bekannt wurde, dass Amerika in wahnsinnigen Höhen verschuldet ist. In Deutschland herrscht noch relative Ruhe, denn unsere Wirtschaft boomt noch. Auch hier zählt die Weisheit, dass unter den Blinden der Einäugige König ist. So kann sich Deutschland noch mit den günstigsten Krediten versorgen und profitiert beim Export von dem, durch die Schuldenländer, heruntergezogenen Eurokurs! Die Katastrophe wird erst kommen, wenn wir unsere großzügigen Bürgschaften für z.B. Griechenland und andere Schuldenländer einlösen müssen!

Sonntag, 31. Juli 2011

Amerika ist zahlungsunfähig, wenn sich die Republikaner und Demokraten nicht noch in letzter Sekunde einigen, die Verschuldungsgrenze weiter nach oben zu schrauben. Aber es wird schon klappen, dass die Dollardruckmaschine wieder angeschmissen wird. Vorbild für andere Länder ist dieses Amerika bei weitem nicht mehr.

In Norwegen hat eine offensichtlich irrer Mann ein unglaubliches Verbrechen begangen. Er hat 87 Menschen ums Leben gebracht. Da er jung, blond und blauäugig ist, wurde sofort nach einer rechten Verschwörung gesucht. Die konnte glücklicherweise nicht erkannt werden, denn er war als fanatisierter Einzeltäter unterwegs, der wohl auch unter Drogen stand. Dafür spricht, dass er sich festnehmen ließ und nicht seinem erbärmlichen Leben selbst ein Ende machte.

Freitag, 5. August 2011

Frau Merkel ist in Urlaub und da sollte sie eigentlich auch bleiben! Sie hat mit zu verantworten, dass inzwischen bei einer Bundestagswahl Rot/Grün eine Mehrheit hätte. Die FDP meldet sich weiter ab und würde gar nicht mehr in den Bundestag kommen. Den schlimmsten Wandel in die falsche Richtung muss ich bei der CSU erkennen. Mir scheint, dort ist bei den Führungskräften eine Gehirnwäsche durchgeführt worden. Auf alle Fälle sind die alle nicht mehr wählbar, da sie versuchen, die Linken links zu überholen. Das konservative Element hat keine Heimat mehr!

In Tunesien und Ägypten hat der Umschwung Erfolg gehabt. Als Folge ist jetzt Ernüchterung eingekehrt und es wird gesagt, wie bei ehemaligen DDR Bürgern, dass es ihnen vorher nicht schlechter gegangen war. Trotzdem sind wir auch in Libyen und Syrien auf der Seite der Aufständischen, ohne zu wissen, ob sie besser für das Land sind. Vergessen wird bei allen Bekenntnissen für die Freiheit des Volkes, dass die Palästinenser von ihren israelischen Besetzern massiv unterdrückt werden. So gibt es für Palästinenser im Westjordanland keine Baugenehmigungen, nein im Gegenteil, es werden reihenweise Häuser der Palästinenser abgerissen. Der Siedlungsbau (nur für Israelis!), der von manchen Politikern kritisiert wurde, geht unverändert weiter, und die Welt schweigt. Das Netz der Juden weltweit hält, wie in Deutschland das Netz der ehemaligen 68er, zum Nachteil der anderen.

Samstag, 6. August 2011

Die erste Klatsche für die „Schisshasen", also die Aussteiger aus der Atomkraft, kommt. Der Stromkonzern „EON" beabsichtigt ca. 10 000 Stellen zu streichen, also 1/1o des Personals. Der Ausstieg aus der Atomkraft würde diese Maßnahme erforderlich machen. Wenn erst mein Buch auf den Markt kommt (das ist nicht ernst gemeint) kommen unruhige Zeiten auf Deutschland zu!

Amerikas Kreditwürdigkeit ist zum ersten Mal überhaupt herabgestuft worden. An ihren letzten Kriegen, die fast immer mit einer Niederlage endeten, hat Amerika kein Geld verdient und das zeigt sich jetzt massiv. Die Börsen sind weltweit in Aufruhr obwohl die Bilanzen der meisten Firmen noch gar nicht so schlecht sind. Aber die Börse nimmt das Kommende immer vorweg!

Freitag, 19. August 2011

Die Börsenwerte weltweit fallen massiv. Die Eurokrise und die miese amerikanische Bilanz ziehen eine Verunsicherung nach sich. Das Retten dieser Misere wird wieder dem ehrlichen Steuerzahler aufgebürdet, aber auch der ist bald nicht mehr belastbar. Jetzt zeigt sich, dass die Euroskeptiker schon immer Recht hatten. Eine gleiche Währung für verschiedene Staaten ohne einheitliche Wirtschaftspolitik ist zum Scheitern verurteilt. Außerdem sollte das System der Verteilung von Wahlgeschenken, das die ausufernde Verschuldung erst ermöglichte, weltweit abgeschafft werden. Da ist der Weg zu einer verfassungsmäßigen Schuldenbremse zwar richtig, aber nur, wenn bei Überschreitung die Politiker zur persönlichen Verantwortung gezogen werden!

Lt. Umfragen leben die Dänen am zufriedensten in ihrem Land, während die Deutschen am Ende der Zufriedenheitsskala stehen. Merkwürdig oder auch nicht, dass sich gerade in Dänemark konservative Meinungen durchgesetzt haben, während in Deutschland weiter experimentiert wird.

Die EU gleicht einer Gesamtschule, in der der Schwächste auf Kosten der Stärkeren mitgezogen wird - mit dem Ergebnis der allgemeinen Mittelmäßigkeit!

Mittwoch, 24. August 2011

In Libyen scheint die Zeit von Gaddafi vorbei zu sein. Die Nato hat wohl massiv geholfen, auch durch das Unterlaufen der UNO Resolution. Ob sie wirklich das Richtige getan hat, wird sich erst noch herausstellen. Merkwürdig ist, dass die Amerikaner plötzlich Angst haben, dass die großen Mengen chemischer Waffen, die in Libyen vorhanden sind, in falsche Hände kommen. Woher wissen die Amis von der Existenz dieser Waffen und von den Mengen? Offensichtlich, weil sie die selbst geliefert haben! Deutsche Ingenieure wurde seinerzeit zu Gefängnisstrafen verurteilt, weil sie angeblich bei dem Bau von Giftgasfabriken geholfen hätten. Politik ist schmutzig!!

Montag, 29. August 2011

Außenminister Westerwelle wird kritisiert, weil er in der UNO nicht gleich bereit war, militärisch gegen Gaddafi vorzugehen. Unter anderen kommt Kritik von Joschka Fischer, der zu seiner Ministerzeit nichts falsch machen konnte, weil er nur das tat, und wenn es noch so sehr den grünen Prinzipien widersprach, was Madeleine Albright ihm vorgegeben hat. Auch Altkanzler Kohl hat sich aus seinem Rollstuhl zu Wort gemeldet, und beklagt, dass die deutsche Politik nicht bedingungslos hinter Amerika steht. Dabei über gerade Amerika seit Jahren keine Vorbildfunktion mehr aus.

Sonntag, 4. September 2011

Was ich am 24. August über die Waffenlieferungen der Amerikaner an Gaddafi geschrieben habe, trifft in vollem Umfange zu. Jetzt sind Unterlagen gefunden worden, die eine intensive Zusammenarbeit der englischen und amerikanischen Geheimdienste mit dem libyschen Diktator dokumentieren. An die Öffentlichkeit dringt immer nur das, was sich nicht mehr verheimlichen lässt.

Die Weltwirtschaft schwächt sich massiv ab, und die Probleme der Schuldenländer verstärken sich. Hier bahnt sich eine Katastrophe an, auch für uns!

Montag, 5. September 2011

Mecklenburg-Vorpommern hat einen neuen Landtag gewählt. Der Wahlsieger ist die SPD mit einem Zuwachs um gut 5%. Ungefähr dieselbe Menge hat die CDU verloren. Jämmerlich das Abschneiden der FDP, die mit nur noch 2,7% unter ferner liefen landete und hier nicht mehr mitspielen darf. Dass jetzt auch hier die

Grünen, und damit in alle Landtagen vertreten, eingezogen sind, ist nicht verwunderlich. Denn eigentlich dürfte so eine Wahl, die nur 51,4% der Wähler an die Urnen gebracht hat, gar nicht gewertet werden. Die schweigende Mehrheit hat keine wählbare Partei. Dass dann noch 6% die NPD gewählt haben, zeigt dass nach Alternativen zu den ganzen Linksparteien gesucht wird. Jetzt kommt die Quittung für die CDU und FDP für ihre Anbiederung an die Grünen in Fragen des Atomausstiegs. Leute mit anderer Meinung haben keine politische Heimat mehr. Die FDP in der jetzigen Form kann schon mal Konkurs beantragen, denn sie hat sich selbst abgemeldet. Nur eine völlig neue Partei, rechts von der Mitte angesiedelt, die auch ruhig eine Klientelpartei für den mittelständischen Leistungsträger sein kann, wird wieder dringend benötigtes liberales Gedankengut in die Parlamente bringen können. Vor allem werden Führungspersönlichkeiten mit „Ecken und Kanten" benötigt, und eine straffes Parteiprogramm, das sich von den anderen abhebt.

Montag, 19. September 2011

Auch bei der Landtagswahl in Berlin hat es die erwartete Klatsche für die FDP gegeben. Sie ist mit 1.8% zur Splitterpartei mutiert. Dass hier knapp 60% zur Wahl gegangen sind, also mehr als befürchtet, ist nur einer neuen merkwürdigen Gruppierung, den Piraten, zu verdanken. Ansonsten nichts Neues im verschuldeten Berlin: Wowereit darf weitermachen und kann sich zwischen den Grünen und der CDU den Partner aussuchen. Indessen sinken die Aktien weiter, und eine Lösung für die Euro Rettung ist nicht in Sicht.

Sonntag, 25. September 2011

Der „deutsche" Papst weilt seit drei Tagen in der Heimat. Seiner Rede im deutschen Bundestag sind viele linke und grüne Abgeordnete ferngeblieben. Mit Anstand hat das nichts zu tun. Trotzdem ist nicht zu verhehlen, dass sich die großen Kirchen auf dem Rückmarsch befinden und teilweise schon mit dem Rücken zur Wand stehen. Gegen den Islam und den Sekten werden die Großen auf Dauer nichts ausrichten können. Aber am meisten werden die zunehmen, die nicht an die Geschichten aus der Bibel glauben.

Donnerstag, 29. September 2011

Der Bundestag hat den Eurorettungsschirm beschlossen. Es geht um so unvorstellbare Summen, dass es dem Normalbürger so vorkommt wie in der Kirche: Es bleibt nur der Glaube dass das gutgehen kann, denn vorstellen kann sich das keiner! Nur schlimm ist, dass keiner der Befürworter eine persönliche Haftung übernimmt – wenn´s schief geht, müssen das alle tragen!

Montag, 3. Oktober 2011

Die Deutschen feiern den Tag der deutschen Einheit. Wieviel mehr Gründe zum Feiern hätten wir, wenn sich Helmut Kohl seinerzeit nicht von Mitterrand den Euro hätte aufzwingen lassen. Dann wären wir in der Lage gewesen, wirklich aus eigener Kraft und Überzeugung, „blühende Landschaften" zu schaffen. Aber wenn wir gleichzeitig der größte Nettozahler für das ausufernde Europa sein müssen, ist das nur schwer zu stemmen. Netto: also das was wir im Jahr mehr bezahlen als das, was wir aus Brüssel zurückbekommen, beträgt ca. 9 Milliarden Euro! Dass wir, die wir selbst mit über 2000 Milliarden Euro verschuldet sind, jetzt den Euro retten sollen, hört sich für den Normalbürger so an, als wenn nur Verrückte am Werk sind. Dass reihenweise studierte Wirtschaftsprofessoren warnen, dass das nicht gutgehen kann, wird von der Mehrheit der Politik ignoriert. Die Katastrophe wird nicht zu vermeiden sein!

Donnerstag, 6. Oktober 2011

Geht es jetzt los? In Amerika wird von immer mehr Menschen gegen die Macht der Geldhaie protestiert. Bislang wird dabei nicht die Verknüpfung der Juden thematisiert. Auch in Deutschland nicht, wo die mögliche Zerschlagung der Hyporealestate den Steuerzahler ca. 50 Milliarden kosten würde. Im Aufsichtsrat sitzt Bernd Knobloch, der Sohn der ehemaligen Vorsitzenden des Zentralrats der Juden in Deutschland, der an der desaströsen Situation der Bank nicht unschuldig sein wird

Freitag, 14. Oktober 2011

In Amerika wird wieder das bekannte Spiel gespielt, das immer den Wahlkämpfen vorausgeht. So wird der Iran wieder in den Fokus gerückt, als ein Terrorstaat, der Anschläge in Amerika plant. In diesem Fall ein angeblicher Anschlag gegen den saudi-arabischen Botschafter. Was das dem Iran bringen sollte, bleibt im Unklaren. Aber eine Ablenkung gegen Amerikas große Probleme auf allen Ebenen ist das Ziel.

Merkwürdig ist, dass über die andauernden Proteste gegen die Banken und Banker in Amerika in unseren Nachrichten wenig berichtet wird.

Mittwoch, 19. Oktober 2011

Inzwischen wird auch in Deutschland gegen die Macht der Banken demonstriert. Dabei werden die Demonstranten von den Medien vorgeführt, weil sie in der Regel nicht genau formulieren können, wogegen genau sie auf die Straße gehen und was sich ändern müsste. Und wenn man Politiker in Talkshows zu dem selben Thema hört, merkt man, dass die keine Lösung haben, schon gar nicht für die Euro Rettung. In Griechenland liegt heute alles wieder am Boden, weil die Gewerkschaften einen Generalstreik ausgerufen haben. Damit rettet man bestimmt keinen Arbeitsplatz und schon gar nicht Griechenlands Wirtschaft.

Im Nahen Osten ist der Gefangenenaustausch im Gange. Gegen den seit fünf Jahren von den Palästinensern verschleppten israelischen Soldat Gilat Schalit, sollen 1027 gefangene Palästinenser freigelassen werden. Auf dem ersten Blick ein schlechter Tausch, aber man muss bedenken, dass Israel 6000 Palästinenser inhaftiert hat, und das bestimmt nicht immer aus rechtsstaatlichen Gründen.

Samstag, 22. Oktober 2011

Gaddafi ist tot, und die Nato hat sich hier offensichtlich als Henker betätigt, auch wenn den letzten Schuss wohl ein Libyer abgegeben hat. Die Frage bleibt, ob das die Aufgabe eines Militärbündnisses, das gegen die Bedrohung durch den Warschauer Pakt aufgestellt war, gewesen ist. Nein, mit dem Ende des Warschauer Paktes hätte die Nato aufgelöst werden müssen!

In „Panorama" wurde dargestellt, dass Deutschland auch im Glashaus sitzt, wenn es auf Griechenland zielt. Die Pro Kopf Verschuldung vieler Gemeinden übertreffen die der Griechen! Nicht einmal jetzt, in Zeiten mit sprudelnden Steuereinnahmen, werden Schulden abgebaut, nein, im Gegenteil, sie werden erhöht. Die Akteure, die unseren Nachfolgegenerationen nur Probleme hinterlassen, gehören vor den Kadi!

Mittwoch, 26. Oktober 2011

Der Bundesverteidigungsminister Thomas de Maizière zeigt Mut und hat eine Liste mit Standortstreichungen in Deutschland vorgelegt. Das Heulen und Zähneklappern der betroffenen Kommunen ist groß, aber nicht konsequent. Am Liebsten wäre es den meisten Kommunalpolitikern, wenn nichts geändert würde, obwohl durch die Abschaffung der Wehrpflicht und er Reduzierung der Anzahl der Soldaten viele Aufgaben nicht mehr vorhanden wären; also weiter Geld ausgegeben würde für Nichtstun und gesicherte Wiederwahl. Wenn wirklich ernsthaft eine Reduzierung der Schulden angestrebt werden soll, müssen solche Maßnahmen in allen Bereichen des Öffentlichen Dienstes greifen. Vor allen müssen alle Landes- und Bundesanstalten auf den Prüfstand. Endlich muss eine vorausschauende Politik greifen, die sich auch dem Problem der Rentenversicherung annimmt.

Dass in Brüssel ein neuer Eurorettungsschirm verabschiedet werden soll, interessiert hier fast keinen mehr, weil die Dimension so groß ist, dass sie für Normalbürger nicht fassbar ist. Eigentlich müsste es auch den „großen" Politikern klar sein, dass eine Gemeinschaftswährung nie ein Erfolg werden kann. Denn wieso sollten die Länder, die früher fleißig ihre Währung gegen die Deutsche Mark abgewertet haben, wie Frankreich und Italien, plötzlich besser wirtschaften, nur weil sie den Euro haben? Das Chaos beginnt erst noch und wird uns noch lange beschäftigen!

Dienstag, 1. November 2011

Das Eurochaos ist da! Griechenlands Regierung will seine Bevölkerung über die geplanten Sparmaßnahmen abstimmen lassen. Es ist so gut wie sicher, dass das Volk sie ablehnen wird. Dann bleibt nur noch der Staatsbankrott als einzige Lösung. Leute, die das vorausgesagt haben, wurden vorgeführt und ausgelacht. Zum Lachen oder besser zum Weinen ist der Scherbenhaufen, den die europäischen Politiker angerichtet haben. Die gewählten Politiker in einer parlamentarischen Demokratie dürften eigentlich keine Volksbefragungen durchführen. Sie sind die Volksvertreter und haben die Verantwortung solange sie an der Macht sind. Es ist schäbig, wenn dann Politiker das Volk befragen wollen, wenn sie genau wissen, wie die Mehrheit denkt. Im anderen Fall würden sie das nämlich vehement ablehnen.

Freitag, 4. November 2011

In Cannes tagen die Präsidenten der zwanzig stärksten Wirtschaftsnationen und ein Hauptthema ist Griechenland. Das ist inzwischen wieder von der Volksbefragung abgewichen, weil der Druck der anderen Europäer zu groß wurde.

Lt. Zeitungsberichten wird ein Angriff auf die iranischen Atomanlagen geplant. Zuerst hieß es in einer Meldung, dass das von Israel initiiert würde. Dann stand zu lesen, dass Großbritannien so etwas plant und jetzt zuletzt, dass Großbritannien einen Angriff durch die USA unterstützen würde.

Freitag, 11. November 2011

Das Buhlen um die Grünen geht weiter. Der merkwürdige CDU! Umweltminister Norbert Röttgen ist bereit, nach einem neuen Endlager für hochradioaktive Abfälle suchen zu lassen. Und das, nachdem Milliarden für die Erkundung von Gorleben ausgegeben wurden!! Dazu passt, dass sich Herr Schäuble, seines Zeichens Finanzminister, loben lässt, weil im nächsten Jahr die Neuverschuldung geringer als zunächst geplant ausfallen soll. Angesichts von sprudelnden Steuereinnahmen und schlechten Zukunftsprognosen hätte dringend ein Schuldenabbau getätigt werden müssen. Lächerlich ist allerdings die Kritik der SPD an der Verschuldungspolitik zu werten. Sie hätte schon die Möglichkeit, ihren Sparwillen in ihren Länderparlamenten zu demonstrieren!

Dienstag, 15. November 2011

Die CDU löst sich immer mehr auf, wie sie jetzt auf ihrem Bundesparteitag demonstriert. Jetzt vertritt sie nur noch Sozialdemokratische Politik, sogar der bislang bekämpfte Mindestlohn ist kein Tabu mehr. Alles läuft nach dem Motto: Den Machterhalt können wir nur gewährleisten, wenn wir uns bei der SPD oder/und den Grünen anbiedern.

Eine rechtsextreme Mördergruppe aus Thüringen hat über Jahre hinweg Menschen getötet. In erster Linie türkische und griechische Imbissbudenbesitzer, aber auch eine Polizistin in Süddeutschland, die merkwürdigerweise aus Thüringen stammte. Die Umstände sind also noch nicht alle geklärt und die Politik weiß schon wieder alles. So wird einhellig das Verbot der NPD von allen Parteien gesungen, obwohl ein Zusammenhang nicht bewiesen ist. Keiner sagt das einzig richtige: Extremismus auf allen Seiten muss bekämpft werden und nicht nur auf der, die einem nicht gefällt.

Mittwoch, 30. November 2011

Über 30 Millionen Euro hat der Castor Transport nach Gorleben gekostet. Die Kosten in die Höhe zu treiben, war die Absicht der Demonstranten, und das ist gelungen. Eine schwache Politik hat mal wieder die Polizei alleine gelassen, und die musste sich prügeln lassen. Jetzt, wo der Atomausstieg beschlossen ist, so falsch er auch sein mag, ist eine Demonstration absolut unverständlich und widersinnig! Aber die deutsche Politik fährt den Weg der Deeskalation, was sich durch eine Häufung der Straftaten als falsch herausstellt. Die Wirtschaft boomt und die Arbeitslosenzahlen gehen nach unten. Dass vieles der Unsicherheit, was mit dem Euro passiert, geschuldet ist, sagt keiner. Dabei ziehen die Menschen, die noch Geld liegen haben, Investitionen vor, und die werden später fehlen!

Mittwoch, 7. Dezember 2011

Das Finanzchaos in der Eurozone geht weiter, und man fragt sich, ob die Handelnden wirklich wissen, was sie tun. Die Ratingagenturen in Amerika glauben das wohl nicht, denn sie drohen

Deutschland und den EU Rettungsschirm in der Wertigkeit herabzustufen. Das würde höhere Zinsen für Anleihen bedeuten. Die Einsicht, dass auch wir dringend etwas gegen die Verschuldung machen müssen, ist nicht da. Nein, es wird nur gegen die Ratingagenturen gewettert. Die SPD hat auf ihrem Bundesparteitag einen Führungsanspruch gelten gemacht. Wieso sich überhaupt Menschen und Parteien danach drängen „an die Macht" zu kommen, wo sie angesichts leerer Kassen keinen Handlungsspielraum haben, ist mit rätselhaft.

Mittwoch, 14. Dezember 2011

Aua, jetzt hat die FDP auch noch ihren Generalsekretär verloren. Herr Lindner hat das Handtuch geworfen und Herr Rösler steht noch mehr im Regen. Langsam können einen die Liberalen Leid tun, aber: Raffgier kommt vor dem Fall! Die jetzige FDP mit einer Wählerzustimmung bei unter fünf Prozent muss sich nicht wieder erholen. Was Deutschland dringend braucht, ist eine neue Partei mit glaubwürdigen Vertretern, rechts von der Mitte angesiedelt!

Samstag, 17. Dezember 2011

Bundespräsident Wulff ist in Bedrängnis, denn er hat wohl in seiner Zeit als Ministerpräsident in Niedersachsen einen Privatkredit bekommen. Das hat schon ein „Geschmäckle", zumal der Geldgeber oder dessen Frau Unternehmer sind. Außerdem hat er damals wohl das Parlament, auf eine entsprechende Anfrage hin, nicht richtig informiert. Das ist nicht richtig, aber die Frage bleibt, wieso das jetzt plötzlich auf den Tisch kommt.
Die Mitgliederbefragung in der FDP hat den Eurorettern den Rücken gestärkt, aber der Partei an sich nichts gebracht. Das Zittern geht weiter!

Dienstag, 20. Dezember 2011

Außer dem Fall Wulff scheint sich nicht viel zu tun, was die Journalisten verbreiten können. Deshalb wird das Thema zum Lückenfüller und immer neue, alte Sachen werden hervorgezaubert. Ganz am Rande wird dann bekannt, dass der dubiose Herr Maschmeyer neben Herrn Wulfff auch Gerhard Schröder mal einen finanziellen Freundschaftsdienst geleistet hat. Aber meistens kommen nur angebliche oder ordentliche Verfehlungen von Leuten der CDU und der Liberalen auf den Tisch. Merkwürdig!

Samstag, 7. Januar 2012

Die FDP liegt in der Wählergunst inzwischen bei 2% und wird sich wohl so schnell, wenn überhaupt, nicht wieder erholen.

Im Visier der Medien liegt nach wie vor der Bundespräsident Wulfff. Sicher hat er sich in vielen Sachen in der Vergangenheit nicht nur mit Ruhm bekleckert, aber jetzt so eine Hexenjagd zu veranstalten, ist scheinheilig. Angeblich geht es darum, Schaden von dem Amt abzuwenden. Dabei kann man den meisten Amtsvorgängern auch keine blütenweiße Weste attestieren. Vielleicht bis auch Papa Heuss, der aber auch zu seiner Zeit noch nicht so von Schmeißfliegen von Journalisten belagert wurde, wie die heutigen Amtsträger.

Das Europaparlament scheint fleißig zu sein, denn es kommt eine neue Regelung nach der anderen auf die Mitgliedsländer zu. Wahrscheinlich werden diese nur von Deutschland umgesetzt, aber das scheint keiner zu hinterfragen. Überhaupt mischt sich die EU jetzt in die Weltpolitik ein und droht dem Iran wegen dessen angeblichen Atomprogramm mit einem Ölboykott. Dass die dann massiv steigenden Preise der Endverbraucher zu zahlen hat, ist mal wieder nicht berücksichtigt!

Dienstag, 17. Januar 2012

Israel scheut eine direkte Konfrontation mit dem Iran und der Mossad hat einen anderen Weg gefunden, das Atomprogramm der Mullahs zu stören. So ist vor einigen Tagen wieder ein iranischer Atomwissenschaftler einem Anschlag zum Opfer gefallen.

Deutschland lebt in einem Zwiespalt: Auf der einen Seite boomt unsere Wirtschaft nach wie vor, und die Arbeitslosenzahlen sind weiter gesunken. Trotzdem will die Angst vor einem Scheitern des Euroexperiments nicht weichen. Die anderen Euroländer neiden den Deutschen inzwischen ihren wirtschaftlichen Erfolg und machen sie für ihre Probleme mitverantwortlich.

Donnerstag, 26. Januar 2012

Die europäischen Länder haben beschlossen, Öleinfuhren aus dem Iran zu stoppen und Gelder zu blockieren. Dieses ist eindeutig den Amerikanern geschuldet, die sich im Wahlkampf befinden. Obama und auch die Republikaner brauchen die Juden auf ihrer Seite, damit die ihren Wahlkampf finanzieren. An eine allgemeine Abrüstung in der Region des Nahen Ostens denkt keiner, denn dann müsste Israel ja auch seine Atomwaffen abgeben, und das Ergebnis solcher Versuche steht schon fest, deshalb werden die auch gar nicht erst unternommen.

In Lippe will die Politik einen Nationalpark im Teutoburger Wald etablieren. Eine Forderung der Grünen und ihrer Klientel, die sich davon Jobs und Staatsknete versprechen. Dass überhaupt mal von einem Nationalpark gesprochen wurde, ist einem Vorsorgebeschluss der NRW Landtages von 1991 geschuldet. Damals gab es die Diskussion, dass das englische Militär sich aus der Senne verabschieden wolle. Damit dann nicht die Bundeswehr dort weitermacht, beschlossen die rot/grünen Militärgegner unter Ministerpräsident Rau, dann das Gebiet in einen Nationalpark umzuwandeln. Jetzt ist eine neue rot/grüne Regierung in Düsseldorf im Amt, und die ist offensichtlich nicht ausgelastet. Jetzt will sie plötzlich, da die Senne immer noch nicht zur Verfügung steht, den angrenzenden Teutoburger Wald zum Nationalpark machen. Das würde noch mehr Einschränkungen für Besucher nach sich ziehen, als bisher schon da sind. Es wird von den Befürwortern so argumentiert, als wenn das Bestehende beseitigt würde, wenn es nicht zu einem Nationalpark umgewandelt wird. Nein, es wird der Planwirtschaft und Beschränkung der Menschen das Wort geredet! Anders denkende werde diskriminiert und als Blockierer mit Eigeninteressen verschrien.

Samstag, 4. Februar 2012

Die Wochenendzeitung ist voll von Leserbriefen pro und kontra Nationalpark. Auch eine große Demonstration gegen so ein Projekt hat es in Detmold schon gegeben. Merkwürdigerweise stellten die Bauern einen großen Teil der Demonstranten. Die scheinen Angst zu haben, dass auch ihre Gebiete überplant werden. Das würde für die Natur und die Umwelt natürlich viel mehr bringen, als eine intakte Natur, die keiner antasten will, unter Schutz zu stellen. Leider ist es ja so, dass die größten Naturvernichter die „modernen" Landwirte sind. Wenn ich heute wieder lese, dass trotz allem medizinischen Fortschritt, die Zahl der Krebserkrankungen zunimmt, ist das bestimmt auch den Giften zu schulden, die wir mit den landwirtschaftlichen Produkten zu uns nehmen. Dass die Landwirte eine unglaubliche Lobby haben, macht die Sache nicht besser. Kein Industriebetrieb dürfte auch nicht nur annähernd so mit Giften und Arzneien umgehen, wie das die „armen" Bauern machen. So eine Firma würde aus Sorge für die Volksgesundheit sofort geschlossen werden.

Jetzt „überschwemmen" die Landwirte die Gerichte mit Klagen, weil die EU ihre Subventionen wohl um 4% reduzieren will. Dabei kommt heraus, dass Großbetriebe mit ca. € 500 000.- pro Jahr bezuschusst werden! Wofür eigentlich? Ein Gericht hat angeblich schon anerkannt, dass die Bauern auf eine unverändert hohe Zahlung vertrauen konnten. So ein Blödsinn! Dann könnte danach ja auch ein Hilfebedürftiger, der immer freiwillig von seinem Nachbarn mit einer Summe X unterstützt wurde, auf Weiterzahlung klagen, wenn diese Summe verkleinert werden sollte.

Die Nato lässt nicht locker und will, gegen den Widerstand Russlands, unbedingt eine Raketenabwehr gegen sogenannte Schurkenstaaten, hier ist im Moment der Iran gemeint, errichten. Als wenn der Iran die Absicht hätte, uns irgendwann einmal anzugreifen. Nein, auch diese Maßnahme ist nur den jüdischen Wahlkampfgeldern in den USA geschuldet. So kann Israel ohne Angst haben zu müssen, weiter die Palästinenser drangsalieren.

Griechenland braucht im März dringend neues Geld um den Staatsbankrott abzuwenden. Inzwischen kann einem die Bevölkerung leid tun, denn die verlangten Sparmaßnahmen sind für viele existenzbedrohend. Dass die Gewerkschaften meinen, mittels Generalstreiks irgendetwas Positives zu bewirken, zeigt nur, dass sie auch nicht unschuldig an den Problemen sind. Als Buhmann wird dabei Deutschland aufgebaut, und das geht soweit, dass die deutsche Fahne verbrannt wurde.

Ein Blick in das deutsche Parlament, was ja durch den Fernsehsender Phönix ermöglicht wird, zeigt erschreckende Bilder von pöbelnden und feixenden „Volksvertretern". Die Elite Deutschlands ist da jedenfalls nicht zu suchen!

Freitag, 24. Februar 2012

Am 17. Februar hat der Bundespräsident Christian Wulff hingeworfen, und die Medien triumphieren. Der nächste wird wohl der damals knapp unterlegene Gauck sein, obwohl der in „wilder" Ehe lebt und sich in einigen Punkten als nicht ganz links geoutet hat. Im Interesse Deutschlands kann man nur hoffen, dass hier nicht auch wieder eine Schmutzkampagne gefahren wird. Man fragt sich, ob die Politiker wirklich nichts anderes zu tun haben, als in Talkshows herumzuhängen um überflüssige Dinge zu diskutieren.

Dabei sind sie eigentlich gefordert, denn der gesamte Euroraum schlittert zur Zeit in eine Konjunkturkrise. Der Euro verliert sogar gegen den maroden Dollar an Wert, und dass wird z.B. an den Tanksäulen deutlich. Aber diese Preissteigerung wird von den Grünen mit klammheimlicher Freude begrüßt!

Sonntag, 18. März 2012

Es ist so gekommen wie angenommen: Der neue Bundespräsident heißt Joachim Gauck, und er wurde im ersten Wahlgang mit überragender Mehrheit gewählt. Von den Linken wurde Beate Klarsfeld ins Rennen geschickt, eine Journalistin, die sich damit rühmt, den damaligen Kanzler Kiesinger geohrfeigt zu haben, wegen dessen Nazivergangenheit. Ihr einziges Thema war dann auch der Holocaust und das war wohl nicht genug, denn sie bekam außer den Stimmen der Linken nur noch drei andere, u.d. obwohl es 108 Enthaltungen gab. Im Grunde war es eine teure Veranstaltung für ein Amt, über dessen Notwendigkeit man trefflich streiten kann.

Montag, 26. März 2012

Das Saarland hat einen neuen Landtag gewählt. 800 000 Wahlberechtigte sind eigentlich keiner Erwähnung wert, denn das sind so viel, wie in Köln bei der Kommunalwahl wählen dürfen, aber das Ergebnis brachte einige Überraschungen. Die CDU mit der bisherigen Ministerpräsidentin mit Doppelnamen und keiner Ausstrahlung wurde wieder stärkste Partei. Die FDP wurde mit 1,3% in die Versenkung geschickt, und die Partei der Unzufriedenen und Aufrührer, die Piraten, kam aus dem Stand auf über sieben Prozent. Es wird auf eine große Koalition hinauslaufen mit dem Sozialdemokraten Heiko Maas, der seine dritte Wahl verloren hat. Aber das hat er wohl dem „kapitalistischen Linken“, Oskar Lafontaine, zu verdanken, der trotz Verlusten immer noch auf 15% kam.

Mittwoch, 4. April 2012

Literaturnobelpreisträger Günter Grass hat in einem Gedicht, Israel der Kriegstreiberei bezichtigt. Der Grund dafür ist die Kriegshetze gegen den Iran, der angeblich eine Atombombe baut, die Israels Sicherheit gefährdet. Hier sagt Herr Grass endlich mal etwas Vernünftiges, angesichts der von ihm aufgeführten Atombombenarsenale der Israelis. Die Proteste gegen das Gedicht kamen natürlich sofort und pflichtschuldig von verschiedenen Seiten. Dabei sollte man mal die Bevölkerung fragen, was sie von der Angelegenheit hält. Aber so weit darf unsere Demokratie nicht gehen, denn es könnte ja etwas „Verkehrtes“ dabei herauskommen. Dass wir dem Wirtschaftsembargo gegen den Iran, der den Israelis geschuldet ist, auch den wahnsinnig gestiegenen Benzinpreis verdanken (aktuell für Super bei € 1,70), sei nur am Rande vermerkt. Dabei müsste man nur die Politiker in beiden Ländern austauschen, denn die Bevölkerung in beiden Ländern will keinen Krieg, was in zunehmendem Maße gegenseitig übers Internet verbreitet wird.

Freitag, 6. April 2012

Die Schmutzkampagne gegen Günter Grass hält an, und die, sich dafür berufen haltenden, übertreffen sich mit Angriffen gegen den Schriftsteller. Von „der ewige Antisemit“ und der pausenlosen Erinnerung an seine SS Vergangenheit bis zu perfiden Vergleichen mit Hitler (von der gescheiterten Beate Klarsfeld, wo man sich fragt, wer die überhaupt um ihre Meinung gebeten hat?). Auch ein Herr Karasek hat sich kritisch zu Wort gemeldet. Offensichtlich buhlen viele um das Wohlwollen der Juden; aus wirtschaftlichen Gründen? Tatsachen werden verkannt, und Worten von Ahmadinedschad mehr gewichtet, als Taten der Israelis gegen die Palästinenser. Für einen riesigen Fehler halte ich, dass Deutschland an Israel, also an ein Land, dass Atombomben besitzt, U-Boote liefert, die als Abschussmöglichkeit dafür dienen können. Sechs Boote der modernsten Technik sollen geliefert werden (drei sind schon da), subventioniert durch den deutschen Steuerzahler mit 1,5 Milliarden Euro!! Wir machen uns damit mitschuldig an einem möglichen Krieg!

Freitag, 20. April 2012

In NRW ist nach zwei Jahren wieder Wahlkampf und man fragt sich, wer das alles bezahlen soll. D.h., das ist keine Frage: Wir natürlich! Dass die Piratenpartei mit ziemlicher Sicherheit im Landtag vertreten sein wird, ist ausschließlich den Protestwählern zu verdanken. Deren Programm, so sie überhaupt eines haben, hat sicher keiner gelesen. Wenn jetzt allgemein der Ruf nach mehr Mitwirkung der Bevölkerung lauter wird, so zieht das nur eine noch größere Blockade von wichtigen Projekten nach sich. Nicht ohne Grund haben sich die Väter des Grundgesetzes für eine parlamentarische Demokratie entschieden. Nur, wenn die vermeintlich besser informierten Abgeordneten grobe Fehler machen, müssen sie auch mehr Verantwortung tragen. Entscheidungen ohne persönliches Risiko sind oft mit heißem Faden gestrickt. Dass die Parteipolitiker der ersten Reihe sowieso nicht das Risiko gehen, vom Wähler abgewählt zu werden, weil sie über die Liste abgesichert sind, müsste auch mal überdacht werden.

Sonntag, 6. Mai 2012

In Schleswig-Holstein ist der Landtag neu gewählt worden. Bei geringer Wahlbeteiligung sind CDU und SPD fast gleich auf. Die Linken sind glücklicherweise abgewählt worden, während die Piraten 8,2% aus dem Nichts einfuhren. Grüne erhielten 13,2% und die totgesagte FDP kam dank Kubicki auf 8,2%. Die Schleswig-

Holsteiner Besonderheit, der SSW, der keiner Fünf Prozent Klausel unterliegt, kam auf gut 4% der Stimmen. Jetzt zeichnet sich eine merkwürdige Koalition ab mit einer Stimme Mehrheit, durch SPD, Grüne und SSW. Da das erfahrungsgemäß keine fünf Jahre hält, kann der Bürger eine frühere Neuwahl dann wieder finanzieren. Dass dringend nach einer rechtskonservativen Partei gesucht wird, zeigt die große Zahl der unzufriedenen Nichtwähler.

Mittwoch, 9. Mai 2012

In Frankreich ist Sarkozy abgewählt worden und durch den Sozialisten Hollande ersetzt worden. Der will wieder mehr Schulden machen, was das Verhältnis zu Deutschland belasten wird. Auch in Griechenland ist gewählt worden, ohne dass stabile Verhältnisse erzielt wurden. Im Gegenteil, wahrscheinlich muss noch mal gewählt werden, weil keine Regierungsbildung möglich ist. Bei fast allen europäischen Partnern gleich ist der Frust auf das einigermaßen stabile Deutschland. Das wird nun für deren hausgemachte Probleme verantwortlich gemacht.

Montag, 14. Mai 2012

Die vorgezogene Wahl in NRW hat der SPD mit Hannelore Kraft den Sieg gebracht. Zusammen mit den Grünen hat sie jetzt die angestrebte Mehrheit. Die CDU mit Norbert Röttgen, der nur halbherzig gekämpft hatte, erlebte ein Debakel mit dem schlechtesten Ergebnis (26,3%) überhaupt für die CDU in NRW. Ein zweites Wunder, nach Schleswig-Holstein, hat die FDP erreicht, denn von Vorhersagen von 2% hat sie sich auf über 8% gesteigert. Auch die merkwürdigen Piraten sind im Parlament, aber die Linke ist nicht mehr dabei und bekam nur 2,5%. Also hatte die Wahl auch einen positiven Aspekt.

Dienstag, 15. Mai 2012

Griechenland versinkt weiter im Chaos. Es muss erneut gewählt werden, weil die jetzige Wahl keine Mehrheiten gebracht hat. Die anderen Euroländer halten noch an Griechenland mit dem Euro fest, weil sie befürchten, ansonsten viel Geld zu verlieren. Aber so richtig scheint keiner zu wissen, wie es mit dem Euro weitergehen soll. Wenn man sich die Wahlbeteiligungen bei Europawahlen ansieht, merkt man schnell, wie wenig die Bevölkerung hinter dem Beamtenmoloch steht.

Montag, 21. Mai 2012

Angela Merkel hat wieder einen Konkurrenten platt gemacht und das war bei dem farblosen Umweltminister nicht schwer, aber er meinte mal Nachfolger von ihr werden zu können. Herr Röttgen wurde, nach der Wahlniederlage in NRW, als Umweltminister entlassen. Ob der Nachfolger, Peter Altmaier, mehr ist als eine Notlösung, muss sich erst noch zeigen.

Donnerstag, 31. Mai 2012

Bundespräsident Gauck ist in Israel und scheint etwas mehr Rückgrat zu zeigen, als viele seiner Vorgänger. Dass Herr Netanjahu es einfach ablehnt, mit ihm über die Siedlungsfrage zu sprechen, ist schon ein Affront.

Samstag, 16. Juni 2012

Das „Euroland" ist in Aufregung, wenn nicht in Auflösung begriffen. Jetzt musste auch Spanien unter den Rettungsschirm und auch Italien wankt. Wer das alles schultern soll, ist mir ein Rätsel.
Alles schaut auf Deutschland, dem jetzt auch noch die Schuld an dem Dilemma gegeben wird. Morgen entscheiden die Griechen

bei ihrer Wahl auch über den Verbleib in der Eurozone. Weitsichtig waren die Politiker, die z.B. dafür gesorgt haben, dass Griechenland den Euro bekommt, nicht. Aber sie tragen ja auch keine Verantwortung und können weiter kapitale Fehler machen!

Montag, 18. Juni 2012

Griechenland hat gewählt und will offensichtlich den Euro behalten, auch wenn das mit großen Einschnitten verbunden ist. Die Alternative wäre eine Rückkehr zur Drachme und ein noch größerer Absturz gewesen.

In NRW steht die rot/grüne Koalition unter Frau Kraft, deren Wahl als Ministerpräsidentin noch erfolgen muss.

Immer öfter hört man nun doch, dass der überhastete Umstieg auf alternative Energien falsch war. Die Natur leidet schon jetzt massiv, und die Arten werden durch u.a. Maiswüsten immer weiter zurückgedrängt. Aber keine Partei wagt, sich dieses Problems anzunehmen.

Montag, 25. Juni 2012

Die Politik scheint sich hinter der Fußballeuropameisterschaft zu verstecken und das ist auch gut so. Wieder fahren die Fans mit Nationalsymbolen durch die Gegend, wohl oder übel gelitten auch von den Politikern, denen Nationalbewusstsein ein Gräuel ist. Die mannigfaltigen Probleme in allen Bereichen sind aber keinesfalls aus der Welt.

Sonntag, 22. Juli 2012

Auch in den letzten vier Wochen ist es nicht ruhiger und vernünftiger geworden in der Politik. Die Eurozone hängt in den Seilen, und es wird ein Rettungsschirm nach dem anderen aufgespannt.

Dabei steht jetzt schon fest, dass pausenlos gutes Geld verbrannt wird, nur um nicht des Nichtstuns bezichtigt zu werden.

In Syrien herrscht Krieg, und keiner weiß so richtig, um was es eigentlich geht.

Dienstag, 31. Juli 2012

Die olympischen Spiele in London und auch die Sommerpause haben die Politik etwas aus den Schlagzeilen verdrängt. Dabei läuft die sogenannte Eurorettung weiter, und der Druck der Südländer auf Deutschland wird immer größer. Einen Italiener zum Chef der EZB zu machen, als Nachfolger eines Franzosen, ist schon lächerlich angesichts der Schulden, die auch diese Länder angehäuft haben. Die sollten lieber erst einmal im eigenen Land für Ordnung sorgen und nicht eine Pseudoruhe erzeugen, indem sie faule Staatsanleihen aufkaufen.

Mittwoch, 4. September 2012

„Denk ich an Deutschland bei der Nacht, bin ich um den Schlaf gebracht!" Wenn das nicht Heinrich Heine schon so oder ähnlich ausgedrückt hätte, würde mir das womöglich auch eingefallen sein. Alle Welt schaut auf Deutschland und hofft auf positive Nachrichten. Dabei kommt mir immer die Aussage in den Sinn von dem Einäugigen, der König unter den Blinden ist. Deutschland ist mit über 3000 Milliarden Euro verschuldet und soll die ganze Welt retten. Wie soll das denn gehen?

Die SPD Regierungen von Rheinland-Pfalz, Brandenburg und Berlin, mit den Herren Beck, Platzek und Wowereit häufen neue Schulden an durch Fehlentscheidungen, die für Privatfirmen böse Folgen hätten bis zur Privatinsolvenz. Nichts davon bei den Herren Politikern, die bestimmt nicht mal auf ihre Aufsichtsratbezüge verzichtet haben. Herr Beck hat sein Land mit 300 Mill.€ bürgen lassen für ein Vergnügungspark am Nürburgring – Geld weg! Die anderen

Herren sind mit verantwortlich für Mehrkosten von weit über 1 Milliarde € beim Neubau des Flughafens. Schlimm, aber ohne Konsequenzen!

Sonntag, 9. September 2012

Immer mehr wird das Thema Energiewende kritisch kommentiert. So schreibt sogar der „Spiegel" einen kritschen Artikel zum Thema Biogasanlagen und Maisanbau. Vorsichtig werden die Bürger von der Politik auf weiter steigende Strompreise durch die Nutzung der Wind- und Solarkraft vorbereitet. Eine Magazinsendung machte deutlich, wie sinnlos die energetische Sanierung von Gebäuden für die Nutzer ist. (Vorteile in 41 Jahren oder später!!) Und keine Partei ist da, die diese Tatsachen den Grünen und den Linken an den Kopf wirft.

Die EZB mit dem Italiener Draghi an der Spitze will die Gelddruckmaschinen anwerfen um Staatsanleihen von Schuldenstaaten anzukaufen. Also ein Verschieben von Problemen in ferne Zukunft. Dagegen wird in Deutschland geklagt, und das Bundesverfassungsgericht muss nun entscheiden. Eigentlich ist das eine Sache einer verantwortungsvollen Politik.

Mittwoch, 19. September 2012

Die linke Klientel jubelt, auch Japan will angeblich aus der Atomkraft aussteigen. Nur so einen Ausstiegsbeschluss könnte ich auch mittragen: Ausstieg, wenn möglich! Außerdem ist dieser Beschluss dem laufenden Wahlkampf geschuldet. Dabei wäre so ein Ausstieg in einem Land, das immer wieder von Erdbeben heimgesucht wird, nachvollziehbar. Aber wo sind die Alternativen?

Im Konflikt mit China um zwei unbewohnte Inseln steckt sehr viel Brisanz. Hoffentlich bricht da nicht ein bewaffneter Konflikt aus.

In der muslimischen Welt herrscht Unruhe, weil in einem Film aus Amerika der Prophet Mohammed diskriminiert wird. Das war von den Filmemachern beabsichtigt und erwartet worden. Es sieht nicht gut aus in der Welt!

Mittwoch, 26. September 2012

Die Griechen streiken mal wieder gegen die Lohnkürzungen und anderen Einschränkungen. Aber das wird auch nichts an ihrer Situation ändern. Die Frage ist doch, wie konnte es soweit kommen? Waren die anderen Eurostaaten blind, dumm oder beides? Aber die Verantwortung übernimmt sowieso nie ein Politiker, höchstens wenn ihm ein Fehlereingeständnis keine monetären Nachteile bringt.

Noch sprudeln in Deutschland die Steuereinnahmen, aber auch das ist absehbar. Trotzdem bekommt man immer noch nicht einen Haushalt ohne neue Schulden hin. Das ist im Moment auch wohl nicht so wichtig, denn für unsere, nur sich selbst verantwortlichen, Politiker ist viel wichtiger, sich auf die Wahl Ende nächsten Jahres zu konzentrieren, man will ja schließlich wiedergewählt werden.

Dienstag, 16. Oktober 2012

Der Energiewandel wird für den Stromverbraucher teuer, als wenn man das nicht gewusst hätte. Aber alle waschen ihre Hände in Unschuld und suchen angeblich Schuldige. Auch die FDP kann sich nicht profilieren und kommt nicht aus dem Stimmungstief. Die SPD will mit Herr Steinbrück punkten, der zwar der beste der drei möglichen ist, aber keine Lösung bietet. Nach wie vor gibt es keine wählbare Partei!

Zwischen der Türkei und damit der Nato und Syrien mit Russland an der Seite, wächst die Kriegsgefahr. Wobei nicht klar ist, woher die Gegensätze rühren. Nichts neues in der Griechenlandfrage, auch hier ist keine Lösung in Sicht. Es sieht nicht gut aus in der Welt.

Freitag, 9. November 2012

Obama ist in Amerika wiedergewählt worden und die Probleme bleiben. Aber der andere wäre auch keine gute Alternative gewesen. Der Wahlkampf hat jedenfalls wieder Milliarden gekostet. Dabei wäre das Geld nötig gewesen um einmal die massiven Schulden zu mindern und jetzt auch, um die grandiosen Schäden, die der Hurrikan Sandy über die Ostküste mit New York gebracht hat, zu beseitigen. Millionen von Menschen sind tagelang ohne Strom, weil die „Weltmacht" eine Infrastruktur wie ein Entwicklungsland hat. Armes Amerika!

Deutschland will weiter an dem Energiewandel festhalten, obwohl schon gewarnt wird, dass bald nicht genügend bezahlbarer Strom zur Verfügung steht. Verantwortlich? - Keiner!

Mittwoch, 14. November 2012

Die Eurokrise ist noch lange nicht vorbei und ich bin froh, kein Politiker zu sein. Aber die scheinen das alles nicht so schwer zu nehmen. So ist Deutschland allmählich zum Buhmann in der Eurozone geworden. Der größte Nettozahler wird auf einmal für die Probleme, vor allem in den südlichen Ländern verantwortlich gemacht. In Portugal wurde die Kanzlerin bei einem Besuch beschimpft. Eine schlechte Rolle spielen mal wieder die Gewerkschaften, denen nichts anderes als Streik einfällt. Dass in Belgien das Fordwerk geschlossen wird, nach anderen Firmen, ist den „erkämpften" Sozialvergünstigungen zu verdanken. Die sind für die Firmen zu teuer geworden und die Menschen hätten bestimmt lieber weiter sichere Arbeitsplätze. Aber dass sie Fehler gemacht haben und oft überflüssig sind, werden die Gewerkschaftsfunktionäre nicht einsehen.

Bei den Grünen ist von den Mitgliedern das Spitzenduo für die Bundestagswahl 2013 von der Basis gewählt worden. Das sind Herr Trittin und Frau Göring-Eckhardt. Frau Künast gehört zu den Verlierern und Frau Roth bekam eine Klatsche mit gerade einem Viertel der abgegebenen Stimmen. Sie war schwer erschüttert, steht aber jetzt doch als Parteivorsitzende zur Wahl. Das wird bestimmt auch aus Mitleid gelingen, denn was anderes kann sie wohl auch nicht.

Freitag, 16. November 2012

In Israel wird im Januar gewählt und Netanjahu meint durch einen Angriff in Gaza wiedergewählt zu werden. Der militärische Leiter der Hamas wurde mit einem gezielten Raketenangriff auf sein Auto getötet. Dass dabei auch noch sechs andere Personen zu Tode kamen, spielte keine Rolle. Provoziert wurde durch diesen Angriff eine unerwartete Fülle von Raketenangriffen aus dem Gazastreifen heraus nach Israel. Da Israel sich angegriffen fühlt, schlägt sie mit Macht zurück. Die Lage ist mehr als bedrohlich und der amerikanische Präsident Obama musste sich pflichtschuldig auf die Seite Israels schlagen, um seine Dankbarkeit gegen die Juden, die seinen Wahlkampf mit Milliardenspenden mitfinanziert hatten, zu demonstrieren. Dadurch, dass Ägypten überlegt, den Freundschaftspakt mit Israel zu kündigen, wird die Lage noch schwieriger. Man hat den Eindruck, dass sich zumindest die israelische Führung als Angehörige des auserwählten Volkes fühlen und den „minderwertigen“ Palästinensern nicht die gleichen Rechte einräumen. Auch dass sich die Israelis trauen, von den, von den Syrern annektierten Golanhöhen aus nach Syrien hineinzuschießen ist unverständlich. Es steht nicht gut um die Welt!

Montag, 19. November 2012

Wenn ich nicht schon längst aus der FDP ausgetreten wäre, würde ich das spätestens jetzt machen. Welchen traurigen Eindruck unser Außenminister Guido Westerwelle macht, ist nicht mehr zu überbieten. Entweder wird er von den Israelis erpresst, die etwas über ihn wissen, oder er hat seinen Verstand verloren. Dass auf palästinensischer Seite an die einhundert Menschen ihr Leben durch israelischen Raketenbeschuss verloren habe, und dagegen drei Israelis scheint zu ihm noch nicht durchgedrungen zu sein. Nein, er bezieht einseitig Stellung pro Israel. Vielleicht sollte mal das deutsche Volk zu der Angelegenheit befragt werden. Aber das wird nicht passieren, weil man weiß, wie das Ergebnis lauten würde.

Mittwoch, 21. November 2012

Die menschenverachtenden Luftangriffe gegen Gaza gehen weiter. Die meisten Regierungsgebäude sind zerstört, wobei die meisten von uns finanziert wurden. In Israel wurde ein Anschlag auf einen Bus verübt mit zwanzig Verletzten. Auch das ist eigentlich nicht zu tolerieren, aber wohl auch als Notwehr gegen einen übermächtigen Feind zu verstehen.

Der Haushaltsentwurf fürs nächste Jahr wird im Bundestag diskutiert. Unverständlich, dass trotz sprudelnder Einnahmen neue Schulden vorgesehen sind. Der Kanzlerkandidat der SPD, Herr Steinbrück, versucht von seinen Millionenhonoraren bei Vorträgen abzulenken. Meiner Einschätzung nach wird er diesen Posten bald wieder abgeben müssen, weil die Öffentlichkeit nicht so schnell vergisst.

Dienstag, 27. November 2012

Die Auseinandersetzung zwischen den Israelis und den Palästinensern ruht durch ägyptische Vermittlung. Dabei ist Ägypten kein Hort der Ruhe, da der neue Präsident Mursi Mitglied der Muslimbrüder ist und die Justiz entmachtet hat. Die Revolutionäre für eine Änderung der Politik in Ägypten sind enttäuscht und wollen sich damit nicht abfinden.

Die europäischen Finanzminister haben sich auf die Auszahlung der nächsten Tranche an Hilfsgeldern für Griechenland geeinigt. Eine Katastrophe, deren Konsequenzen wir noch alle zu spüren bekommen werden. Die Einführung eines Europa der Vaterländer wäre richtig gewesen. Die Einführung der Einheitswährung ist eine Verbrechen und mit Dummheit der Handelnden zu lieb ausgedrückt. Verantwortung??

Donnerstag, 29. November 2012

Griechenland soll nun doch mit neuen Milliarden unterstützt werden. Ich glaube, dass keiner der Handelnden noch durch diese gewaltigen Maßnahmen durchsteigt. Aber sie haben ja kein Risiko!

Deutschland will sich in der UNO der Stimme enthalten, wenn die Palästinenser ein Vertretungsrecht erhalten. Sie können in dem Fall nämlich die Israelis für Landraub und andere Sachen beim Gericht anzeigen. Die USA, die sowieso nicht gegen die Juden entscheiden können, wollen ohne Grund dagegen stimmen und wir passen uns an. Arme USA, armes Deutschland!

Dienstag, 11. Dezember 2012

Die deutsche Enthaltung ist in Israel nicht gut angekommen, aber endlich hat Deutschland mal Härte gezeigt, zumal Israel als Reaktion auf die Aufwertung der Palästinenser eine Ausweitung des Siedlungsbaus im Palästinensergebiet angekündigt hat. Dadurch würde ein eigener Palästinenser Staat unmöglich zu verwirklichen. Das ist sogar von Frau Merkel Herrn Netanjahu bei seinem Deutschlandbesuch mit auf den Weg gegeben worden. Einen Affront leistete sich Herr Avigdor Lieberman, der israelische Außenminister, der ist nämlich aus Protest nicht erschienen.

Herr Steinbrück ist als Kanzlerkandidat der SPD nominiert. Was soll die Partei auch anderes machen, als gute Miene zum kapitalistischen Spiel des Kandidaten?

Sonntag, 23. Dezember 2012

Ein Jahr voller Krisen nähert sich dem Ende. Deutschland ist bislang noch einigermaßen gut davongekommen. Trotzdem war die Entscheidung für den Energiewandel übereilt und falsch. So werden die Strompreise weiter steigen und die Zahl derer, die das nicht zahlen können, auch.

In Syrien wird weiter gekämpft, ohne das wohl jemand weiß, wer der Gute und wer der Schlechte ist. Nur die Bevölkerung leidet große Not.

Im nächsten September ist Bundestagswahl und die Parteien wetzen schon die Messer. Der Anteil an der Macht der Einzelnen ist viel wichtiger als Deutschland insgesamt. Die Parteien sind mit ihren Programmen, wie schon lange, austauschbar und deshalb eigentlich alle nicht aus Überzeugung zu wählen. Vor allem, wenn man, um irgendeine zu verhindern, gewählt hat, und diese nachher aus Koalitionspartner an die Macht kommt!

Sonntag, 20. Januar 2012

Heute wird in Niedersachsen gewählt und diesmal hoffe ich, dass die FDP den Sprung in den Landtag schafft, damit Rot/Grün verhindert wird.

In Mali ist die französische Armee dabei, Islamisten zurückzudrängen. Diese haben wiederum in Algerien ein Gasfeld überfallen und Geiseln genommen. Bei dem Befreiungsversuch durch die algerische Armee hat es viele Tote gegeben. Es brodelt an allen Ecken in der Welt!

Montag, 21. Januar 2012

Die FDP hat es zwar geschafft mit einer Zweitstimmenkampagne, aber auf Kosten der CDU. Deshalb sagen die 9,9% nichts aus. Am Ende fehlte eine Stimme zur Fortsetzung der Schwarz/Gelben Koalition. Das macht eigentlich nichts, aber dass die Grünen mit 13,7% gewählt werden, eine Partei, die nur durch Panikmache ihre Existenz ableitet, erschreckt schon sehr.Wo bleibt eine wählbare Partei in Deutschland? Dabei wäre der Journalist Jakob Augstein mit seiner Meinung zu Israel schon ein Aushängeschild für eine neue Partei. Die Hoffnungsträger in der Vergangenheit mit ähnlicher Ausrichtung, Jürgen Möllemann und Jörg Haider, haben das nicht überlebt, und das war kein Zufall! Deshalb müsste Herr Augstein schon einen Preis für Mut bekommen.

Freitag, 25. Januar 2012

Fünfzig Jahre Elysee Vertrag, der Freundschaftsvertrag zwischen Frankreich und Deutschland, wird gefeiert. Es wäre eine Erfolgsstory für die beiden und alle Länder die sich angeschlossen haben, wenn nicht die unselige Gemeinschaftswährung eingeführt worden wäre. Mir ist der Sinn dafür von Anfang an nicht klar gewesen und leider habe ich Recht behalten.

Das kann nicht im Sinne der Verfassungsväter sein, dass die Regierenden immer weniger Möglichkeiten bekommen, wirklich etwas anzupacken. Die Wahlergebnisse laufen immer mehr auf Pattsituationen hinaus, die zu unerwünschten Kompromissen führen. Zumal, wenn im Bundesrat andere Mehrheiten als im Bundestag vorherrschen. Eine Reform der Wahlen ist dringend erforderlich und das könnten Mathematiker wohl berechnen. z.B. könnte ich mir vorstellen, dass es klarere Ergebnisse gibt, wenn die Partei mit dem meisten Stimmen einen Zuschlag von meinetwegen 20% erhält. Die Mehrheit der Wähler hat ja die Partei gewählt und nicht irgendeine rechnerische Koalition.

Freitag, 1. Februar 2013

Die Lage in Syrien ist nach wie vor unübersichtlich. Es ist nicht klar, wer gegen wen und warum kämpft. Die Menschen leiden und es gibt unzählige Flüchtlinge. Trotzdem ist es ein eklatanter Verstoß gegen das Völkerrecht, dass Israel einen Luftangriff in Syrien durchgeführt hat. Da nicht klar ist, was überhaupt angegriffen wurde, kann es nur heißen, dass die Juden an einer Ausbreitung des Konfliktes interessiert sind. Sie meinen offensichtlich, sich dann zur stärksten und größten Macht im Nahen Osten bombardieren zu können, zumal die ganze Region in Unordnung ist. Ägypten ist mit sich selbst beschäftigt und kein Gegner und auch die anderen Anrainer sind mit sich selbst und ihren Problemen beschäftigt. Innenpolitisch wächst die Unruhe in Israel wegen der steigenden Kosten und dem Auseinanderdriften von Arm und Reich. Da käme Herr Netanjahu eine außenpolitische Ablenkung sehr recht.

Die deutsche Politik dümpelt vor sich hin und jedes Wort wird auf die Goldwaage gelegt, denn man will vor der Bundestagswahl im September nur noch gut aussehen.

Freitag, 1. März 2013

In Italien hat die Wahl eine Pattsituation ergeben. Berlusconi ist merkwürdigerweise wieder aus der Versenkung gekommen, weil er mit Wahlgeschenken ohne Ende gewedelt hat. Dann hat es noch einen ehemaligen echten Komiker als Kandidat gegeben und auch der wurde gut aus den verschiedensten Gründen mit Stimmen bedacht. Die meisten Stimmen bekam ein Linksliberaler, aber da der auch nicht mit Berlusconi koalieren will, werden wohl Neuwahlen nötig sein. Der SPD Kanzlerkandidat Steinbrück ist wieder in ein Fettnäpfchen getreten, indem er öffentlich von zwei Clowns in Italiens Politik sprach. Damit hat er als Politiker natürlich überzogen. Sowieso glaube ich nicht, dass er bis zur Wahl im Herbst durchhält. Mit dem wird die SPD bestimmt nicht gewinnen.

Samstag, 16. März 2013

Jetzt mussten auch die Banken von Zypern gerettet werden, aber das regt uns schon gar nicht mehr auf, denn diese Unsummen, die da im Spiel sind, kann sowieso keiner mehr verstehen. Schlimm ist nur, dass man das auch den handelnden Politikern nicht zutraut. In Syrien wird weiter getötet und wer die Schuld oder keine Schuld hat ist im Nebel. Trotzdem wollen Frankreich und England den Rebellen Waffen liefern. Für sie scheint die Schuldlage klar zu sein. Das wird nichts bringen außer dass das Blutvergießen noch anwachsen wird.

Donnerstag, 21. März 2013

Die Zyprer sollten lt. Rettungsplan mit einem Anteil von ihren Spareinlagen selbst mithelfen. Das führte zu großen Protesten und auch das Parlament lehnte den Plan ab. Jetzt hofft das Land, dass Russland als Helfer eingreift, weil ansonsten im Mai die Pleite droht. Bedenklich ist, dass die Deutschen in Form von Frau Merkel als Schuldige herhalten müssen. Immer wieder werden Plakate gezeigt, auf denen Frau Merkel als Nazi verunglimpft wird.
Herr Obama war in Israel und hat die unverbrüchliche Einheit zwischen beiden Ländern beschworen. Der weiß inzwischen auch, wie gefährlich für ihn eine wahre Aussage sein kann.

Montag, 25. März 2013

Der Rettungsplan für Zypern ist beschlossen, u.z. in der Form, dass die kleinen Spareinlagen nicht angetastet werden. Russland will sich nun doch beteiligen, wohl wissend, dass die größten Einlagen von reichen Russen getätigt wurden. Die Frage ist, mit wieviel Milliarden Putin und Medwedew dazugehören. Aber das wird bestimmt nicht an die Öffentlichkeit kommen.

Sonntag, 7. April 2013

Der kleine nordkoreanische Diktator Kim Jon Un spielt verrückt und droht mit einem Atomkrieg. Man kann sich nicht vorstellen, dass er das ernst meint, aber Idioten hat es schon immer gegeben. Hoffentlich kommt der noch zur Vernunft.

Montag, 15. April 2013

Noch ist in Korea nichts Schlimmes passiert, aber die Welt ist alarmiert.
Die SPD dümpelt mit ihrem Spitzenkandidaten Steinbrück bei 27% in den Umfragen. Beim Parteitag in Augsburg hat der versucht mit linken Parolen zu punkten. Der CDU und FDP droht Gefahr durch eine neue konservative Partei, die als Hauptziel den Ausstieg aus dem Euro erreichen will. Die AfD könnte die Alternative zu den etablierten Parteien werden, deren Programme untereinander austauschbar sind und damit für viele nicht wählbar! Sie heißt auch schon richtig: Alternative für Deutschland.

Dienstag, 16. April 2013

Wie nicht anders zu erwarten wird die neue Partei sofort von den Konkurrenten und den entsprechenden Medien in die angeblich schlechte rechte Ecke gestellt. Hoffentlich hat sie die Kraft, da durchzuhalten, obwohl das nicht leicht sein wird.

Beim Boston Marathon sind Bomben explodiert und haben Tote und Verwundete zurückgelassen. Dass das im Gegensatz zum damaligen Anschlag auf das World Trade Center in New York kein selbstgemachter Anschlag, sondern ein noch ungeklärtes Verbrechen war, scheint klar. Denn, so schlimm dieser Anschlag auch war, er hätte nicht genügt, ein Volk in Kriegsstimmung zu versetzen. Trotzdem ist es unfassbar, dass feige Mörder Anschläge auf eine friedliche Sportveranstaltung verüben.

Samstag, 20. April 2013

Die Täter scheinen gestellt zu sein. Es soll sich um ein Brüderpaar, das aus Tschetschenien stammt, handeln. Der eine ist schon seinen Verletzungen erlegen und der andere schwer verletzt. Die wahren Beweggründe für die Wahnsinnstat liegen noch im Dunkeln.

Sonntag, 5. Mai 2013

Seit Wochen wird AfD, die neue Partei, jetzt totgeschwiegen und da steckt Methode drin.

In Syrien wird weiter gekämpft und eigentlich weiß keiner wer gegen wen und warum kämpft. Auf alle Fälle ist das Land jetzt schon lt. vieler Berichte in weiten Teilen nur noch ein Trümmerhaufen. Die unschuldigen Menschen sind die Leidtragenden. Israel hat wieder einen Konvoi in Syrien mit Raketen beschossen. Angeblich waren darauf Waffen für die Hisbollah. Wenn Israel das so gut weiß, dass sie dann völkerrechtswidrig handelt um sich zu schützen, ist es wahrscheinlich enger in den Konflikt involviert als alle glauben.

Mittwoch, 15. Mai 2013

In München hat der Prozess gegen Beate Tschäpe begonnen. Der beherrscht die Schlagzeilen und wird eine lange Zeit in Anspruch nehmen. Der NSU (Nationalsozialistische Untergrund), in dem sie wohl mitgearbeitet hatte, war verantwortlich für mehrere tote Migranten, vor allem türkischstämmigen. Mit Nagelbomben und anderen sind die feigen Morde begangen worden. Die Haupttäter haben sich selbst gerichtet. Mit Intelligenz hat die ganze abscheuliche Sache nichts zu tun, auch wenn man beklagt, dass wir zu viele Migranten im Land haben. Dass diejenigen, die aus der Türkei stammen, von Ministerpräsident Erdogan weiterhin als Türken im fremden Land betrachtet werden, ist einer Integration in Deutschland abträglich. Aber die Fehler sind nun nicht mehr korrigierbar. Trotzdem sollte es im Interesse Deutschlands und seiner Bevölkerung möglich sein, Asylverfahren innerhalb eines Jahres abzuwickeln. Bei dem geringsten Zweifel sollte im Interesse Deutschlands entschieden werden. Eine Schwangerschaft während des Verfahrens müsste automatisch zur Abschiebung führen! Andererseits geht es nicht an, dass Menschen, die sich hier integriert haben, nach Jahren doch noch abgeschoben werden. Es müsste sofort die Möglichkeit geschaffen werden, dass die Asylsuchenden arbeiten können, und dieses Engagement sollte mit in die Beurteilung einfließen.

Samstag, 18. Mai 2013

Guido Westerwelle hat sich das für ihn richtige Pferd ausgesucht, um damit zu einem großen Außenpolitiker aufzureiten. In Budapest durfte er auf dem jüdischen Weltkongress als Festredner auftreten und den Antisemitismus in Ungarn anprangern. In Israel selbst versicherte er Herrn Netanjahu, dass Deutschland unverbrüchlich an seiner und damit Israels Seite stehen würde. Offensichtlich ohne wenn und aber, auch wenn das Völkerrecht für Israel nicht zu gelten scheint. Je öfter ein deutscher Politiker Kniebeugen

vor den Juden macht, umso unangreifbarer ist er in dieser merkwürdigen Zeit!

Sonntag, 9. Juni 2013

Nordkorea backt plötzlich kleine Brötchen und will wieder
Kontakt zu Südkorea aufnehmen. Das ist ja ganz beruhigend.
Wieder hat ein „Jahrhunderthochwasser" die Anrainer der Do-
nau und der Elbe massiv betroffen. In Zukunft werden wohl die
Bürgerinitiativen gegen den Hochwasserschutz schlechte Karten
haben.

Donnerstag, 13. Juni 2013

Der größte Schaden durch das Hochwasser im Südosten ist in
den neuen Bundesländern zu verzeichnen. So traurig das auch ist, so
können die Betroffenen sich freuen, wiedervereinigt zu sein. Die
DDR hätte niemals die Schäden beseitigen und ausgleichen können.
In der Türkei tobt ein harter Kampf gegen die Diktatur von
Erdogan und für Liberalität und Freiheit. Die Härte des Vorgehens
der Polizei gegen die Demonstranten ist bestimmt nicht förderlich
für eine Aufnahme der Türkei in die EU.
Griechenland hat den Staatsrundfunk von Netz genommen, um
den Sparmaßnahmen gerecht zu werden. Fast 3000 Menschen verloren ihren Job, was zu großen Protesten führt. In abgespeckter
Form soll der Sender später wieder neu erstehen. Die Journalisten
weltweit protestieren. Natürlich wohl wissend, dass das ihnen auch
blühen könnte, denn die gebührenfinanzierten Medien sind dringend reformbedürftig im Sinne einer massiven Kostensenkung.

Sonntag, 16. Juni 2013

Die Präsidentschaftswahl im Iran hat den Sieg für einen gemäßigten Mula, Hassan Ruhani, schon im ersten Wahlgang gegeben.

Das gibt Hoffnung auf eine Öffnung des Iran und mindert hoffentlich die Kriegsgefahr mit Israel. Erdogan spaltet sein Land und regiert weiter mit übertriebener Härte gegen Demonstranten.

Donnerstag, 4. Juli 2013

In Ägypten hat nach riesigen Demonstrationen gegen Präsident Mursi und die Muslimbruderschaft, ein Jahr nach dem Wahlsieg, wegen eines massiven Kurses zu einem islamischen Staat, das Militär eingegriffen. Präsident Mursi wurde abgesetzt und viele Führer der Muslimbrüder verhaftet. Wahrscheinlich werden es sich die Fundamentalisten nicht gefallen lassen und es kommen noch unruhige Zeiten.

Dienstag, 16. Juli 2013

In Ägypten ist das Befürchtete eingetreten und die Mursi Anhänger machten mobil. Es hat viele Tote gegeben. Das Land ist an einer Wende und wenn nicht bald Vernunft auf beiden Seiten einsetzt, wird es ein Chaos geben.

Der amerikanische Geheimdienstmitarbeiter Snowdon, der die Abhöraffaire der Amerikaner publik gemacht hat und deshalb als Spion gejagt wird, hat in Russland um Asyl nachgesucht. In Deutschland geht das Geplänkel angesichts der bevorstehenden Wahl zwischen den Parteien weiter. Am besten nicht hinhören!

Montag, 5. August 2013

Die Al-Quaida plant angeblich Anschläge und die USA und westliche Staaten haben eine Terrorwarnung herausgegeben. In arabischen Ländern wurden Botschaften geschlossen. Angeblich führten Telefonüberwachungen der Geheimdienste zu dieser Erkenntnis. Wahrscheinlicher ist, dass man der Kritik gegen das massive Abhören und Datensammeln entgegensteuern will und hier eine Gefahr inszeniert.

Mittwoch, 7. August 2013

Gerade habe ich in YouTube Interessante Sachen angeschaut. So Jürgen W. Möllemann in der Talk Show bei Sabine Christansen drei Tage vor seinem Tod. Sein mutiges Argumentieren gegen die Politik Sharons in Israel hat wohl zu seiner Ermordung geführt. Bitte schaut euch den Beitrag mal an, und ihr werdet meiner Meinung sein, dass dieser Mensch, den ich ein paar Tage vorher gehört hatte, keinen Selbstmord vor hatte!

Desweiteren ist der amerikanische Beitrag über die größten Lügen in der Politik sehr interessant, vor allem wie mit dem angeblichen Anschlag auf das World Trade Center in New York umgegangen wird. Sehr sehens- und nachdenkenswert!

Wenn jetzt die Palästinenser wieder mit den Israelis über Frieden sprechen, weiß man, dass da nichts herauskommen wird. Israel wird nie auf seine Siedlungen im palästinenser Gebiet verzichten und auch keinen Staat Palästina dulden. So wird eine Pflichtübung auf Druck der Amerikaner durchgeführt.

Bei dieser Gelegenheit gleich noch einmal zurück in die Nazizeit. Diese Gedanken, dich ich hege, darf man in der Öffentlichkeit nicht äußern, und wenn man könnte, würde man sogar das Denken in dieser Richtung verbieten. Die Gehirnwäsche läuft und läuft, und von Nazis wird nur gesprochen, als wenn sie alle Verbrecher gewesen wären. Mein Vater war auch Parteimitglied und bestimmt kein Verbrecher!

Dass die Juden und Zigeuner in Konzentrationsläger gebracht wurden, in Fabriken arbeiten mussten und bestimmt nicht gut behandelt wurden, ist keine Frage. Aber der entscheidende Punkt in der Behandlung dieser armen Menschen ist die Behauptung der massenhaften Vergasung. Im Fernsehen konnte man sehen, dass deutsche Kriegsgefangene in Amerika in der ersten Zeit behandelt wurden, als wären sie im Urlaub. Dann wurden den Bewachern plötzlich Filme gezeigt über die Vergasung von Juden den KZs. Die Frage ist doch, wo hatten die plötzlich Filme über diese Sachen her? Angeblich ist das Vergasen eine Propagandalüge des englischen Geheimdienstes, und man war sehr erstaunt, wie gut die aufgenommen wurde. Die Juden haben das nach dem Krieg natürlich nicht in Abrede gestellt und dadurch viel Entschädigung bekommen. Damit nicht weiter nachgehakt wurde, ist das angebliche Vergasen „historische Wahrheit" geworden. Des weiteren ist offensichtlich der angebliche Beschluss über die Endlösung der Judenfrage eine Lüge. Wieso ist man mit noch gehfähigen Konzentrationsinsassen mit dem sogenannten Todesmarsch vor den Russen geflüchtet, wenn man mit einer Sprengung dem Beschluss hätte genügen können? Nur Zeit soll dafür gewesen sein, die Gaskammern gründlich zu beseitigen? Mehr als unglaubwürdig!

In Ägypten herrscht weiterhin das Chaos, und innerhalb eines Monats sollen über 1000 Menschen bei Auseinandersetzungen ihr Leben verloren haben. Die Führung in Saudi Arabien und in Israel soll die Konflikte schüren um von eigenen Problemen abzulenken. Auch in Syrien geht das Blutvergießen weiter, und die unschuldigen Menschen können einem Leid tun, zumal immer noch nicht sicher ist, um was es eigentlich geht. Beziehungsweise, ob ein angestrebter Sturz von Assad diese schreckliche Situation nötig machte.

In gut einem Monat wird der neue Bundestag gewählt, und die Wahlkämpfer reisen mit ihren Versprechungen durch die Gegend. Große Unterschiede gibt es dabei nicht, und einklagbar sind die schon gar nicht. Schrecklich ist die Verunstaltung der Straßen durch die massive, nichtssagende Plakatierung. Manche der Kandidaten wären besser bedient gewesen, sich nicht abbilden zu lassen, denn vielleicht sind sie nur äußerlich so abstoßend. Aber ich weiß aus eigener Erfahrung, solange das Plakatieren nicht grundsätzlich verboten wird, und das wäre überfällig, muss es so weitergehen, denn die Erfahrung zeigt, dass eine Partei, die sich ohne Plakate zur Wahl stellt, Stimmen verliert. „Meine Wunschpartei ist ja gar nicht präsent“!

Auch in einer Fernsehtalkshow wurde das Thema Wahl behandelt und die aussagelose Plakatierung kritisiert. Dann noch die geringen Unterschiede zwischen den Programmen der einzelnen Parteien, und was bemerkenswert war, es traten sogar überzeugte Nichtwähler auf. Schlimm war, dass auch ein 91jähriger Egon Bahr eingeladen war, der zwar lange redete, aber keine einzige Frage beantwortete. Es war schon peinlich!

In Syrien ist wohl Giftgas eingesetzt worden, und beide Parteien beschuldigen sich gegenseitig. Frankreich plädiert für einen Militärschlag gegen das Regime von Assad. Typisch für die Politiker eines Landes, die von innenpolitischen Fehlleistungen ablenken müssen! Auch Obama überlegt angeblich so ein Eingreifen ohne UN Mandat.

Mittwoch, 4. September 2013

Meine Hochachtung für das britische Parlament, das einen Militärschlag, den die Regierung Cameron gefordert hatte, ablehnte. So krebsen nur noch Amerika und Frankreich herum mit dieser Option. Wahnsinnig ist das menschliche Leid mit Millionen Flüchtlingen und tausenden Toten. Den Menschen ist aber bestimmt nicht mit einem Bombardement geholfen!

Die Medien freuen sich über die Wahl in drei Wochen. Mit den Berichten über den Wahlkampf konnte die Sommerflaute gut überspielt werden.

Samstag, 7. September 2013

In St. Petersburg ist das G20 Gipfeltreffen ohne Ergebnis, zumindest was Syrien angeht, zu Ende gegangen. Obama setzt weiter auf einen Militärschlag. Dieses erscheint völlig unlogisch, hat aber bestimmt Gründe, die sich uns noch nicht erschließen. Israel spielt dabei bestimmt eine entscheidende Rolle. Ein Land, das sich der Unterstützung der Amerikaner so sicher ist, dass es sich traut die ganze Welt in Aufregung zu versetzen, weil es einen Raketentest ohne Vorankündigung im Mittelmeer veranstaltet.

Die hohen Strompreise und die noch zu erwartenden Erhöhungen durch die Energiewende scheinen nun endlich auf die Verursacher zurückzufallen. Bei den Umfragen für die Bundestagswahl sinkt die Zustimmung für die Grünen massiv.

Dienstag, 10. September 2013

Der Gegenwind, der Obama entgegenweht, nicht nur vom Ausland, sondern auch aus Amerika, hat ihn offensichtlich zum Einlenken bewogen. Jetzt versucht er auf diplomatischen Wege die chemischen Waffen in Syrien aus dem Verkehr zu ziehen. Vielleicht kann er dadurch seinen Kopf retten, denn ein Militärschlag ohne Sinn und Verstand hätte ihn zur Lachnummer gemacht.

In zwei Wochen ist Bundestagswahl, und die Parteien kämpfen um jede Stimme. Es gibt deutschlandweit keinen Laternenpfahl mehr, der nicht mit Plakaten behängt ist. Geld spielt für die Parteien wohl keine Rolle, jedenfalls sieht es so aus.

Montag, 23. September 2013

Die Wahl ist gelaufen mit einem Triumph der CDU. Frau Merkel hat über 40% eingefahren. Die SPD unter dem Kanzlerkandidaten Steinbrück bleibt unter ihrer Zielvorgabe mit 25%. Wahlverlierer ist die FDP, die zum ersten Mal seit ihrer Gründung nicht im Bundestag vertreten ist. Verloren, aber im Bundestag vertreten sind die Linken und die Grünen. Einen Achtungserfolg erzielte die AfD, die Alternative für Deutschland, die mit 4,7% aus dem Nichts fast ins Parlament gekommen wäre. Wahrscheinlich wird es eine große Koalition geben.

Mittwoch, 25. September 2013

Die Grünen können ihren Absturz von geplanten 20% auf 8% kaum glauben, und der gesamte Parteivorstand ist zurückgetreten und muss neu besetzt werden. Trotzdem werden die Posten nicht aus dem Auge verloren und Claudia Roth will Vizepräsidentin des Bundestages werden. Eine Koalitionsbildung ist noch nicht möglich, da sich die SPD und Grüne noch zieren. Vielleicht kommt es ja zu einer Minderheitsregierung durch die CDU. Sowieso müsste das ganze Wahlrecht überarbeitet werden. Direktkandidaten müssten unmöglich sein, dann gäbe es auch nicht, die den Bundestag aufblähenden Überhangmandate. Die Kandidaten, die direkt gewählt werden könnten, sind sowieso über die Liste abgesichert. Außerdem ist eine Koalitionsbildung nicht im Interesse der Wähler, denn wenn einer aus Überzeugung die CDU wählt, möchte er eigentlich nicht z.B. die Grünen auf den Regierungssitz bringen. Deshalb müsste die Partei mit den meisten Wählerstimmen einen Zuschlag bekommen, damit sie alleine regieren kann. Das würde sicher auch billiger, denn Koalitionen werden immer auch über Verteilung von Geschenken gebildet!

Freitag, 25. Oktober 2013

Es geht wohl auf eine Große Koalition zu, jedenfalls haben sich die SPD und die CDU/CSU plötzlich sehr lieb. Für die grüne Zumutung, Claudia Roth, ist extra ein weiterer Stellvertreterposten des Bundestagspräsidenten eingerichtet worden. Toll, aber wenigstens wird sie nicht mehr so oft in der Öffentlichkeit zu sehen sein.

Ein Skandal trübt das Klima zwischen Europa und Amerika. Es hat sich herausgestellt, dass der amerikanische Geheimdienst sogar das Handy von Angela Merkel abgehört hat. Das ist schon schlimm, aber noch schlimmer wiegt, dass die Amerikaner offensichtlich auch Firmengeheimnisse ausspähen, also Wirtschaftsspionage betreiben. Sie sind dabei, sich der letzten Freunde in der Welt zu entledigen.

Samstag, 2. November 2013

Amerika kann die Aufregung über die Bespitzelung nicht verstehen. Angeblich wäre das normal und würde nur der Terrorabwehr dienen. Trotzdem formiert sich langsam Gegenwind.

Die Koalitionsverhandlungen zwischen CDU/CSU und SPD kommen einem manchmal wie ein Possenspiel vor. Gutes für Deutschland kommt dabei bestimmt nicht heraus!

Donnerstag, 7. November 2013

Der DAX bricht einen Rekord nach dem anderen. Das zeigt aber nicht die echte Stärke Deutschlands. Nein, das ist durch die niedrigen Leitzinsen der EZB ausgelöst, die einzige erfolgversprechende Anlage. Dass der Chef der EZB, der Italiener Draghi, ein ehemaliger Mitarbeiter von Goldman Sachs ist, macht ihn mir nicht sympathischer.

Freitag, 22. November 2013

Die Koalitionsverhandlungen laufen immer noch. Dass dadurch fast nicht mehr regiert wird, fällt gar nicht auf. Angeblich hat man sich inzwischen darauf geeinigt, keine neuen Schulden zu machen und keine Steuern zu erhöhen. Das wäre zu schön um wahr zu seine. Auffallend ist, dass das Wort „Sparen" selten bis gar nicht vorkommt. Da die SPD Basis im Dezember einem Kompromiss zustimmen soll, ist eine Mehrheit dafür noch gar nicht sicher. Die Angst vor dem weiteren Machtverlust ist nach den Erfahrungen der letzten Großen Koalition bei der SPD groß.

In der Europazone ist eigentlich nur Deutschland auf einem guten Weg. Das ist aber nicht beruhigend angesichts der Probleme der anderen Staaten. Vor allem Frankreich rutscht mit ihrem Präsidenten Hollande immer tiefer in die Rezession. Interessant wird vor diesem Hintergrund die Europawahl im nächsten Jahr.

Mittwoch, 27. November 2013

Die Koalitionäre haben sich heute Nacht auf einen Vertrag geeinigt. Wer sich darüber freuen soll, weiß ich nicht. Ich vermute,
dass es Neuwahlen gibt, weil die SPD Basis nicht zustimmen wird.
Wir werden es mit Interesse verfolgen. Für die FDP wäre das natürlich gut, weil sie dann mit Sicherheit wieder im Parlament vertreten
sein würde. Noch interessanter wird die Europawahl im nächsten
Jahr, die schon immer ganz geringes Interesse hervorgerufen hat.
Nur die Euroskeptiker haben in allen Ländern massiv zugenommen,
und die Klatsche für das Gebilde steht bevor!

Mittwoch, 4. Dezember 2013

In Thailand herrschen große Unruhen, die sich gegen die Ministerpräsidentin richten. Ihr wird Korruption vorgeworfen, aber das
ist für Außenstehende schlecht zu beurteilen.

Die Ukraine wird von Russland gedrängt, sich nicht der EU zu
nähern. Das wiederum löst Proteste aus, angeführt vom Boxweltmeister Vitali Klitschko als Oppositionsführer. Keine Lösung in
Sicht.

Die SPD Parteispitze versucht in Regionalkonferenzen die Mitglieder auf eine Koalitionsbeteiligung einzuschwören. Die Frage
bleibt nach einem demokratischen Suchen nach dem Wählerwillen.
So wurde die SPD bei der letzten Wahl durch den Wähler abgestraft
und versucht nun trotzdem ihr Programm bei dem Wahlgewinner
durchzubringen. Hier muss die Verfassung nötig geändert werden.
Wer die meisten Stimmen bekommen hat, sollte auch mit Mehrheit
regieren, und die Verantwortung nicht auf andere abschieben können.

Samstag, 14. Dezember 2013

Leider haben die SPD Mitglieder in einer Befragung der großen Koalition zugestimmt.Ich glaube nicht, dass das gut für Deutschland ist. Merkwürdig ist nur, dass die FDP in Meinungsumfragen auch bei einer erneuten Bundestagswahl nicht die 5% Hürde knacken würde. Also müssen erst einmal Fehler bei den Regierenden gemacht werden, um wieder wahrgenommen zu werden.

Mittwoch, 18. Dezember 2013

In Hessen hat sich eine Koalition zwischen CDU und Grünen gebildet. Ich glaube fast, dass das besser ist als die Große Koalition im Bund. Warten wir´s mal ab. Gut ist nach meiner Meinung beides nicht.

Die Zahl der Asylbewerber steigt und vor allem die der Armutsflüchtlinge aus den EU Ländern Rumänien und Bulgarien. Wer hierzu etwas Kritisches sagt, wird sofort in die rechte Ecke gedrückt.

Sonntag, 29. Dezember 2013

Nachdem sich eine Beruhigung in den Beziehungen zwischen den USA und dem Iran abgezeichnet hatte, gegen den großen Widerstand der Israelis, scheint eine Verschärfung in Sicht. Merkwürdigerweise sind an einem Tag Meldungen im Umlauf, die den Israelis offenbar Recht geben. So sind dort plötzlich wieder Raketeneinschläge zu verzeichnen, und er Iran soll jede Menge Zentrifugen zur Urananreicherung neu installieren. Da scheint etwas vorbereitet zu werden!

In Deutschland ist die Umfrage in der Wirtschaft über die Aussichten im nächsten Jahr zwar positiv. Das heißt aber nicht, dass eingespart wird. Ein Verbrechen an der nachfolgenden Generation.

Montag, 13. Januar 2014

Ariel Scharon wird heute, nachdem er sieben Jahre im Wachkoma gelegen hat, beigesetzt. Vergessen sind offensichtlich die Verbrechen, die in seinem Namen begangen wurden. Wenn es doch eine Abrechnung nach dem Tode gibt, bleibt für ihn nur die Hölle, aber da wäre er in guter Gesellschaft.

Der Start der Großen Koalition wird von der Mehrheit der Deutschen als schlecht bezeichnet. Dabei hat sie ja noch gar nicht viel gemacht, das wäre dann noch schlimmer.

Seit dem Monatsanfang herrscht auch für Rumänen und Bulgaren freie Wahl des Wohnortes. Schamhaft verschwiegen wird dabei immer, dass es eine große Angst vor der Zuwanderung von Zigeunern aus diesen Ländern gibt. Aber mit Verschweigen von Problemen ist auch keinem geholfen! Denn die schlauen Sprüche von den Gutmenschen und sogenannten Experten machen die Sache nicht einfacher. Angeblich sind aus den Problemländern, für die jetzt Freizügigkeit herrscht, bisher hauptsächlich gut ausgebildete Fachleute, wie Ärzte, gekommen. Als wenn das für die Länder nicht zu Problemen führt, wenn die sich zu den Fleischtöpfen begeben. Nur schlimmer ist die Armutszuwanderung, denn von den Roma und Sinti sind alle unterqualifiziert und hier eigentlich nicht benötigt.Aber wer sollte das schon deutlich sagen, ohne als Rechtsradikaler diskriminiert zu werden. Wobei das Schlimme an der Bezeichnung das Radikale ist, denn rechts zu sein ist bestimmt nicht schlimmer, als links. Wobei dabei immer noch große Unterschiede gemacht werden. So haben Linksextreme in Hamburg an der Roten Flora einen Kampf mit der Polizei ausgefochten, der zu vielen Verletzten und Schäden geführt hat. Dasselbe Vorgehen von Rechten würde zu einer weltweiten Empörung führen!

Freitag, 24. Januar 2014

In der Ukraine herrscht Chaos und eine europafreundliche
Mehrheit demonstriert gegen den Regierungschef Janukowitsch und
seiner russlandfreundlichen Regierung. Es hat die ersten Toten gegeben und die Demonstranten, u.a. angeführt von dem ehemaligen
Boxweltmeister Klitschko, wollen nicht aufgeben und demonstrieren Durchhaltewillen.

Auch in Syrien wird trotz Friedenskonferenzen weitergekämpft.
Millionen sind auf der Flucht und keiner weiß sicher, wer eigentlich
Schuld ist an dem Dilemma.

Nur mit dem Iran scheint man zu einer Lösung zu kommen und
akzeptiert, dass das Land kein atomwaffenfähiges Uran mehr herstellen will. Merkwürdig ist nur, dass bislang noch kein Widerwort
aus Israel zu hören ist.

Die olympischen Winterspiele in Sotschi am Schwarzen Meer,
Putins Spiele, beginnen im Februar und man kann nur hoffen, dass
alles ohne angekündigte Anschläge abläuft.

Dienstag, 28. Januar 2014

Der Regierungschef der Ukraine ist zurückgetreten und das um-
strittene Antidemonstrationsgesetz ist gekippt. Sollten sich die Oppositionellen doch noch durchsetzen? Schön wär´s.

Die Oberbürgermeister der von der Zuwanderung von Armuts-
flüchtlingen betroffenen Städte in Deutschland rufen um Hilfe.
Plötzlich ist nicht mehr von hochqualifizierten Zuwanderern die
Rede, nein man beklagt, dass 90% der vor allem Roma und Sinti
völlig unqualifiziert sind. Wahrscheinlich ist der Prozentsatz unter-
trieben. Die Gutmenschen, die die Warner vor allem aus der CSU
massiv beschimpft hatten, hört man nicht mehr. Der neuen Ministe-
rin, bei der die Bürgermeister vorstellig wurden, fiel nichts ein, außer die Mittel für Sprachkurse und andere Integrationsbemühungen
auf 150 Mio. aufzustocken. Dass die Dame Hendricks heißt und

von der SPD ist, wusste ich, aber welchem Ministerium die eigentlich vorsteht, nicht. Es ist das Umweltministerium, habe ich gegoogelt. Ob das höhere Einsicht ist, dass das etwas mit den Problemen mit Zigeunern zu tun haben soll, weiß ich nicht. Die Dame ist so unbekannt, dass zuerst immer nur Hendricks Gin auf die Anfrage erschien. Dann kam aber doch, dass sie die Gruppe der Homosexuellen im Bundestag verstärkt und Raucherin ist. (Passt gut zur Umweltministerin). Mit dem tollen Titel: *Die Entwicklung der Margarineindustrie am unteren Niederrhein*, hat sie ihre Doktorarbeit gemacht. Ja, das sind Führungspersönlichkeiten, die unser Land braucht!?

Wo ist die Partei, die endlich wieder für Deutschland und seine Bürger denkt? Was spricht dagegen, nur Leute ins Land zu lassen, wie z.B. Australien, die die Landessprache sprechen oder zumindest Englisch, damit eine Verständigung möglich ist. Man könnte ja sogar entsprechende Sprachkurse in den Heimatländern fördern. Genauso nötig wäre einmal ein Statement von rumänischen oder bulgarischen Politikern, warum es den Roma und Sinti so schlecht geht. Liegt es vielleicht auch an denen selber, weil sie z.B. ihre Kinder nicht in die Schule schicken? Aber die Probleme hier ins Land zu holen, um sie dann von Frau Hendricks lösen zu lassen, wird in einer Katastrophe enden!!

Donnerstag, 30. Januar 2014

Inzwischen weiß ich, dass Frau Hendricks auch für Bau und Reaktorsicherheit zuständig ist. Deshalb war sie wohl eher als Bauministerin gefragt worden. Anscheinend sollen also für die Zuwanderer neue Wohnungen gebaut werden. Tolle Aktivität. Übrigens kommt die Dame vom Kreisverband Kleve, genauso wie der unselige Profalla von der CDU. Ein gutes Bild auf die Menschen vom Niederrhein werfen die beiden nicht.

Das obige von Dienstag hatte ich an Hilde und Axel gemailt. Von Hilde kam Zustimmung und Axel hat Folgendes zurück gemailt, und er hat so Recht! Er schrieb nämlich, dass in der Wirtschaftswoche stehen würde, dass Deutschland an in Rumänien und Bulgarien zurückgebliebene Kinder der Sinti und Roma Kindergeld gezahlt würde. Wer die Zahlen wohl kontrolliert?

Donnerstag, 13. Februar 2014

Hut ab vor Martin Schulz, dem Präsidenten des EU Parlaments. Der, von mir sonst gar nicht geliebt, hatte den Mut in der Knesset in Israel Klartext zu sprechen. Seine Äußerungen gegen die Siedlungspolitik und die Unterdrückung der Palästinenser löste einen Eklat aus. Hoffentlich überlebt er den Affront gegen die Israelis. Wie erfrischend ist so ein ehrlicher Auftritt im Gegensatz zu den anderen Besuchen unserer Politiker in Israel!

In Sotschi läuft bislang alles rund und Putin hält sich angenehm zurück.

Der deutsche Bundestag will seine Mitglieder selbst beglücken und strebt eine massive Erhöhung der Einkommen der Abgeordneten an. Selbstbedienungsladen!

Mittwoch, 19. Februar 2014

Die Auseinandersetzung in der Ukraine eskaliert und es sind mehrere Tote und viele Verletzte zu beklagen. Klitschko ruft den Westen um Hilfe an, aber wie soll das gehen ohne einen Krieg zu riskieren?

Deutschlands Politiker sind mit dem Fall Edathy beschäftigt. Der SPD Politiker mit dem Namen hat sich als Käufer von Bildern nackter Jungen herausgestellt. Dabei wäre derjenige fast Staatssekretär geworden. Der damalige Innenminister Friedrich, CSU, hatte wohl Herrn Gabriel von der SPD vertraulich und rechtswidrig über anstehende Ermittlungen informiert. Der hatte nicht Eiligeres zu tun, als weitere zu informieren. Bestritten wird aber, dass Parteifreund Edathy gewarnt wurde. Dabei sind bei dem plötzlich Computer gestohlen, bzw. Festplatten kaputt. Hört, hört! Friedrich, inzwischen Landwirtschaftsminister, musste zurücktreten, Nur die SPD gibt sich so, als wenn sie einen Heiligenschein herumtragen würde. Das ist noch nicht ausgestanden in der Großen Koalition!

Samstag, 22. Februar 2014

Der Fall Edathy beschäftigt weiter die Politik. Der Innenausschuss befasste sich lange mit der Angelegenheit. Der Fraktionsvorsitzende der SPD im Bundestag klammert offensichtlich an seinem Posten. Dabei hat die „Plaudertasche" die Sache öffentlich gemacht und außerdem noch rechtswidrig beim BKA Chef Ziercke angerufen und um Auskunft gebeten. Herr Kubicki von der FDP hat zu Recht Strafanzeige gestellt. Dem BKA ist vorzuwerfen, dass es seit Oktober 2011 von der Kanadischen Polizei über die deutschen Käufer von pornografischem oder fast pornografischen Material informiert wurde und nichts passierte. Die Wohnung von Herrn Edathy wurde erst jetzt, über zwei Jahre später, durchsucht. Skandal!

In der Ukraine wechseln sich positive Nachrichten und negative ab. Trotzdem ist ein Trend zu den Oppositionellen zu erkennen. Bei einem Vermittlungsgespräch hat der deutsche Außenminister Steinmeier eine gute Figur erkennen lassen. Er ist auch der einzige richtig vorzeigbare SPD Politiker der Großen Koalition.

Dienstag, 25. Februar 2014

Fast das gesamte Bundeskabinett ist nach Israel gereist. Trotz der Erwähnung von Frau Merkel, dass sie gegen den Siedlungsbau und für eine zwei Staaten Lösung sei, wird Einigkeit demonstriert und es sind keine Sanktionen vorgesehen.

In der Ukraine droht der Staatsbankrott und noch ist unklar wie Russland sich verhalten wird. Der bisherige Präsident Janukowitsch ist auf der Flucht. Wahrscheinlich ist er auf einem russischen

Kriegsschiff versteckt. Der Mann war wirklich ein Verbrecher, denn er hat, wie man an seinen jetzt öffentlich zugängigen Privatanwesen sehen kann, wie ein Feudalherrscher gelebt, ohne Rücksicht auf die Situation seiner Bevölkerung. Nur als Beispiel für eine unglaubliche Verschwendung sind goldene Wasserhähne.

In Deutschland ist die Konjunktur im letzten Jahr so gut gelaufen, dass es angeblich einen Haushalt mit Überschuss gegeben hat. Dann kommen jetzt die Sozialdemokraten gerade recht, um den Erfolg wieder zu kippen.

Freitag, 28. Februar 2014

Janukowitsch zeigt sich in Russland als Freund Putins. Der verliert mit der Demonstration für den Ukrainer an Glaubwürdigkeit. Irgendwie scheint alles auf eine Trennung in der Ukraine hinzudeuten. Auf alle Fälle ist die Lage auf der Krim sehr angespannt.

Angela Merkel ist in England wie eine Königin empfangen worden. Eines muss man natürlich konstatieren, man muss keine Angst haben, dass sie sich und damit uns Deutsche blamiert. Für die Europawahl hat das Bundesverfassungsgericht eine Sperrklausel gestrichen. Ob wir jetzt in Brüssel Weimarer Verhältnisse bekommen, ist anzunehmen.

Freitag, 7. März 2014

Die Lage in der Ukraine ist weiter angespannt. Die Mehrheit der Menschen im Osten des Landes, also auch auf der Krim wollen einen Anschluss an Russland erreichen. Die meisten von denen sind wohl auch Russen und sprechen nur diese Sprache. Amerika schickt ein Kriegsschiff und heizt nach meiner Meinung den Konflikt an. Aber einen Krieg will wohl doch keiner.

Samstag, 15. März 2014

Morgen soll die Bevölkerung der Krim abstimmen, ob sie nach Russland will oder in der Ukraine bleiben. Das Ergebnis steht wohl jetzt schon fest und die Aufregung des Westens ist nicht echt. Wer hat denn den Konflikt angezettelt? Wer hat sich immer näher in den Einflussbereich Russlands gedrängt? Die Baltischen Staaten, Bulgarien, Rumänien und Polen wurden in die EU und in die Nato aufgenommen. An der Grenze zu Russland sollten Raketen aufgestellt werden, angeblich gegen den Iran gerichtet. Dass Russland sich bedroht fühlte, ist mehr als verständlich. Überhaupt drängt sich die Frage auf, warum die Auflösung der Nato nicht zeitgleich mit dem Ende des Warschauer Paktes vollzogen wurde. Das wäre fair und dem Frieden dienlich gewesen. Jetzt mit großen Worten zu protestieren ist lächerlich!

Sonntag, 6. April 2014

Die Volksabstimmung auf der Krim endete mit großer Mehrheit für den Anschluss an Russland. Putin hat auch inzwischen entsprechende Maßnahmen ergriffen, und nach seiner Lesart gehört die Krim jetzt zu Russland. Russische Pässe sind auch inzwischen ausgegeben und das ukrainische Militär ausgewiesen. Die Proteste und Sanktionsankündigungen sind halbherzig. Schlimmer würde ist zweifellos, wenn sich Russland nicht zufrieden geben würde und auch noch die Ostgebiete der Ukraine annektierten würde. Aber danach sieht es im Moment nicht aus, und keiner will wegen der Krim einen Krieg riskieren.

Die Große Koalition in Berlin wird dominiert von der 20% Partei SPD. Typisch für diese Gruppierung ist, dass sie nicht mit Geld umgehen kann. So wird uns die Rente mit 63 und der Mindestlohn noch mal zum Weinen bringen! Aber eine hilflose CDU Mitregierung toleriert jeden Blödsinn, auch wenn die Basis protestiert. Wirkliche Problemfelder, wie Schuldenabbau, Abbau von Bürokratie, eine wirkliche Steuerreform usw. werden nicht bearbeitet.

Dienstag, 15. April 2014

In der Ostukraine versuchen Gruppen genauso wie auf der Krim, einen Anschluss an Russland zu erreichen. Barrikaden wurden errichtet und Verwaltungsgebäude besetzt. Es scheint wirklich so, als wenn die Aktionen von Moskau gesteuert und auch von Russen durchgeführt würden. Es wird immer kritischer, denn diesmal will sich die Regierung in Kiew das nicht gefallen lassen und schickt Truppen. Noch kann ich mir nicht vorstellen, dass Putin wegen der Lage einen Krieg riskiert.

Die Plakatierung für die Europawahl am 25. Mai beginnt, und ich glaube, dass die Plakate keinen interessieren. Ich bin sogar sicher, dass bei einer Befragung jeder Zweite gar nicht wüsste, wofür die Plakate eigentlich aufgehängt würden. Ich befürchte ein Fiasko bei der Wahlbeteiligung und bei einer Zunahme der Protestparteien. Und das, obwohl in letzter Zeit, alles was Europa angeht, schön geredet wird. Sogar Griechenland steht angeblich vor der Rettung, und das bei 38% Arbeitslosen. Lächerlich!

Donnerstag, 24. April 2014

Jetzt wimmelt es plötzlich auch von Plakaten für die Kommunalwahl, die auch am 25. Mai stattfindet. Wie immer sind die Parteien plötzlich aktiv und veranstalten Schnatgänge und Grillpartys. Die Verschuldung der einzelnen Kommunen spielen immer noch keine Rolle.

In der Ostukraine herrscht eine unübersichtliche Lage, die leicht eskalieren kann. Russland enttäuscht mich, denn die in Genf versprochenen Einwirkungen auf die pro russischen Demonstranten ist verpufft.

Die Palästinensergruppen Hamas und Fatah haben sich angenähert, was Israel sofort zum Abbruch der sogenannten Friedensgespräche veranlasste. Dem stimmte Amerika pflichtschuldig zu.

Freitag, 9. Mai 2014

Auf der annektierten Krim feiert Russland den Sieg gegen Nazi Deutschland. So weit, so schlecht. Nur an der Situation wird ohne Krieg, den keiner will, nichts zu ändern sein. Schwieriger ist die Situation in der Ostukraine, denn hier gibt es tödlich verlaufende Auseinandersetzungen, und die Separatisten scheinen nicht mal auf Russland zu hören.

In Südafrika hat die ANC die Wahl gewonnen, obwohl sich immer wieder als unfähig und korrupt gezeigt hat. Grundsätzlich hat die Ablösung weißer Führungen durch Auflösung der Kolonialverwaltungen für den größten Teil der Bevölkerung nichts gebracht. Im Gegenteil,wie man an vielen Beispielen festmachen kann. Vor allem wenn einem im Fernsehen Straßen gezeigt werden, auf denen viele Leichen liegen. In Nigeria sind über 200 Mädchen entführt worden von einer islamistischen Rebellengruppierung. Für die Entführer müsste das Todesurteil schon feststehen und die Antiterrorgruppen vieler Länder, wie die deutsche GSG 9, müssten die Sache regeln!

Montag, 26. Mai 2014

Gestern hat Europa gewählt und in Deutschland gab es zusätzlich Kommunalwahlen. Wenn man die Kommentare der Politiker hört, haben alle außer der FDP gewonnen. Und dass bei einer wieder erschreckend geringen Wahlbeteiligung. Die extremen Parteien haben zugelegt, aber nur die von Rechts werden mit Sorge betrachtet. In Frankreich ist die Le Pen Partei die stärkste Kraft geworden, während die von Herr Hollande unter ferner liefen zu finden ist.

Die Überraschung in Deutschland schaffte die AFD, die sich gegen eine Gemeinschaftswährung ausspricht, mit 7% aus dem Stand.

Freitag, 30. Mai 2014

Die FDP sitzt auf einem sinkenden Schiff. Überall, von ganz seltenen Ausreißern mal abgesehen, riesige Verluste. In Lage nur noch zwei Sitze behauptet, statt sechs wie zu meiner Zeit. Schlimm!Ich möchte bald bezweifeln, dass da noch was zu korrigieren ist.

Die Ukraine kommt im Osten des Landes nicht zur Ruhe, obwohl inzwischen ein neuer Präsident gewählt worden ist. Russland scheint die Separatisten zwar heimlich zu unterstützen, aber will sich nicht offiziell einmischen.

Montag, 23. Juni 2014

In der EU werden die Posten verschachert, als wenn es gar keine Wahl gegeben hätte. Eine Änderung in der Politik ist, obwohl das von den Wählern zweifellos gewollte war, nicht vorgesehen.

Im Irak kämpfen sogenannte Gotteskrieger gegen die Regierung. Sie gehören in der Hauptsache den Sunniten an, die von den regierenden Schiiten unterdrückt werden. Im Gegensatz zu Saddam Hussein, der als Sunnit der Mehrheit der Schiiten das Selbe antat. Die Isis Truppen, die rücksichtslos dabei sind, einen Gottesstaat in Syrien und dem Irak zu erkämpfen, bringen nun plötzlich die merkwürdigsten Verbindungen zustande. So ist der schiitische Iran wieder im Geschäft mit den Amerikanern, die Schuld sind an dem Dilemma.

Israel sucht in den Palästinenser Gebieten nach drei jüdischen Thora Schülern, die anscheinend entführt wurden. Dass das Vorgehen nicht von der Weltöffentlichkeit kritisiert wird, zeigt wieder die Angst vor der Allmacht der Juden in aller Welt. Eine andere Erklärung gibt es nicht, wenn man sich die Bilder ansieht, die die Aktionen zeigen. Häuser werden einfach weggeschoben und unzählige Menschen verhaftet. So kann man sich keine Sympathie erwerben. Aber das scheinen die auch gar nicht nötig zu haben.

Dienstag, 1. Juli 2014

Die drei Thora Schüler sind tot aufgefunden worden. Das ist schon schlimm und nicht zu verzeihen. Aber dass Israel die Situation benutzt um mit der Hamas abzurechnen, obwohl diese bestreitet, beteiligt gewesen zu sein, ist ein Skandal und ohne Beispiel. Und die Welt schweigt!

Die Bundesregierung diskutiert darüber, ob Kampfdrohnen angeschafft werden sollen. Israel hat natürlich welche und die USA. Deutschland bisher nur Aufklärungsdrohnen. Da hat die Linke recht, wenn sie behauptet, dass, wenn kein Angreifer gefährdet ist, die Hemmschwelle massiv sinken wird. Da werden Menschen aus der Luft liquidiert, ohne Gerichtsverhandlung und ohne Rücksicht auf Unschuldige. So handeln kann nur ein „auserwähltes Volk", für das andere nicht zählen! Nicht ausgeschlossen werden kann, dass in absehbarer Zukunft nur noch Roboter miteinander kämpfen, und wer die besten davon hat, ist der Sieger. Aber das wäre wohl auch keine Lösung und so wird es auch nicht kommen.

Sonntag, 6. Juli 2014

Ein sechzehnjähriger Palästinenser ist offensichtlich als Racheakt von jüdischen Siedlern bei lebendigem Leib verbrannt worden. Die Meldung ist aber im Moment nicht zu kontrollieren, muss also so nicht stimmen. Die Leiche ist jedenfalls gefunden worden und das hat zu großen Aufständen geführt. Im Fernsehen wurde gezeigt, wie israelische Polizisten einen anderen Jungen krankenhausreif schlagen. Bestialisch!

In der Ostukraine wird zwar weiter gekämpft, aber anscheinend wird Russland vernünftig und merkt, dass es sich nur selbst schadet, wenn es weiter mitmischt. Es gibt Hoffnung auf Frieden, wobei die Angelegenheit Krim im Moment kein Thema ist und wohl auch russisch bleiben wird.

Montag, 21. Juli 2014

Israel zerbombt den Gazastreifen. Angeblich wird die Bevölkerung vorher vor Luftschlägen gewarnt, aber was nützt das, wenn es gar keine Schutzräume gibt? Auf alle Fälle sind schon mehr als dreihundert Menschen gestorben, darunter viele Kinder. Da sich die Israelis durch die, von den Palästinensern selbstgebauten Raketen, in ihrer Allmacht gestört werden, wurde eine Bodenoffensive angezettelt, um diese und Tunnelanlagen zu zerstören. Sicher ist es auf Dauer nicht hinnehmbar, dass die Bevölkerung in Israel in Angst und Schrecken versetzt wird. Aber die Frage ist doch: Wer ist der Verursacher dieser Eskalation und wo ist die Gleichgewichtigkeit? Zumal bisher ein! Israeli durch Raketenbeschuss zu Tode kam. Anstatt, dass die Weltöffentlichkeit die Israeli in die Schranken weißt, wird überall auf deren Recht auf Selbstverteidigung hingewiesen, so auch durch Frau Merkel und Herrn Seehofer, ohne mit einem Wort auf die getöteten Palästinenser einzugehen. Gibt es bei Politikern kein Rückgrat?

Mit ziemlicher Sicherheit waren es prorussische Extremisten, die mit einer Flugabwehrrakete ein malaysisches Verkehrsflugzeug vom Himmel geholt haben. Hauptsächlich Niederländer sind zu Tode gekommen. Wenn jetzt nichts von Herr Putin geregelt wird, hat er meine immer noch vorhandenen Sympathien restlos verspielt.

Montag, 28. Juli 2014

Nein, die Russen machen nichts, um die Lage in der Ostukraine zu befrieden. Mir scheint, dass da auch ein gewisser Trotz mitspielt, weil sie eindeutig vom Westen getäuscht wurden, als sie der Wiedervereinigung Deutschlands zugestimmt haben. Da wurde nämlich gesagt, dass keine Ausweitung der Nato nach Osten vorgesehen wäre. Diese Zusage wurde gebrochen und als die sich selbst maßlos überschätzenden, politisch unsagbar schwachen Amerikaner auch noch eine Raketenabwehr an der Grenze zu Russland aufbauen wollten, war es mit der Geduld der Russen vorbei. Aus dieser Absicht, die angeblich Israel vor iranischen Raketenangriffen schützen sollten, resultieren viele, viele Tote.

Die Israelis hinterlassen im Gazastreifen „verbrannte Erde". Damit machen sie sich natürlich keine Freunde und die Kinder der Palästinenser wachsen schon mit einem Hass im Herzen gegen alles Israelische auf. Über 1000 Menschen sind schon dem pausenlosen Beschuss zum Opfer gefallen, während es in Israel, das ja über eine funktionierende Raketenabwehr und genügend Schutzräume verfügt, bisher eine Person ist. Dass auch über dreißig Soldaten im Kampf gegen die Hamas bei Angriffen im Gazastreifen gefallen sind, steht auf einem anderen Blatt.

Auch wenn es in unseren Medien anders dargestellt wird, mit Ausnahmen, so kam ein jüdischer Professor aus Lübeck zu Wort, der mal Mitglied im Zentralrat der Juden in Deutschland war, und der kritisierte die einseitige Berichterstattung des ZDF pro Israel, so ist der Auslöser der Gewalt bei neutraler Betrachtung schnell ausgemacht: Wer verhindert denn massiv eine zwei Staaten Lösung? Wer baut Siedlungen im besetzten Gebiet? Wer igelt den Gazastreifen mittels einer Mauer, die auf Palästinenser Gebiet errichtet wurde, ein? Wer erschießt angebliche Gegner gezielt aus Drohnen, auch wenn Begleiter dabei mit zu Tode kommen. Und das ohne rechtliche Legitimation? ----- Das ließe sich noch weiterführen, aber auch das ist erschreckend. Vielleicht das noch: Ein Auslöser der Auseinandersetzung war die Entführung und Ermordung von drei jüdischen Religionsschülern in der Nähe von Hebron. Obwohl die Hamas ein Beteiligung bestritt, was schon bemerkenswert ist, da sie sich sonst immer bekannt hatte, wurde sie beschuldigt und eine Verhaftungswelle von über dreihundert Personen setzte ein, wobei auch Wohnung ausgebrannt sind. Menschenverachtend! Israel – Rechtsstaat?

Nun wird man vielleicht sagen, dass die Raketenangriffe auf Israel von mir nicht kritisiert werden. Nein, auch die sind nicht zu entschuldigen, stehen aber aus den geschilderten Gründen, in keinem Verhältnis zu den Aktivitäten der Israelis. In der ganzen Welt gibt es Demonstrationen für die Palästinenser, und die normale israelische Bevölkerung hat das wieder mal auszubaden, denn ihre Sicherheit ist überall gefährdet.

Dass ist schon eine merkwürdige Garde von Politikern, die Israel anführt. Sie fühlt sich augenscheinlich als Vertreter des „auserwählten Volkes". Denn anders kann man das Verhalten nicht erklären. Wahrscheinlich ist deshalb der Konflikt mit den Nazis aus eskaliert. Ein selbsternanntes Herrenvolk gegen ein auserwähltes Volk. Das konnte nicht gutgehen!

Donnerstag, 31. Juli 2014

Argentinien droht eine erneute Staatspleite durch sogenannte Hedgefonds in Amerika. Diese haben den Staat auf eine 100 prozentige Auszahlung von Staatsanleihen verklagt. Das hört sich auf den ersten Blick vernünftig an, nur nicht auf dem zweiten!

Bei der Ausgabe der damaligen Staatsanleihe wurde von (welchen) Beratern empfohlen, diese nach amerikanischem Recht auszugeben. Dadurch sollten mehr Interessenten angelockt werden. Das hat auch gut geklappt. Als nun die Anleihen aus den verschiedensten Gründen nicht zurückgezahlt werden konnten, verfiel der Wert massiv. Viele haben noch schnell verkauft und die Hedgefonds haben den Rest der Anleihen zu einem Schrottpreis erworben. Dann wurde bei amerikanischen Gerichten Argentinien verklagt, die ursprüngliche Summe plus Zinsen zu zahlen. Dass Richter diesen Verbrecherfonds Recht gaben, lässt für mich die Frage aufkommen, wieviel in deren Taschen fließt und ob sie nicht sehr mit denen verwandt sind.

Donnerstag, 7. August 2014

In Nahost ruhen die Waffen und Israel hat seine Bodentruppen aus dem Gazastreifen zurückgezogen. Jetzt wird die unglaubliche Zerstörung sichtbar, die durch die vierwöchigen Angriffe angerichtet wurden. Zweitausend getöteten Palästinensern stehen 5o Israelis entgegen, davon 2 Zivilisten. Angeblich hat jetzt rechtzeitig ein Palästinenser gestanden, von der Hamas bezahlt worden zu sein, um die drei jüdischen Religionsschüler zu entführen und zu töten. Toller Zufall! Die Reporter registrieren erstaunt, dass die Palästinenser nicht der Hamas eine Schuld an ihrem Leid geben, sondern ausschließlich den Israelis.

Die Lage in der Ostukraine ist kritisch, denn einerseits scheinen die ukrainischen Truppen die Oberhand zu erringen und andererseits lässt Putin durch Truppenkonzentrationen an der Grenze die Muskeln spielen.

In Deutschland spielt sich die SPD so auf, als wenn sie die Wahl gewonnen hätte. Es werden nur noch SPD Themen von der Koalition durchgewinkt. Der Wirtschaftsminister Gabriel spielt den Bundeskanzler und verhindert Exporte in die UDSSR, so als wenn er der Heiland persönlich wäre. Die Union ist mit der unsäglichen geplanten PKW Maut, gewünscht von der CSU, in die Defensive gedrückt und kommt aus dem Dilemma nicht heraus.

Mittwoch, 13. August 2014

Nachdem der Krieg im Gaza wieder aufgeflammt war und wieder palästinensische Tote zur Folge hatte, aber das scheint die Welt nicht zu interessieren, denn die Hamas hatte ja auch Raketen auf Israel abgefeuert. Erstaunlich war, dass ich zum zweiten Male auf 3Sat den Film über die „Lizenz zum Töten" sehen konnte. Hier drin wurde gezeigt, dass es in Israel wirklich diese Menschen mit dieser „Lizenz" gibt. Da werden in fremden Ländern angebliche oder auch richtige Mörder und Feinde der Israelis liquidiert, ohne

Gerichtsverhandlung o.ä., nur auf den bloßen Verdacht hin, und die „freie" Welt akzeptiert das als angebliche Selbstverteidigung Israels. Da soll noch mal einer sagen, Jürgen Möllemann wäre nicht Opfer des Mossad geworden!

Von Russland aus rollt ein Hilfskonvoi an die Grenze zur Ostukraine. Wenn wirklich humanitäre Hilfe das Ziel ist, eine gute Sache. Aber ganz kann man der Sache nicht trauen, denn bei den Fahrzeugen handelt es sich um weiß umgemalte Militärfahrzeuge.

Montag, 18. August 2014

Die Welt ist weiter in Unruhe, obwohl momentan zwischen Israel und den Palästinensern die Waffen ruhen. Im Irak werden die Kurden wegen ihres Kampfes gegen die Isis aufgerüstet, und die Frage ist, wogegen die Waffen später eingesetzt werden. Denn schließlich streben sie einen eigenen Staat an, und das wird ohne Gewalt auch nicht gehen. Amerika hat schon eine vertrackte Lage durch den Krieg gegen den Irak heraufbeschworen.

Außenminister Steinmeier versucht zusammen mit seinem französischen Kollegen einen Waffenstillstand im Ukrainekonflikt in Verhandlung mit dem russischen und ukrainischen Außenminister herbeizuführen. Nur, zweimal ist er bei dem selben Versuch schon gescheitert.

In den USA ist ein schwarzer Jugendlicher durch einen weißen Polizisten erschossen worden. Das führt seit Tagen zu schwersten Krawallen und zeigt, dass die Rassengleichheit noch lange nicht hergestellt ist.

Donnerstag, 21. August 2014

Die ISIS hat einen amerikanischen Journalisten enthauptet, als angebliche Rache für die Luftangriffe der Amerikaner gegen sie. Ein Befreiungsversuch des Journalisten und anderer Gefangener war Ende Juli wohl gescheitert.

Zwischen Israel und den Palästinensern ist der Krieg wieder aufgeflammt. Im Spiegel wird von menschenverachtendem Verhalten, um nicht Mord zu sagen, durch das israelische Militär berichtet. Keiner unserer angeblichen Volksvertreter wagt es, sich kritisch zu äußern. Jämmerlich!

Auch in der Ostukraine wird weiter gekämpft und keiner weiß, wie es weitergehen soll.

Freitag, 29. August 2014

So kritisch hat es in der Welt seit Langem nicht ausgesehen: In der Ostukraine scheint keine Ruhe einzukehren. Im Gegenteil, offensichtlich mischen immer mehr russische Soldaten in dem Konflikt mit. Über 2000 Tote hat die Auseinandersetzung wohl schon gekostet. Schlimm! Zwischen Israel und den Palästinensern hält ein brüchiger Waffenstillstand. Israel hat nur erreicht, dass die Hamas und die Fatah sich in ihrem Hass gegen Israel angenähert haben.

Auf den Golanhöhen sollen von der ISIS Blauhelmsoldaten entführt worden sein. Die Frage ist, welchen Konflikt die verhindern sollten, denn die Golanhöhen waren ja von Israel besetzt worden. Also hätten die auch selbst darauf aufpassen müssen.

Die ISIS soll schon tausende Menschen ermordet haben und ist auf dem Weg zurückzugehen in längst vergangene Zeiten. Das ist auch eine Gefahr für die ganze Welt, vor allem Europa, denn die Anhänger sitzen schon längst bei uns.

Im Libyen bekämpfen sich verschiedene Stämme, und man sehnt sich einen Gaddafi zurück.

Schwarzafrika hat mit dem Ebola Virus zu kämpfen und eine Lösung ist nicht in Sicht.

Andere Problemfelder werden gar nicht mehr erwähnt, wie z.B. der Konflikt im Südsudan, denn das würde die Nachrichten sprengen.

Deutschland diskutiert, ob man die Kurden mit Waffenlieferungen gegen die ISIS unterstützen sollte. Dass die die später dazu benutzen würden, für einen eigenen Staat zu kämpfen, ist wohl nicht wegzudiskutieren. Trotzdem wird es wohl keinen anderen Weg geben.

Montag, 1. September 2014

Sachsen hat einen neuen Landtag gewählt. Die CDU hat gewonnen, zweite wurde die Linke und unter ferner liefen kamen die SPD und die Grünen. Die FDP ist trotz Regierungsbeteiligung aus dem letzten Landtag herausgefallen und die Überraschungspartei war die AfD mit knapp 10% aus dem Stand. Merkwürdig mutet an, dass nur am Rande erwähnt wurde, dass noch nicht einmal jeder zweite Berechtigte zur Wahl gegangen ist. Eigentlich dürfte so eine Wahl gar nicht zählen!Der Spitzenkandidat der CDU, Ministerpräsident Tillich, fand nicht ein Wort des Bedauerns für seinen bisherigen Koalitionspartner. Mir scheint, dass er sich schon mit der SPD einig ist, denn eine mögliche Koalition mit der AfD schloss er aus.

Immer mehr Kommentatoren geben die Ostukraine verloren und es geht alles auf eine Trennung hin, die auch von Putin gefördert wird.

An die Kurden will die Bundesrepublik jetzt doch Waffen liefern. Eine schwierige, aber wohl notwendige Entscheidung.

Freitag, 12. September 2014

Der Friedensnobelpreisträger Obama schwenkt um zum Kriegsminister. Er hat das Heft des Handelns schon lange nicht mehr in der Hand. Jetzt will er die Luftschläge gegen die ISIS ausweiten und auch die „gemäßigten", gegen Assad aufständischen Syrer, mit Waffen unterstützen. Das Assad Regime direkt darf nicht unterstützt werden, obwohl die Erfahrung im Irak zeigt, dass es den Menschen unter der Führung des Diktators Sadam Hussein besser gegangen ist. So wäre es bestimmt auch in Syrien. Aber hier kommt wieder Israel ins Spiel, das ein erstarktes Syrien fürchtet und entsprechenden Einfluss auf Amerika nimmt. In dem Zusammenhang ist wohl zu verstehen, dass in unseren Medien fast nichts mehr über den zerbombten Gaza-Streifen berichtet wird.

Gegen Russland sind weitere Sanktionen in Kraft getreten, obgleich es Truppen von der ukrainischen Grenze zurückgezogen hat. Deutschlands Wirtschaft wird das mit ausbaden müssen!

Finanzminister Schäuble hat einen ausgeglichenen Haushalt fürs nächste Jahr vorgelegt und lässt sich feiern. Die Linken und Grünen wollen aber lieber mehr Schulden. Das hat doch bisher so gut geklappt und verweisen auf marode Straßen und Brücken. An eine notwendige Umschichtung der Mittel denkt keiner, denn es könnten ja seine Wahlgeschenke betroffen sein. Die SPD zeigt sich in diesem Zusammenhang als das, was sie immer war, eine Partei für die ein verantwortungsvoller Umgang mit Geld nicht möglich ist.

Montag, 15. September 2014

Beim ISIS Gipfel in Paris hat sich eine große Menge von Ländern bereiterklärt, gegen die islamischen Terrorristen, die schon wieder einen Menschen vor laufender Kamera geköpft haben, zu Felde zu ziehen. Dazu werden die verschiedensten Möglichkeiten ausgelotet. Und wieder lässt sich keine umfassende Gegnerschaft aufbauen, weil immer auf Israels Interessen geschaut wird. So wäre es an der Zeit, den Iran wieder ins Boot zu holen, denn die schiitischen Muslime wären der richtige Gegner für die sunnitische ISIS. Wobei hohe sunnitische Geistliche sich schon von der ISIS distanziert haben.

Bei den Landtagswahlen in Brandenburg und Thüringen ist die AfD der große Sieger, denn die bekam in beiden Ländern ein zweistelliges Ergebnis. Die FDP ist eigentlich schon gar nicht mehr da. Die Grünen sind zwar in den Parlamenten, aber mit ca. 6% nur unbedeutend. Die CDU legte leicht zu, während die SPD in Thüringen stark verlor. Schlimm ist, dass in beiden Bundesländern die

Wahlbeteiligung nochmals gesunken ist, auf eine Menge, die eigentlich gar nicht zählen dürfte. Aber wie will man das verhindern?

Freitag, 19. September 2014

Die Schotten haben mit knapper Mehrheit für einen Verbleib bei Großbritannien gestimmt.Dafür sollen sie, mit Wales und Nordirland, mehr Autonomie bekommen.

Die Ebola Epidemie in Afrika weitet sich aus. Es gibt schon mehrere tausend Tote. Jetzt wurde auch Deutschland von der liberianischen Präsidentin um Hilfe gebeten. Nur das ist ein schweres Unterfangen, zumal die Aufklärung und die Hygiene bei einem großen Teil der betroffenen Bevölkerung sehr zu wünschen übrig lässt. Keiner wagt zu sagen, dass die betroffenen Staaten massiv versagt haben, und dass als zweites erst einmal die vorherigen Kolonialmächte gefragt sind. Trotzdem kann man die Augen nicht verschließen und muss versuchen zu helfen, denn es kann eine Pandemie entstehen.

Freitag, 26. September 2014

In Algerien ist ein Franzose von Islamisten geköpft worden, weil Frankreich an Luftschlägen gegen die ISIS beteiligt ist. Obama mutiert vom Friedenspräsidenten zum Kriegsbefürworter, aber es gibt offensichtlich nach den Fehlern der Bush Regierung keine andere Wahl, um der Terrormiliz des IS Einhalt zu gebieten. Positiv zu bewerten ist, dass arabische Staaten sich an der Abwehr beteiligen. Israel hat nichts Besseres zu tun, als über den besetzten Golanhöhen einen syrischen Kampfjet abzuschießen. Ansonsten ist von dem Konflikt mit den Palästinensern nichts zu vernehmen, obwohl außer ca. 2000 Toten und Verletzten und einem zerbombten Gaza-Streifen nichts erreicht wurde.

In Frankreich streiken die Piloten und in Deutschland planen das erneut ebenfalls unsere. Und das für nicht nachvollziehbare

Forderungen. Außerdem gibt es keine Einigung mit den Lokomotivführern, die auch auf Kosten der Reisenden ihre vorgeblichen Interessen durchsetzen wollen. Das Demonstrationsrecht müsste dringend überarbeitet werden!

Samstag, 4. Oktober 2014

Meine Aversion gegen die Aktivitäten Israels haben einen neuen Anstoß bekommen. Die illegale Siedlungspolitik soll fortgesetzt werden, und das auf einer Fläche, wo die Palästinenser ihren Staat begründen wollten. Die Freie Welt reagiert gewohnt, von empört bis erstaunt, also nur wie immer ein Du, du, du!

Der Kampf gegen die ISIS geht weiter und ist noch lange nicht gewonnen. Vielleicht ist es hilfreich, dass jetzt doch die Türken mitmachen wollen.

Auch in der Ostukraine sterben trotz Waffenstillstand weiterhin Menschen.

Durch die vielen Konflikte steigen die Flüchtlingszahlen an und stellen die Behörden und die Bevölkerung vor riesige Probleme.

Mittwoch, 8. Oktober 2014

Um die auf syrischem Gebiet liegende kurdische Stadt Kobani wird verzweifelt gegen die ISIS Truppen gekämpft. Die Stadt liegt in Sichtweite der türkischen Grenze. Hier sind Panzer aufgefahren, aber es gibt keinen Befehl zum Einschreiten. Den Türken ist der Verlust bei den Kurden offensichtlich egal. Das sehen auch andere so, und deshalb gibt es nicht nur in der Türkei selbst, sondern auch in anderen Ländern, Proteste gegen das Stillhalten. In Hamburg haben sich Kurden und salafistische Türken eine Straßenschlacht geliefert.

Dass jetzt plötzlich die Kurden im Ansehen der Bevölkerung die Guten sind, ist schon merkwürdig. Denn die Abschottung und die Ehrenmorde (Brüder töten ihre Schwester, weil die einen Andersgläubigen liebt) in Deutschland, sind im Moment vergessen. Zu hoffen ist nur, dass keine deutschen Soldaten dort mitmischen müssen.

Die Ebola Epidemie verlässt Afrika und bringt die Welt in Aufregung.

Sonntag, 12. Oktober 2014

Immer deutlicher treten die Probleme durch den übereilten und nicht durchdachten Ausstiegsbeschluss aus der Kernkraft zu Tage. Die hochsubventionierten Windkraft- Biogas- und Solaranlagen produzieren soviel Strom, und da der Vorrang hat, werden moderne Gasanlagen und andere Energieträger nur in Notfällen angeworfen. Das rechnet sich natürlich nicht und erzeugt Unzufriedenheit. Außerdem wehrt sich die betroffene Bevölkerung gegen die 70 Meter hohen Stromtrassen, die durch die Landschaft von Nord nach Süd gebaut werden sollen. Eine Kabelverlegung unter der Erde, die gefordert wird, kostet das Achtfache und beeinträchtigt die Landschaft durch hohe Einspeiseaggregate. Den Grünen zu folgen, hat für die Bevölkerung noch nie etwas gebracht, aber es fehlen die Politiker mit Rückgrat wie einstmals Franz Josef Strauss.

Übrigens unterstützt die EU einen neuen Kernkraftwerksbau in England. Außerdem haben SPD und Linke in Brandenburg beschlossen, weiter Braunkohlenstrom zu produzieren.

Die deutschen Wälder weisen keine nennenswerten Schäden auf, es hat anscheinen genug geregnet. Trotzdem wird keiner auf die Idee kommen, mit den Waldschadensberichten aufzuhören.

Dienstag, 21. Oktober 2014

Die Problemfelder sind die selben und wollen nicht weichen: Ebola, Ukrainekonflikt, ISIS und eine mangelhaft aufgestellte Bundeswehr. Dazu kommt, dass Minigewerkschaften verrückt spielen und auf Erpressungstour sind. Das betrifft die GDL, eine Lokomotivführer Gewerkschaft, die plötzlich für alle Bahnbediensteten sprechen will und die Pilotenvereinigung Cockpit, die Erhöhungen und Privilegierungen gleichzeitig durchsetzen wollen. Und das alles auf den Rücken der Reisenden!

Bei der Bundesregierung hat die SPD das Wort, als wenn sie die Wahl gewonnen hätte. Für die CDU müsste das schon peinlich sein.

Dienstag, 4. November 2014

In Thüringen scheint sich eine Rot, rot, grüne Landesregierung zu bilden unter Führung eines Linken, des Herrn Rameloh. Dass der Bundespräsident seine Bedenken gegen die Nachfolgepartei der SED geäußert hat, war schon mutig und wird natürlich von den Linken stark kritisiert.

In der Ukraine ist gewählt worden, und die Wahl, obwohl nach Europa strebende Politiker gewonnen haben, wurde von Russland anerkannt. Nicht gewählt werden konnte in der Ostukraine, dort wurde von den Separatisten eine Extrawahl durchgeführt mit dem erwartenden Ergebnis, das aber nur von Russland anerkannt wurde.

Ab Morgen soll bei den Eisenbahnern wieder gestreikt werden mit den bekannten Folgen. Schlimm! Auch bei den Piloten gibt es noch keine Einigung.

Dienstag, 11. November 2014

Im Moment herrscht eine Pause bei den Streikenden ohne dass bisher eine Lösung erreicht wurde. Das Einzige was zu verzeichnen ist, ist die zunehmende Ablehnung der Streikenden durch die Bevölkerung, auf deren Rücken der ja ausgetragen wird. Man kann das Geschrei von dem Grundrecht auf Streik nicht mehr hören, vor allem wenn der zur Erpressung führt. Wenn die Gegenseite keine Möglichkeit hat gegenzusteuern, etwa durch Aussperrung o-ä., dann ist die Gleichgewichtigkeit nicht gegeben!

In Sachsen ist gerade die CDU-SPD Regierung gebildet worden, in Brandenburg bleibt SPD-Linke, und in Thüringen sieht es nach Links-SPD-Grüne aus. Deutschland ist nur zu reformieren, wenn wir uns wirklich auf sechs Bundesländer beschränken würden. Das könnte eine enorme Kosteneinsparung zur Folge haben, aber die Abgeordneten denken ja nur an ihre Posten!

Freitag, 14. November 2014

Gerade habe ich auf ARTE einen Bericht über die Situation im Nahen Osten, und den Kampf um Wasser zwischen Israelis und Palästinensern gesehen. In menschenverachtender Weise gräbt Israel den Palästinensern das Wasser ab. Auf deren Gebiet wird Grundwasser abgepumpt und in die Treibhäuser der Siedler geleitet. Diese brauchen für das Wasser weniger als die Hälfte zu zahlen, als die Palästinenser. Überhaupt haben die Israelis, schon durch die Besetzung der Quellgebiete auf den Golanhöhen, Zugang zu 98% des Wassers! Der Zugang zum Jordan ist für die Palästinenser nicht erreichbar, da er von den Israelis in verbrecherischer Weise durch Elektrozaun und Minenfelder abgeriegelt wurde. Und diese Verbrechen, nur um in Treibhäusern Blumen und andere Sachen zu wässern, die wir dann gedankenlos im Supermarkt kaufen.

Sonntag, 23. November 2014

Der Westen befindet sich in einer schwierigen Situation, was die Atomverhandlungen mit dem Iran angehen. Auf der einen Seite braucht man den schiitischen Iran im Kampf gegen die sunnitische Isis, und auf der anderen Seite darf man auf Druck von Israel nicht zulassen, dass der Iran sich doch eine Atombombe zulegt.

Die Grünen, die sonst nur mit Panikmache aufgefallen sind, haben sich auf ihrem Parteitag tatsächlich einem Thema zugewandt, dass wirklich eines ist. Man will eine Wende in der Landwirtschaftspolitik mit Massentierhaltung und Pestizideinsatz erreichen. Hierbei haben sie mich voll auf ihrer Seite, denn diese Maßnahmen sind überfällig!

Mittwoch, 26. November 2014

Die Schwarzen in Amerika fühlen sich diskriminiert, da ein weißer Polizist, der im August einen schwarzen Jugendlichen erschossen hat, nicht angeklagt wird. Auf der einen Seite ist die Empörung verständlich, auf der anderen Seite die Ausschreitungen mit Brandlegungen und Plünderungen wohl nicht.

Die Atomverhandlungen mit dem Iran sind vertagt worden. Das wäre nie passiert, wenn man die Mullahs nicht gebrauchen würde im Kampf gegen die Isis.

In Deutschland wird weiter SPD Politik von dem Wahlverlierer in der Großen Koalition gemacht. So soll es jetzt eine Frauenquote in DAX Unternehmen geben. Eine überflüssige Reglementierung, denn geeignete Frauen werden jetzt schon gerne eingestellt.

Donnerstag, 4. Dezember 2014

Putin beklagt die Einigelung seines Landes durch die Amerikaner, und er hat damit nicht ganz Unrecht. Was will Amerika im Irak usw.? Es sollte sich lieber auf sein Land konzentrieren, denn da gäbe es genug zu regeln. Nicht vergessen darf man ja, dass Amerika nach dem Zweiten Weltkrieg seine Kriege im Endeffekt nur noch verloren hat. Aber wie wurde schon immer in der Vergangenheit von Herrschern gehandelt, wenn sie von innenpolitischen Problemen ablenken wollten? - Sie haben sich außenpolitisch betätigt und Kriege geführt!

Die Große Koalition setzt ihre SPD Politik fort und verteilt fleißig Geschenke. Herr Schäuble freut sich über einen Haushaltsentwurf für 2015 ohne neue Schulden seit über 40 Jahren. An sich eine richtige Maßnahme, die aber wohl eine kurzfristige Mogelpackung ist. Denn nicht berücksichtigt wurde, dass über das normale

Maß hinaus Steuern eingenommen werden. Dann wurden die Kosten für den sprunghaften Anstieg der Flüchtlingszahlen ausgespart und auch für die gewaltigen Pensionsansprüche, die in den nächsten Jahren fällig werden, wurden keine Rücklagen gebildet. Außerdem muss er für die vorhandenen Schulden fast keine Zinsen bezahlen! Leider, Gott sei Dank, muss man sagen, dass es sich in Deutschland immer noch am besten leben lässt.

Sonntag, 14. Dezember 2014

In Amerika ist ein Untersuchungsbericht über Foltermethoden der CIA unter der Bush Regierung veröffentlicht worden und hat weltweit für Wirbel und Empörung gesorgt. Es ist aber auch unglaublich, was da an Schrecklichkeit zum Vorschein gekommen ist. Zumal in keinem einzigen Fall nachgewiesen werden konnte, dass durch die Folter ziel-weisende Erkenntnisse gewonnen wurden. Weiterhin wird in Amerika gegen Rassismus und Polizeigewalt demonstriert. Das Ende wird sein, dass sich die Polizei, wie in Deutschland, aus vielen Dingen heraushält. Und ob das gut für die Mehrheit der Bevölkerung sein wird, ist nicht anzunehmen.

Lt. Bertelsmann Stiftung steigt der Anteil der Abiturienten und liegt schon bei völlig unrealistischen über 50%. Spitzenreiter mit über 60% ist NRW mit der grünen Schulministerin Löhrmann. Dass das nur mit nachlassenden Anforderungen zu tun hat, ist wohl klar.

Donnerstag, 18. Dezember 2014

Amerika und Kuba scheinen sich wieder anzunähern. Es ist zu einem Gefangenenaustausch gekommen und Amerika will eine Botschaft auf der Insel errichten. Diese Meldung ist für mich besonders interessant, weil ich 1962 als Soldat wegen der Kubakrise in voller Kampfmontur auf einen Kriegseinsatz warten musste. Der dann glücklicherweise nicht kam.

Putin ist in Schwierigkeiten weil er einen Preisabfall für sein Gas und Öl hinnehmen muss. Sein Rubel ist stark gefallen und es gibt eine Kapitalflucht. Dass er den Westen in einer Rede beschuldigt, Schuld zu sein an der momentanen Misere, ist zum Teil berechtigt. Auf alle Fälle ist die offensichtliche Freude unserer Politiker über seine Probleme nicht angebracht. Nötig sind dringend Gespräche über eine Einigung in den Streitfragen!

Samstag, 20. Dezember 2014

Seit einiger Zeit ist der Ölpreis massiv eingebrochen. Das freut zwar die Autofahrer und Heizölabnehmer, aber was sind die Gründe dafür? Mir scheint, dass Amerika mit Hilfe der Saudis Russland brüskieren will, denn sie selbst sind durch das Fracking in der Energiefrage unabhängig vom Weltmarkt geworden. Saudi Arabien wiederum verhindert eine Drosselung der Produktion der erdölexportierenden Staaten mit schlimmen Auswirkungen in den meisten dieser Länder. Der Rubel in Russland ist stark gefallen, wofür die Sanktionen des Westens auch mit verantwortlich sind.

Die UNO hat sich für einen Palästinenserstaat ausgesprochen bei gleichzeitigem Bestand Israels. Das ist aber daran und an Frieden nicht interessiert und fliegt auch wieder Angriffe gegen die Hamas.

Herr Edathy, der ehemalige Hoffnungsträger der SPD, beschuldigt in der Kinderpornoaffaire führende SPD Politiker und Funktionsträger, wie Ex BKA Chef Ziercke, der Mitwisserschaft. Schlecht für die Partei, die aber seit der Zustimmung, als Juniorpartner mit den Grünen den Linken zur Macht in Thüringen zu verhelfen, sowieso sich von der ersten Reihe verabschiedet hat.

Montag, 29. Dezember 2014

Nachdem alle möglichen „wichtigen" Menschen meinten uns damit einzusülzen, dass die Zuwanderung für uns Deutsche mehr bringt als sie kostet, hat sich heute der Leiter des Ifo Institutes in München, Herr Hans Werner Sinn, im umgekehrten Sinne zu Wort gemeldet. Seinen Ausführungen glaube ich bei weitem eher als denen der anderen. Gerade die Sozialdemokraten und die Grünen haben den Frauen das Kinderkriegen madig gemacht. Viel wichtiger wäre die Karriere, als Hausfrau und Mutter zu spielen. Die Folgen sind, dass man meint, die Zuwanderung könne den Mangel an eigenen Kindern ausgleichen. Keiner hat etwas gegen Zuwanderung, aber dass dabei auf Qualität und nicht auf Masse geachtet werden muss, ist noch nicht überall angekommen.

Donnerstag, 8. Januar 2015

In Paris sind bei einem Terroranschlag von Islamisten auf eine Redaktion einer Satirezeitschrift, die des öfteren auch den Islam aufs Korn genommen hat, 12 Menschen ums Leben gekommen und viele sind verletzt worden. Das gibt der Pegida Bewegung (Patriotische Europäer gegen Islamisierung) Auftrieb und schwächt die Akzeptanz angepasster Muslime. Hier ein Urteil zu fällen ist schwer, auch wenn unsere Politiker meinen, dass nur ihre Meinung richtig ist. Denn eine Tatsache ist, dass je mehr man sich mit dem Koran auseinander setzt, umso mehr kann man froh sein, dass nicht überall danach gehandelt wird. (Töten der Ungläubigen; Scharia usw.)

Andererseits müsste darüber nachgedacht werden, ob es in jedem Falle richtig ist, der Presse jede Freiheit zuzugestehen, während ansonsten manchmal nur lautes Denken unter Strafe gestellt wird. Es ist eine Tatsache, dass Journalisten schon mehrere Menschen tot-geschrieben haben! Es ist zwar ein schmaler Grat, aber es gibt mit Recht Einschränkungen in jedem Bereich (z.B. Kinderpornografie, Volksverhetzung), also warum nicht auch bei der Presse?

Mittwoch, 14. Januar 2015

Ein riesige Demonstration in Paris gegen Terrorismus mit Spitzenpolitikern fast aus aller Welt,
Ob die was bewirkt hat bleibt zweifelhaft.
In Berlin wurde, wahrscheinlich auf Druck der Regierung, auch eine Demonstration der Muslime gegen die Gewalt im Namen ihres Glaubens abgehalten. Wieder waren unsere Spitzenpolitiker anwesend und erschreckend wenige Anhänger des Islam. Das wurde von Herrn Gabriel völlig übersehen, als er meinte, die Veranstaltung loben zu müssen. Richtige Worte hierzu fand im NTV Hans-Ulrich Jörges, der diese Alibiveranstaltung brandmarkte. Er sagte, dass ein Lossagen von gewaltverherrlichenden Suren im Koran überfällig wäre.

Mittwoch, 21. Januar 2015

Die Pegida Demonstration, die jeden Montag mit über 10 000 Menschen in Dresden stattfand, war wie auch die Gegendemonstration wegen befürchteter Anschläge abgesagt worden. Jetzt überschlagen sich unsere Führungsdemokraten in ihrer Kritik, denn das Demonstrieren wäre ein Grundrecht, das man nicht einfach aushöhlen dürfte. Das konnten Diejenigen ja gut so sehen, da die konkreten Drohung ja nur gegen einen Organisator der ungeliebten Gruppierung gerichtet waren. Die Frage stellt sich, wieso in einer Parlamentarischen Demokratie überhaupt das Demonstrieren ein Grundrecht sein muss, da die Verantwortlichen ja abgewählt werden können.
Das Ausschlaggebende für die Kritik der Presse an diesen Veranstaltungen ist eindeutig, dass sie auf Plakaten als Lügenpresse tituliert wurde, und das ist für die ein Stich ins Herz, da sind sich alle einig.
Natürlich stellt sich die Frage, ob diese Demonstrationen und die dagegen, überhaupt etwas bewegen können, aber je mehr Auf-

merksamkeit denen gewidmet wird, umso mehr werden sie aufgewertet. Zweifellos laufen auf den friedlichen! Pegidademonstrationen auch ewig Gestrige mit, wer wollte das verhindern, und das wird mit Recht massiv kritisiert. Aber dass die Linksautonomen in den sogenannten Gegendemonstrationen durch ihre Gewaltbereitschaft der Polizei größere Probleme machen, wird selten mal überhaupt erwähnt!

Dienstag, 27. Januar 2015

Das Fernsehen muss man gar nicht anstellen, überall nur Gedenkfeiern wegen 70 Jahre Befreiung des KZ in Auschwitz. Ich glaube nicht, dass sich jemals ein Volk so erniedrigt hat, wie das deutsche. Offensichtlich gilt bei uns nicht, dass es keine Sippenhaft gibt. Immer noch machen wir Nachkömmlinge der „Nazis" gut! Jedes andere Volk würde auch versuchen, Entlastendes zu finden, aber das ist uns schon durch den Begriff „Historischen Wahrheit" verboten. Dabei muss sich jedem Fachmann der Magen umdrehen, wenn nach wie vor (mit steigender Tendenz), behauptet wird, dass es eine Vergasung von Menschen mit Blausäure (Zyklon B) in großem Maße gegeben hat. Nach zwanzig! Minuten sollen die Leichen aus den Gaskammern entfernt worden sein ohne das die Helfer sich vergifteten. Völlig unmöglich!

Dass es in den Unterkünften zu vielen Grausamkeiten gekommen ist, steht außer Frage, und dass unzählige Menschen an Seuchen und Unterernährung gestorben sind, auch. Aber Auschwitz als geplantes Vernichtungslager zu bezeichnen ist nach meiner Meinung falsch. Es war so angelegt, damit die Fabriken im Umkreis mit Arbeitskräften versorgt wurden. Warum sollte auch der größte Zyniker über den Eingang eines Vernichtungslagers den Spruch: „Arbeit macht frei" anbringen lassen?

Samstag, 31. Januar 2015

Altbundespräsident Weizsäcker ist mit 93 Jahren gestorben.
Jetzt wird es wieder lobhudelnde Nachrufe geben, was ich auch
nicht ändern will, obwohl ich ihn kritisch sehe. Auch mein Vater,
obwohl Kriegsteilnehmer, hat sich nie von den Kriegsgewinnern
befreit gefühlt. Eine Aussage, die Herrn Weizsäcker frei von jeder
Kritik stellte, was wohl von ihm auch beabsichtigt war!

Samstag, 7. Februar 2015

Frau Merkel und Herr Hollande waren bei Putin in Moskau. Ein
richtiger Schritt um eventuell das Blutvergießen in der Ostukraine
zu beenden. Nach draußen ist nichts gedrungen, was vor allem die
Journalisten erbost. Die Rolle der Amerikaner in dieser Angelegenheit ist erschreckend, denn sie sind sehr dafür die Ukraine aufzurüs-
ten, was einem Krieg die Tür öffnen würde.

Freitag, 13. Februar 2015

In Minsk ist für die Ukraine ein Waffenstillstand ausgehandelt
worden, der in der Nacht von Samstag auf Sonntag in Kraft treten
soll. Trotz großer Zweifel wäre ein Erfolg wünschenswert.
In Griechenland ist ein „Halbstarker", Herr Tsipras, mit seiner
Partei Syriza an die Spitze gewählt worden. Das war auch nicht
schwer, da er nur mit nicht einhaltbaren Versprechungen Wahlkampf gemacht hat. Nur manipulierbare Menschen oder auch verzweifelte konnten den Versprechungen glauben. Sein einziges Plus
ist der Wunsch der europäischen Politiker, den Euro nicht zu gefährden und Griechenland im Euroraum zu halten. Dabei nimmt
man unflätige Angriffe, vor allem auf Deutschland, in Kauf.

Samstag, 21. Februar 2015

Wie befürchtet, wird in der Ostukraine weiter geschossen.

Mit den neuen „Politikern" in Athen hat man einen Kompromiss geschlossen, deren Wirkung man in sechs Monaten sehen wird. Grund dafür war die Sorge vor einem Zerbrechen des Euro. Griechenland muss nachweisen, dass sie anstelle von ungeliebten Auflagen andere Geldmittel auftreiben können. Das wird schwer!

Nicht nur Griechenlands neue Regierung ist mit Lügen und falschen Versprechungen an die Macht gekommen, nein, auch im Kleinen wird gelogen, um eine Sache für sich zu entscheiden. So ist den Kommunalpolitikern seinerzeit eine Zustimmung zu den massiven Auskiesungen rund um Lage mit der Zusage, dass nach Abschluss der ganze Bereich der Naherholung zugeführt wird, abgerungen worden. Wie ist die Realität heute?: Die Seen sind an Angelvereine verpachtet; Baden, Lagern und sogar das Betreten der Ufer ist streng verboten und die Ungepflegten Seen verbuschen immer mehr und werden zu unnatürlichen Fremdkörpern! Und die Beispiele ließen sich seitenweise weiterführen.

Donnerstag, 5. März 2015

Das Minsker Abkommen gilt noch trotz einem brüchigen Waffenstillstand. Die Situation ist weiter unklar, aber offensichtlich will auch Putin keine weitere Konfrontation.

Netanjahu war auf Einladung der Republikaner in Amerika ohne Absprache mit dem Weißen Haus. Eine Brüskierung von Obama, der weiter auf Verhandlungen mit dem Iran im Atomprogrammstreit setzt. Eine Einigung will die israelische Regierung unbedingt verhindern.

Der Iran scheint ihnen ein mächtiger Gegner zu sein als der IS. Denn der wäre nur mit Hilfe des Iran, der ja in erster Linie aus Schiiten besteht, zu besiegen.

Samstag, 21. März 2015

Netanjahu hat die Wahl in Israel gewonnen, aber eine richtige Alternative war auch nicht vorhanden. Die merkwürdige griechische Führung unter Tsipras versucht zusammen mit der EU eine Pleite zu verhindern mit immer neuen Sprüchen ohne Substanz. Eigentlich müsste man diese Scharlatane gegen die Wand laufen lassen, aber man fürchtet um den Bestand der EU. Dass die Griechen mit großen Problemen zu kämpfen haben, ist kein Geheimnis. Aber die hatten und haben andere, vor allem Staaten aus dem Süden, auch. Und die bemühen sich, eine Durststrecke zu überwinden, was den „stolzen" Griechen abgeht.

Freitag, 27. März 2015

Die Welt wird erschüttert von einem Flugzeugabsturz in den französischen Alpen mit 150 Toten. Unfassbar ist, dass das Unglück bewusst herbeigeführt wurde. Der Co Pilot der German Wings Maschine, einem Airbus A320, hatte den Kapitän ausgesperrt und ließ die Maschine mit unverminderter Geschwindigkeit gegen einen Berg rasen.

Im Jemen, dem Armenhaus der arabischen Welt ist die Regierung von schiitischen Huthirebellen in die Flucht geschlagen worden. Diese werden offensichtlich von dem „schiitischen" Iran unterstützt. Jetzt greift das „sunnitische" Saudi Arabien mit Unterstützung der Amerikaner in den Konflikt ein. Offensichtlich fördert die Religion Kriege!

Mittwoch, 8. April 2015

Die Chaotenregierung in Griechenland versucht mit aller Macht ihre Unfähigkeit zu überspielen. So ist heute Herr Tsipras nach Moskau geflogen, wahrscheinlich um die Europäer zu verunsichern, und der merkwürdige Finanzminister Varoufakis, der bislang von einem Fettnapf ins nächste tappt, war bei der Weltbank in New York. Geld fürs Reisen scheint noch da zu sein!Ganz schlimm ist die plötzliche Forderung an Deutschland nach Wiedergutmachung, obwohl aller Forderungen inzwischen abgearbeitet sind. Unglaubliche € 278 Milliarden soll Deutschland zahlen. Merkwürdig in diesem Zusammenhang das Verständnis von Teilen der SPD und der Grünen für diese Unverschämtheit. Keiner würde diejenigen daran hindern, etwas aus eigener Tasche wiedergutmachen zu wollen. Aber einmal ist der Zeitpunkt, wo es bei Griechenland um Sein oder Nichtsein geht unmöglich und außerdem müsste ja eine Nachfolgegeneration, obwohl immer gesagt wird, dass es keine Sippenhaft gäbe, zur Kasse gebeten werden. Ohne die damaligen Verbrechen gegen die der damaligen griechischen Untergrundkämpfer aufrechnen zu wollen, sollte man schleunigst einen endgültigen Schlussstrich ziehen im Interesse eines friedlichen Miteinander. Eine Frage drängt sich auf: Warum nutzen wir Deutschen als Reiseweltmeister dieses nicht aus, um etwas zu bessern? So dürfte Griechenland als Reiseziel momentan nicht in Frage kommen. Genauso sollte man Ägypten meiden, solange die Singvögel in großen Mengen mit Netzen gefangen werden, ebenso Israel wegen der Siedlungspolitik und anderem, und wenn Herr Erdogan so weiter macht, auch die Türkei. Das würde bestimmt etwas bewirken!

Mit dem Iran ist ein Abkommen über ihr Atomprogramm verhandelt worden. Ob es zum Tragen kommt, soll sich noch herausstellen. Neu in diesem Zusammenhang ist, dass Obama die vehementen Proteste der Israelis zurückgewiesen hat. Dazu gehört in Amerika sogar für einen Präsidenten Mut.

Montag, 20. April 2015

Wahrscheinlich sind gestern 950 Flüchtlinge auf der Überfahrt von Afrika nach Europa ertrunken. Das Mittelmeer wird zum riesigen Grab, denn wahrscheinlich sind vorher schon tausende ertrunken. Aber eben nicht alle gleichzeitig von einem Schlepperboot. So schlimm wie sich die Situation für die Menschen darstellt, die diese Gefahren auf sich nehmen, so wenig ist denkbar, dass Europa sie alle aufnehmen kann. Trotzdem werden die Europäer von den Gutmenschen an den Pranger gestellt, als wenn sie die Toten zu verantworten hätten. Profiteure des ganzen Dilemmas sind skrupellose Schlepper, und hier müsste als erstes angesetzt werden. Es müsste doch möglich sein, z.B. GSG 9 Männer bei den Flüchtlingen einzuschleusen, die dann die Schlepper unschädlich machen könnten. Die maroden Boote müssten versenkt werden, bevor Flüchtlinge einsteigen können. Dann müsste geprüft werden, warum die Menschen fliehen und ob trotzdem in die betroffenen Länder Entwicklungshilfegelder geschickt werden. Sofort stoppen! Vorzeigeländer, die es in Afrika ja auch gibt, sind mehr zu fördern, damit sie als gutes Beispiel dienen können. Usw., usw. Rettungsaktionen im ganzen Mittelmeer, wie von den weltfremden Grünen gefordert, würde nur noch mehr Menschen ermutigen, die Flucht zu wagen.

Dienstag, 28. April 2015

In Nepal hat ein Erdbeben eine Katastrophe ausgelöst. Schon ca. Viertausend Menschen sind tot geborgen worden. Aber da abgelegene Gebiete noch gar nicht erreicht wurden, wird die Zahl wohl noch enorm ansteigen. Auch Bergsteigtouristen wurden betroffen, aber denen ist schneller geholfen worden. In dem Zusammenhang kam heraus, dass diese Menschen 80 000 bis 100 000 € für eine Führung auf den Himalaya ausgeben. Für mich unvorstellbar, aber das Land lebt zum Großteil von diesen Menschen, und die werden nun erst einmal wegbleiben.

Fast jede Woche wird, mit Überlebenden, der Befreiung von Konzentrationslagern vor 70 Jahren gedacht. Auffallend ist die verbreitete Furcht, dass wir Nachkommen vergessen könnten und nicht mehr bereit sind, zu buckeln! Wenn sowieso die Geschehnisse als „historische Tatsachen" eingestuft wurden, ist eine neutrale Aufarbeitung nicht möglich, und das ist auch so gewollt.

Sonntag, 3. Mai 2015

Auch der Stern bezeichnet inzwischen die Repräsentanten der griechischen Regierung als ahnungslose Halbstarke. Nur falsche Hoffnungen wurden geweckt und bislang keine Reformen auf den Weg gebracht. Wie lange das noch so weitergeht (60 % Jugendarbeitslosigkeit) weiß keiner.

Die Anzahl der Toten in Nepal hat sich schon verdoppelt und ein Ende ist noch nicht abzusehen.

Sonntag, 10. Mai 2015

Es vergeht fast kein Tag, an dem nicht an die Befreiung irgendeines Konzentrationslagers vor 70 Jahren erinnert wird. Der Bundespräsident Gauck hat richtig viel zu tun um überall seine Betroffenheit zu demonstrieren.Erstaunlich für mich ist immer noch die große Zahl der Überlebenden, die ja vor siebzig Jahren Kinder gewesen sein müssen. Dabei sollen doch die meisten Kinder sofort in die Gaskammern gebracht worden sein. Es ist zwar müßig sich den Kopf zu zerbrechen, aber Zweifel an dem, was uns als „historische Wahrheit" übermittelt wird, sind schon angebracht.

Moskau hat den Tag der Kapitulation Deutschlands am 8. Mai, am 9. Mai mit einer riesigen Militärparade zu einer Machtdemonstration genutzt. Und im Bundestag und überall sonst in Deutschland haben wir nicht den Krieg verloren, sondern sind befreit worden.

Jetzt beteiligt sich auch die Bundesmarine an der Rettung von Migranten, die übers Mittelmeer kommen. Schon am ersten Tag wurden 430 Menschen gerettet. Nur das Schlimme ist, dass immer mehr dadurch angeregt werden, auch den Schritt zu wagen. Nur, wo sollen die Massen an Flüchtlingen bleiben? Hier bahnt sich eine Katastrophe großen Ausmaßes an!

Dienstag, 12. Mai 2015

In Bremen ist der Landtag neu gewählt worden. Dabei haben die regierenden SPD und Grüne eine herbe Niederlage einstecken müssen. Dass die CDU die Grünen vom zweiten Platz verdrängt hat und die FDP wieder ins Parlament zurückgekehrt ist, heißt nichts. Bemerkenswert ist nur die historisch schlechte Wahlbeteiligung von unter 50% und die völlig danebenliegende Wahlprognose. Aus der Enttäuschung heraus hat der bisherige Bürgermeister Böhrnsen seinen Rücktritt erklärt. Auch aus dieser Situation der sinkenden Wahlbeteiligung ziehen offensichtlich die Politiker keine Lehren und wursteln weiter wie bisher. Dabei ist ein großer Grund, dass nicht passende Meinungen sofort mit Hilfe der Medien platt gemacht werden. So wurde z.B. die AFD sofort in die rechte Ecke verbannt, ohne sich näher mit der Partei zu beschäftigen. Die Wähler und auch die Mitläufer bei der Pegida Bewegung wurden herabgesetzt. Die Folge ist abzusehen: Diejenigen, die mit der jetzigen Politik nicht einverstanden sind, werden sich frustriert abwenden und nicht mehr wählen gehen!

Mittwoch, 20. Mai 2015

Das „Streikrecht" bringt uns in Deutschland englische Verhältnisse, die damals Margret Thatcher mit Kraft besiegt hatte. Vor allem Kleingewerkschaften, wie die Pilotenvereinigung, der Marburger Bund und die GDL wollen ihre Macht demonstrieren und ausbauen. Wenn die großen streiken, wie Verdi, dann geht es oft in erster Linie darum, neue Mitglieder zu bekommen.

Die Flüchtlingskatastrophe geht weiter, und Europa reagiert relativ hilflos. Da die meisten Flüchtlinge aus Eritrea und Somalia kommen, ist es Zeit für die freie Welt, sich mit der Führung dieser Länder zu befassen. Gegen diese korrupten Klicken müsste, mit UN Mandat, im Interesse der armen Menschen mit Gewalt vorgegangen werden, und die müssten für die massenhaft Ertrunkenen

und sonstwie ums Leben gekommenen, verantwortlich gemacht und vor Gericht
gestellt werden.

Dienstag, 23. Juni 2015

Es ist eigentlich schon nach zwölf in der Schuldenkrise von Griechenland. Beschämend ist, dass sich die ganze Führungsriege in Europa von den, sich unglaublich frech präsentierenden Sirisa Führern vorführen lassen. Die Mehrheit will offensichtlich mit allen Mitteln dafür sorgen, dass Griechenland im Euro bleibt. Dabei ist abzusehen, dass das Land seine Schulden niemals wird bezahlen können. Erst jetzt, wo wirklich die griechische Staatspleite droht, ist man zu Zugeständnissen bereit. (Warum hört man die sich überhaupt noch an?) Aus Athen kommen schon Nachrichten, dass das von Sirisa dominierte Parlament einem Kompromiss nicht zustimmen will. Wer hat diese Dilettanten eigentlich gewählt, die sich als Vorbild für andere Linksparteien anbieten?

Typisch für unsere Medien ist, dass man seit Wochen nichts mehr über die Erdbebenkatastrophe in Nepal hört, obwohl die Probleme bestimmt noch nicht beseitigt sind. Aber neue Nachrichten verdrängen die alten!

Mittwoch, 1. Juli 2015

Griechenland ist zahlungsunfähig. Unglaublich scheint mir, dass dieses Szenario trotz aller Verhandlungen von dem jetzigen Finanzminister Varoufakis, schon bevor seine Partei gewählt war, vorausgesagt wurde. Offensichtlich hat man darauf hingearbeitet, ob mit Lügen oder falschen Versprechungen scheint egal zu sein. Hoffentlich machen die anderen europäischen Entscheider das Spiel nicht mit, denn die Nachahmer in anderen südlichen Ländern stehen schon bereit! Leid können einem nur die Griechen tun, die mit diesen Leuten nichts gemein haben. Die werden „die Suppe auslöffeln müssen".

Sonntag, 12. Juli 2015

Griechenland und kein Ende. Heute müssen die Regierungschefs der Euroländer wieder über Griechenlands Zukunft im Euroraum befinden. Nachdem die Griechen die anderen mit einem Referendum brüskiert haben, der merkwürdige Finanzminister zurückgetreten ist, kamen plötzlich Zugeständnisse. Diese aber verbunden mit einer neuen Forderung nach Finanzhilfen von ca. 80 Milliarden Euro!! Dieses Land hätte nie den Euro bekommen dürfen, und die damaligen Entscheider, ich erinnere mich an Schröder und Eichel, müssten an den Pranger gestellt werden.

Die Euroländer sind sich uneins bei der Aufnahme von Flüchtlingen. Da die Welle nicht abebbt, gibt es vor allem für aufnahmewillige Länder riesige Probleme. Schon jetzt häufen sich die Proteste gegen neue Flüchtlingsunterkünfte. Die Gutmenschen sind aber auch aktiv und können nicht genug erzählen, wie gut der Zuwachs durch Flüchtlinge für Deutschland ist. Dabei ist klar, dass wir keine unqualifizierten Arbeitskräfte benötigen, die ja die Mehrheit der Ankommenden bildet.

Dienstag, 4. August 2014

Mit der griechischen Regierung wird weiter verhandelt, was die Hilfen und die geforderten Reformen angeht. Dabei müsste jedem normal denkenden Menschen klar sein, dass Griechenland im Moment so nicht zu helfen ist. Da können die Politiker der einzelnen Parteien noch so schlau reden.

Immer mehr Flüchtlinge kommen und wir können von Glück sagen, dass wir Sommer haben. Es sieht aber nicht so aus, als wenn die Welle im Winter abebben würde. Nur dann werden die Probleme dramatisch werden. Tatsache ist, dass Europa nicht alle Fluchtwilligen der Welt aufnehmen kann. Deshalb ist es im Interesse der Kriegsflüchtlinge nötig, dass Menschen aus anderen Regionen gar nicht erst in ein Aufnahmeverfahren kommen. Auch wenn im Einzelfall Härten herbeigeführt werden.

Sonntag, 16. August 2015

Da in Deutschland die meisten Kommunen von den Sozialdemokraten regiert werden, halten sich die Kritiker gegen die Mängel bei der Unterbringung der Flüchtlinge zurück. Der Vorteil der SPD ist, dass sie die Medien meist auf ihrer Seite hat. Trotzdem wird der Ruf nach Hilfen vom Bund immer größer.

Das nächste Hilfspaket für Griechenland über unglaubliche 90 Milliarden Euro ist geschnürt und wie immer werden mutige Kritiker diskreditiert. Deshalb haben wir immer mehr Schönredner in den Parlamenten. Leute „mit Ecken und Kanten" sind eine aussterbende Rasse.

Von der Situation in der Ukraine erfährt man in letzter Zeit so gut wie nichts mehr, denn es gibt zu viel über die Flüchtlinge zu berichten.

Montag, 24. August 2015

Alle Flüchtlinge wollen nach Europa, am liebsten nach Deutschland oder Schweden. Dass das zwar verständlich ist aber nicht durchführbar, müsste auch dem letzten Politiker klar sein. Nur es wird so geredet, als wenn der Ansturm kein Problem darstellen würde. Dabei häufen sich die Proteste gegen neue Flüchtlingsunterkünfte, die natürlich auch von Chaoten ausgenutzt werden. Aber die Sorge gegen die Überfremdung ist berechtigt.

Der Aktienindex sinkt, ausgehend von den Börsen in China. Dabei ist es wohl in erster Linie so, dass eine Spekulationsblase abgebaut wird. Vorteilhaft ist, dass auch die Ölpreise sich auf Talfahrt befinden.

Mittwoch, 2. September 2015

Die Völkerwanderung beherrscht das politische Leben. Europas Zusammenhalt ist am Zerbrechen, was aber auch anhand der unglaublichen Menge an Flüchtlingen verständlich ist. Normalerweise müssen alle an den Außengrenzen der EU, also in den Ländern, in die sie zuerst eingereist sind, registriert werden. Das überfordert aber die meisten dieser Länder, so dass die Flüchtlinge meistens in Deutschland ankommen. Es ist keine Frage, dass jedermann Verständnis dafür aufbringt, dass vom Krieg verfolgte hier Aufnahme bekommen, zumindest vorübergehend. Nur fast die Hälfte der Asylsuchenden kommen aus sicheren Herkunftsländern, wie aus Albanien und den Kosovo und müssten sofort zurückgeschickt werden. Überlegungen hierzu gibt es, aber es gibt auch Gutmenschen, die meinen, dass die vielen Roma und Sinti in ihren Heimatländern verfolgt würden, was aber kein Asylgrund nach dem Grundgesetz darstellt. Außerdem meinen „kluge" Köpfe in der SPD, dass unser Handwerk Arbeiter aus diesen Ländern gebrauchen könne. Tatsache ist doch, dass diese Länder nie auf die Beine kommen, wenn wir denen die besser Qualifizierten Leute abwerben. Es wird von der Politik alles klein geredet, nur der Ansturm wird uns an Grenzen der Belastbarkeit führen!

Samstag, 5. September 2015

Heute kommen ca. 10 000 Flüchtlinge von Ungarn aus nach Österreich, die alle weiter nach Deutschland wollen. Der Ansturm auf die griechischen Inseln bricht nicht ab und auch nicht der über das Mittelmeer nach Italien. Als Ziel wird immer wieder Deutschland genannt, deren Politiker jetzt langsam wach werden und die anderen Länder der EU zu einer Aufnahmequote zwingen wollen. Die östlichen Länder wehren sich dagegen, denn sie hätten Probleme genug und außerdem wollten die Flüchtlinge sowieso alle ins „reiche" Deutschland! Es wird noch Mord und Totschlag geben!

Endlich will man wenigstens mit militärischen Mitteln gegen die Schleuser vorgehen. Dazu muss aber erst der Bundestag seine Zustimmung geben, also wieder Zeitverlust.

Die von den Gutmenschen in den Parlamenten gemachten riesigen Auflagen für Brandschutz und Energieeinsparung rächen sich jetzt, weil mit heißer Nadel gestrickt, und deshalb können in normalen Wohnungen keine Flüchtlinge eingewiesen werden.

Dienstag, 15. September 2015

Endlich, aber wahrscheinlich zu spät, reagiert auch Deutschland auf den nicht abreißenden Flüchtlingsstrom. Jetzt rächt sich, dass Frau Merkel den Eindruck verbreitete, dass Deutschland sich freut, wenn nur alle hierher kommen. Plötzlich werden in Europa, also auch in Deutschland wieder Grenzkontrollen eingeführt. Leider zeigen sich die anderen Parteien, bis auf die CSU, als völlig hilfloser Haufen.

Montag, 28. September 2015

In einem Flüchtlingslager in Kassel Calden hat es eine Schlägerei unter Flüchtlingen gegeben, 300 auf einer Seite gegen 70 auf der anderen. Die Polizei musste mit Großeinsatz eingreifen und hatte selbst 3 Verletzte zu beklagen. Da ein Ende des Flüchtlingsstroms nicht abzusehen ist, kann das nur der Anfang von weiteren Eskalationen gewesen sein. Völlig abartig ist der Protest gegen den Bundespräsidenten, der auch gesagt hat, dass unsere Aufnahmemöglichkeiten „endlich" wären.6
Gestern war Stichwahl von Kandidaten für ein Landrats- oder Bürgermeisteramt in NRW, die beim Wahlgang vor zwei Wochen nicht die absolute Mehrheit auf sich vereinigen konnten. Die Wahl war ein Lehrbeispiel dafür, wie Demokratie nicht sein sollte. Beim ersten Wahlgang hat noch nicht einmal jeder zweite Wahlberechtigte seine Stimme abgegeben, und beim zweiten nicht einmal jeder

dritte. Also hat sich manchen „Sieger" gefreut, obwohl er eigentlich nur von 16% gewählt wurde. Eigentlich dürfte solche Wahl gar nicht zählen, denn das Ergebnis könnte man fast genauso erwürfeln!Vor allem für eine Stichwahl müsste man sich etwas anderes überlegen, z.B. dass man dem führenden Kandidaten einen Bonus mitgibt, der in vielen Fällen die Stichwahl, die viel Geld kostet, überflüssig macht.

Noch eine Anmerkung zur Wahl in Essen: Hier brachte ein CDU Kandidat mit großem Vorsprung den Wechsel an der Stadtspitze fertig. Ob der Grund dafür sein Bekenntnis zu seiner Homosexualität war, weiß ich nicht, aber er befindet sich merkwürdigerweise in großer Gesellschaft.

Donnerstag, 1. Oktober 2015

Die Russen haben den Amerikanern angeboten in einer gemeinsamen Aktion mit Franzosen und anderen gegen den IS Terrorismus vorzugehen. Dabei sollten die Truppen von Assad unterstützt werden und das stößt auf Abwehr bei den Amerikanern. Dahinter scheinen mir die Israelis zu stehen, die ein Erstarken von Assad befürchten. In einer Rede vor der UNO hat Präsident Abbas den Austritt der Palästinenser aus der Osloer Vereinbarung mit Israel verkündet. Er begründete das mit den Verletzungen des Paktes durch die Israeli wie Siedlungsbau, Abriss von Häusern der Palästinenser und dem Abkoppeln von der Wassernutzung.

Dienstag, 6. Oktober 2015

Die Zustimmung zu Frau Merkel, die den Flüchtlingen unbeschränkte Aufnahme in Deutschland signalisierte, sinkt massiv. Da nützt auch nicht das bestimmt vorhandene Mitleid mit denen, die vorm Krieg geflohen sind, die Masseneinwanderung werden wir nicht verkraften können. Die „Gutmenschen" in allen Parteien meinen uns, gebetsmühlenartig, vorzupredigen, dass wir die Aufnahme schaffen können. Aber andere Politiker werden jetzt immer deutlicher in ihren Warnungen. Den Rechten wird durch die falsche Politik der Weg bereitet! Nur mit Putin zusammen besteht die Chance, die IS Terrorristen auszumerzen. Und nur dadurch besteht die Möglichkeit, in Syrien wieder Frieden herzustellen.

Mittwoch, 7. Oktober 2015

Die Probleme, die ich lange vorhergesagt habe, sind da. Fast täglich gibt es in irgendeiner Flüchtlingsunterkunft Schlägereien zwischen den verschiedenen Volksgruppen. Eine Polizistin hat sich bitter beschwert, dass ihr nicht die geringste Achtung entgegengebracht wird. „Von einer Frau lassen wir uns schon gar nichts sagen!" Überhaupt haben die linken Politiker es geschafft, Respekt und Autorität zu bekämpfen. Das selbe wird der Jugend auch in den Krimis im Fernsehen vermittelt: Vor den Polizisten wird grundsätzlich erst einmal weggelaufen wenn die rufen, oder – Ohne meinen Anwalt sage ich gar nichts!

Freitag, 16. Oktober 2015

Der Bundestag und der Bundesrat hat endlich einer Verschärfung des Asylrechts zugestimmt, obwohl in den Debatten so schlaue Beiträge geliefert wurden, wie „das bringt ja sowieso nichts!"
Horst Seehofer hat eine große Rede im bayrischen Landtag gehalten, die natürlich von den „Konkurrenz" niedergemacht wird. Die schweigende Mehrheit würde eine Kandidatur der CSU in ganz Deutschland begrüßen.
Die Syrischen Regierungstruppen sind mit russischer Hilfe auf dem Vormarsch. Nur durch Handeln ist der IS zu besiegen!
Immer öfter wird öffentlich geäußert, dass nur Amerika in ihrer Selbstüberschätzung Schuld ist an den Miseren in Nahost und auch den daraus resultierenden Flüchtlingsströmen.

Donnerstag, 22. Oktober 2015

Der befürchtete Flüchtlingsstrom lähmt unser Land, denn für andere Themen ist kein Platz mehr. Dabei ist ein Ende gar nicht abzusehen und es kommt zu dramatischen Szenen an den Außengrenzen der EU. Fast alle Flüchtlinge wollen nach Deutschland, und das bei dem bevorstehenden Winter! Die Bürgermeister schlagen Alarm, sogar der grüne aus Tübingen. Dagegen skandieren immer noch welche dieser merkwürdigen Partei, wie „Frau" Hofreiter oder Göring-Eckerdt: Wir schaffen es! Nur das ist nicht möglich bei allem Verständnis für die Flüchtlinge. Aber auch die Interessen der deutschen Bevölkerung dürfen nicht vernachlässigt werden.

Montag, 26. Oktober 2015

Inzwischen müssen Krankenhäuser in denen sich Flüchtlinge behandeln lassen wollen, von der Polizei bewacht werden, nachdem es Messerattacken auf Ärzte und Schwestern gegeben hat. (Die Presse ist gebeten worden, von diesen Vorfällen nichts zu berichten!) Die blinde Politik hat auch nicht verstanden, dass ein riesiges Problem durch hier fast ausgerottete Krankheiten mit hereingebracht werden. Die Willkommensstimmung kippt von Tag zu Tag immer schneller. Plötzlich wird der von unseren Politikern verteufelte ungarische Präsident, der einen geregelten Zuzug durch die Errichtung eines Zaunes erreichen wollte, von anderen Ländern als Vorbild gesehen. So schnell kann sich die Lage in der Politik ändern.

Leider ist der Ausdruck: Lügenpresse für einige Publikationen zutreffend. Bei einer Demonstration von Hooligans gegen Salafisten in Köln, die ich zwar ganz und gar nicht schätze, wurden nur die als Gutmenschen auftretenden Gegendemonstranten befragt und hofiert. Dass die Polizei in eine Schlägerei mit Linksautonamen verwickelt wurde, kam, wenn überhaupt, nur als Randnotiz!

Freitag, 30. Oktober 2015

Der Winter steht vor der Tür und der Ansturm der Flüchtlinge ebbt nicht ab, im Gegenteil. Wieder sind auf der Überfahrt von der Türkei nach Griechenland überladene Schiffe gesunken und mindestens 22 Menschen ertrunken. Der türkischen Regierung gebe ich eine Mitschuld an den Unglücken. Die hat offensichtlich kein Interesse gegen die verbrecherischen Schlepper vorzugehen!

Nur die CSU zeigt Rückgrat und lehnt sich gegen die „Wir schaffen das" - Politik von Frau Merkel auf.

Auch Amerika meint als Weltpolizist im nahen Osten mitspielen zu müssen. Dabei sind es gerade sie, die die Ursache für die meisten Probleme in der Welt sind. Frau Albright mit Joschka Fischer an der Hand haben den Jugoslawienkrieg vom Zaun gebrochen; George W. Bush den Irakkrieg usw. Überhaupt wurde im Iran und Irak und Syrien immer auf die falschen Leute gesetzt. Seit dem 2. Weltkrieg hat die „stärkste Militärmacht" der Erde immer bei Auseinandersetzungen verloren!

Ein Stoppen der Flüchtlingsflut ist nur möglich, wenn in den Herkunftsländern wieder Frieden hergestellt wird, u.z. mit allen Mitteln!

Dienstag, 10. November 2015

Endlich scheint bei einem Teil der Politiker Vernunft einzukehren, indem sie zugeben, dass eine unbegrenzte Zuwanderung nicht zu verkraften ist. Deshalb hatte der Innenminister Herr Thomas de Maizière gesagt, dass auch für Syrer erstmal nur eine garantierte Verweildauer für 1 Jahr und kein Familiennachzug möglich sein soll. (Bisher drei Jahre und Nachzug). Sofort musste er zurückrudern, aber der Vorschlag findet immer mehr Befürworter und ist nicht mehr wegzudiskutieren. Das übliche Geschrei des Koalitionspartners und der Opposition war vorauszusehen und zeigt nicht, dass die Zukunft Deutschlands gedacht wird, nein, nur an die Zukunft der Flüchtlinge. Die Frage bleibt: Wofür sind die eigentlich gewählt worden?

Sonntag, 29. November 2015

Wer mit Sorge die nicht abebbende Flüchtlingswelle kommentiert, wird von den Gutmenschen und einem Großteil der Presse sofort in die rechte Ecke gestellt. So auch die AfD, die trotzdem in den Umfragen zunimmt. Die FDP für die Medien nicht mehr vorhanden, was es natürlich schwer macht, wieder gewählt zu werden. Europaweit ist kein Konzept die Flüchtlingskrise zu bewältigen, vorhanden.

Die Bundeswehr soll sich in Mali und in Syrien stärker einbringen. Eine richtige Entscheidung, denn der islamische Terror muss vor Ort bekämpft werden.

Freitag, 4. Dezember 2015

Wir schaffen es? Nein, wir schaffen es nicht! Aber, wie jetzt heraus aus dem Chaos, das Politiker wie Angela Merkel, angerichtet haben? Griechenland als Erstaufnahmeland der EU hat offiziell um Hilfe gebeten, da sie mit den Menschenmassen nicht mehr fertig wird. Die Ostländer in der EU weigern sich, gezwungenermaßen Flüchtlinge aufzunehmen. In deutschen Lager herrscht teilweise Chaos und es kommt immer wieder aus den geringsten Anlässen zu Auseinandersetzungen. Wann wird endlich unser Asylgesetz geändert, das aus der Nachkriegszeit stammt und die Feder geführt bekam durch die manchmal verweigerte Aufnahme in andern Ländern von in Deutschland verfolgten Juden. Es wäre doch human genug, ohne die eigene Bevölkerung und Kultur zu schädigen, wenn man Kriegsflüchtlingen während der Zeit der Auseinandersetzungen in Ihrem Land vorübergehend Sicherheit geben würde.

Dienstag, 10. Dezember 2015

Ein großes Geschrei bei allen Parteien hat ausgelöst, dass in Frankreich bei den Regionalwahlen die Rechtspartei von Le Pen die meisten Stimmen bekam. Sonntag gibt es noch eine Stichwahl, aber die Frust der Franzosen auf ihre Politiker zeigt sich auch so schon deutlich.Neben dem verheerenden Terroranschlag ist die hohe Arbeitslosigkeit mit entscheidend gewesen. Dazu kommt natürlich auch noch eine Abgunst gegen Deutschland, wo es momentan besser geht. Ganz klar ist zu erkennen, dass „starke" Gewerkschaften und unverantwortlich hohe Sozialleistungen, zu einer Wettbewerbsverzerrung führen. Auch in Deutschland scharren die Soziallisten schon wieder mit den Füssen, um Geld ausgeben zu können. Nicht bedenkend, dass trotz noch vorhandener Überschüsse im Bundeshaushalt, von den Gesamtschulden so gut wie noch nichts zurückgezahlt wurde.

Wieder sind 6 Flüchtlingskinder gestorben bei der Überfahrt von der Türkei nach Griechenland. Das ist eine Meldung, die uns erreicht, aber wie viele nicht? Da der Winter auf sich warten lässt, ist noch ein Atemholen möglich. Wer in Deutschland übernimmt die Verantwortung, wenn hier die ersten Menschen erfroren sind?

Freitag, 11. Dezember 2015

In Paris tagt eine Klimakonferenz, mit Vertretern aus aller Welt. Da die Industriestaaten sich als schuldig an dem Temperaturanstieg bekennen, obgleich das keineswegs erwiesen ist, sind die meisten Entwicklungsländer vertreten, die einen Ausgleich für zunehmende Dürre und steigende Wasser verlangen. Das zeugt schon von Dummheit, wenn man sich selbst schuldig spricht. Besonders perfide ist, dass bestimmenden Klimaforscher CO^2 als Mitursache für die Erwärmung ausgeguckt wurde. Dabei ist bewiesen, dass erst eine höhere Temperatur den Anstieg von CO^2 in der Luft fördert. Anstatt zu fordern, überall wo nur möglich Bäume zu pflanzen, die ja

das Gas brauchen, um uns mit Sauerstoff zu versorgen, Aber auch
Frau Hendriks versucht nur alles Mögliche schließen zu lassen, ohne
Rücksicht auf Arbeitsplätze und Effektivität. Es sei nur noch gesagt,
dass es natürlich ein Unterschied ist, ob ich etwas gegen die Luft-
verschmutzung oder die natürliche Erderwärmung unternehme.

28. Dezember 2015

Toll, der Weihnachtsfrieden ist auch über die Politik und die
Medien eingezogen, Die Flüchtlingsströme sind plötzlich kein Problem mehr, und die noch verbliebenen Politiker übertreffen sich mit
Brandreden gegen Kritiker als geistige Brandstifter. Dabei will ich
gar nicht verkennen, dass es die gibt und auch ausgesprochene
Schwachköpfe, die meinen mit dem Anzünden von Flüchtlingsun-
terkünften etwas regeln zu können. Aber, dass es überhaupt soweit
gekommen ist, ist dem Willkommensgehabe unserer Politik zu verdanken. Wer so wenig Vorausschau hat, dürfte keine Politik machen
dürfen, denn mit den bisher eingereisten Flüchtlingen würde man
schon fertig, aber nicht mit dem im Frühjahr zu erwarteten erneuten
Ansturm, der auch momentan noch weitergeht!

6. Januar 2016

In der Silvesternacht sind in mehreren Städten große Mengen
Frauen und Mädchen massiv sexuell bedrängt und dann noch be-
stohlen worden. Fast zweihundert Anzeigen gingen bei der Polizei
ein. Sofort waren Nordafrikaner oder Araber als Täter ausgemacht
worden, aber die Politik versuchte vergeblich, den Ball flach zu halten, konnte aber gegen die zunehmenden Proteste aus der Bevölkerung nichts machen und mussten „zu Kreuze kriechen". Inzwischen
wird sogar zugegeben, dass Banden von jungen Männern aus Nordafrika den Behörden bekannt waren. Nur vier Personen sind inzwischen festgenommen worden, weil in einem Rechtsstaat die Taten
schlecht zuzuordnen sind. Für die wirklich vor dem Krieg geflohe-

nen sind diese frauenverachtenden Vorfälle sehr schlecht, denn die Vorbehalte gegen alles Fremde steigen!

Nur die CSU scheint eine realistische Sicht auf den weiteren Zuzug von Flüchtlingen zu haben und baut eine Sperre zu den Ansichten von Angela Merkel auf, die immer noch meint, einen Heiligenschein herumtragen zu müssen. Sie scheint besser in der SPD aufgehoben zu sein, als in der CDU! Glücklicherweise läuft die deutsche Wirtschaft noch rund, denn sonst gäbe es schon große Proteste gegen weitere Zuwanderung.

16. Januar 2016

Inzwischen sind in Köln und in anderen Städten über 300 Strafanzeigen wegen sexueller Belästigung und Diebstahl eingegangen. Plötzlich ist auch Frau Merkel für ein hartes Vorgehen und massive Abschiebung, aber das kommt natürlich reichlich spät. Im Politikbarometer sind ihre Werte jedenfalls massiv gesunken, während die AfD auf einem Meinungshoch schwebt. Und das, obwohl die Presse alles versucht jede Äußerung aus der Partei schlechtzumachen. Eine europäische Lösung ist jedenfalls nicht in Sicht und der Präsident, Herr Junker, sieht einen Zerfall der EU als möglich an!

2. Februar 2016

Die Flüchtlingsfrage beherrscht nach wie vor die Politik und die Medien. Bei den unglaublichen Schwierigkeiten, die eine Abschiebung von abgelehnten Asylbewerbern macht, wünscht man sich manchmal etwas weniger Rechtsstaat. Der sollte auch einen geringen Unterschied zwischen Deutschen und Nichtdeutschen machen, vor allem was das Klagerecht gegen Behördenentscheidungen angeht! Wenn in der jetzt anlaufenden Karnevalszeit z.B. 2000 Polizisten (Vorjahr 1000) zur Herstellung der Ordnung eingesetzt werden, dann sind das Kosten, die auch der bisherigen Verschweigetaktik der Verantwortlichen zuzuordnen sind.

Es wird zumindest versucht über einen Friedensplan im Syrien zu verhandeln. Schon das gibt Hoffnung auf eine Besserung in der Zukunft.

14. Februar 2016

Einem 94 jährigen ehemaligen Wachmann in Auschwitz wird in Detmold der Prozess gemacht. Erst seit einigen Jahren wird Angehörigen der Wachmannschaften und Bürokräften o.ä. der Prozess gemacht. Diesem alten Mann aus Lage wird die Mittäterschaft an der Ermordung von mindestens 170 000 Menschen vorgeworfen. Erstaunlich wie detailliert sich Überlebende des Holocaust, über 70 Jahre nach dem Geschehen, äußern, und wie viele es davon noch gibt. Auch falsche Erinnerungen werden als wahr hingestellt. So erzählt einer von einem LKW voll mit nackten, lebenden Menschen, die direkt in die Krematorien gefahren wurden!! Kein Kommentar!

Im Syrienkonflikt soll es die Einigung auf einen Waffenstillstand gegeben haben. Das wäre mal eine Hoffnung, die nötig ist.

16. Februar 2016

Deutschland mit der Willkommenskultur von Frau Merkel kann nicht auf die Solidarität der europäischen Länder zählen.

In Berlin gibt es deutsch-israelische Gespräche. Bestimmt wagt keiner die Frage zu stellen, warum Israel keine Flüchtlinge aufnimmt. Die könnten doch wunderbar auf den annektierten Golanhöhen, die sowieso zu Syrien gehören, angesiedelt werden.

21. Februar 2016

Die Europäische Gemeinschaft zeigt weiterhin ihren geringen Zusammenhalt. England hat vor, das Volk über den Verbleib in der EU abstimmen zu lassen, und Herr Cameron hat den anderen Zugeständnisse abgerungen. Ob die allerdings reichen, wird sich im Juni zeigen. Tatsache ist jedenfalls, dass ein Zusammenhalt nur zu vermerken ist, wenn alle kassieren können und dann noch mit Posten belohnt werden. Die nationalen Interessen überlagern die europäischen bei weitem.

Flüchtlinge und kein Ende. Im Januar haben in Deutschland 51 400 Flüchtlinge um Asyl nachgesucht. Der Widerstand von Mitgliedern der CDU gegen Frau Merkel wächst, die weiter verzweifelt auf eine europäische Lösung setzt. Immer geplante Flüchtlingsunterkünfte werden vom Pöbel angezündet und Hilfskräfte blockiert. Da schämt man sich, dass diejenigen zu Deutschland gehören.

5. März 2016

Europa steht vor einer Katastrophe, die man eigentlich hätte voraussehen mussen. Über 12 000 Flüchtlinge werden in Griechenland aufgehalten und täglich werden es mehr. Das Ziel derjenigen ist meistens Deutschland, das jetzt schon seine Kapazitätsgrenzen erreicht hat. Ein angestrebte europäische Lösung ist nicht in Sicht. Am 13. März werden drei Landtage neu gewählt, Baden-Württemberg, Rheinland-Pfalz und Sachsen-Anhalt. Die Nervosität der Politiker ist spürbar, vor allem was die AfD angeht.

Dienstag, 15. März 2016

Die Befürchtungen der „etablierten" hat sich bestätigt. Die viel gescholtene AfD ist der große Wahlgewinner der Landtagswahlen. Sie führ überall ein zweistelliges Ergebnis ein. Das Geweine und die gegenseitigen Schuldzuweisungen der anderen sind schon peinlich, zumal sie immer noch Ausreden für ihr Versagen finden. So wird Malu Dreier in Rheinland-Pfalz als SPD Gewinnerin gefeiert, Winfried Kretschmann in Baden-Württemberg für die Grünen und in Sachsen-Anhalt meinen die CDU Anhänger jubeln zu können.

Dabei ist in allen drei Ländern keine bisherige Koalition mehr möglich.

Das Drama an der griechisch mazedonischen Grenze geht weiter, und ein Ende ist nicht abzusehen.

Mittwoch, 23. März 2016

Der Terror des IS hat wieder in Europa zugeschlagen. In Brüssel kamen bei Bombenanschlägen über dreißig Menschen ums Leben und über 200 wurden verletzt. Es ist nur eine Frage der Zeit, wann es in Deutschland der ersten Anschlag gibt. Unvorstellbar, dass unschuldige Leute, die nur zur falschen Zeit am falschen Ort sind, totgebombt werden. Die einzige Möglichkeit die Sicherheit wiederherzustellen, ist, dass eine Weltallianz sich zusammenschließt, um gemeinsam das Übel an der Wurzel zu packen und zu vernichten!

Durch das Ereignis tritt das Flüchtlingsproblem etwas in den Hintergrund, ohne das eine Lösung in Sicht ist. Dass die Türkei, die schon lange die Schlepperbanden hätte ausrotten können, plötzlich der Heilsbringer sein soll, ist eine Illusion.

Montag, 4. April 2016

Das Abkommen mit der Türkei über die Rückführung von Flüchtlingen von Griechenland zu ihnen, ist in Kraft. Die gleiche Menge von asylberechtigten Syrern soll dann nach Prüfung in die EU weitertransportiert werden. Jetzt liegt das Problem in Europa, denn die meisten Länder sind nicht bereit Flüchtlinge in der benötigten Zahl aufzunehmen.

Die AfD ist dabei ein Grundsatzprogramm aufzusetzen, das mir schon in Ansätzen gut gefällt. Im Fernsehen wurde von Herrn Walde versucht, das als rückwärtsgewandt zu diskreditieren. Aber auch mit Fangfragen und Polemik ließ sich das befragte Präsidiumsmitglied nicht aus der Ruhe bringen.Toll! Mit dem Programm, guten

Leuten und der Abgrenzung gegen ganz Rechts, kann sich die Partei dauerhaft positionieren!

Sonntag, 24. April 2016

Die FDP versucht auf einem Bundesparteitag gegen die AfD Boden gutzumachen. Dabei beruft sie sich darauf, dass sie wieder in zwei Länderparlamenten vertreten ist. Noch ist aber nichts gewonnen!

In Hannover ist heute Präsident Obama zum Staatsbesuch eingetroffen. Gegen das geplante Freihandelsabkommen zwischen Europa und den USA wurde schon gestern demonstriert. Intelligenz war für die Teilnahme nicht gefordert, wie ich feststellen konnte. Andererseits kann man manchmal die Sorgen der Ablehner von TTIP verstehen, aber dann muss eben verhandelt werden.

Mittwoch, 4. Mai 2016

Die AfD hat ihren Bundesparteitag in Stuttgart abgehalten und ein Programm beschlossen, Ob alle Beschlüsse richtig waren, kann ich nicht beurteilen, aber die Angst und der Hass der anderen gegen einen „Rechtsruck" ist schon jämmerlich. Die etablierten Parteien wissen offensichtlich nicht, wie sie aus dem Meinungstief wieder herauskommen sollen.

Montag, 30. Mai 2016

Der stellvertretende Vorsitzende der AfD hat eine unglaublich dumme Äußerung, über die angeblich von Deutschen nicht gewollte Nachbarschaft zu Bürgern mit anderer Hautfarbe, gemacht. Dabei wurde auch noch der Fußballer Boateng genannt. Blöd, und ein gefundenes Fressen für die Presse und die Gegner der AfD!

Frau Merkel und Herr Hollande haben der Schlacht von Sedan vor 100 Jahren gedacht. Unvorstellbar, dass hier 300 000 Menschen verheizt wurden. Die Zusammenkunft gibt Hoffnung, dass es nie wieder Krieg in Europa geben wird.

Beim „Milchgipfel" ging es um die zu geringen Preise, die die Bauern für die Milch bekommen. Dass der Bauernverband Hilfen „fordert" ist typisch. Dass der Bundeslandwirtschaftsminister, ein Herr Schmidt von der CSU, sofort bereit ist mit „vorerst" 100 Mio. Euro zu helfen, ist zumindest merkwürdig. Beim Sterben des mittelständischen Einzelhandels durch die Verdrängung, ausgelöst durch Konzerne, hat es keine Hilfen gegeben. Dabei haben die Bauern ein gerütteltes Maß an Mitschuld an der momentanen Misere. Die Logik, die jedem Kaufmann beigebracht wird, heißt, dass bei einem Überangebot der Preis sinkt. Und so ist es auch bei der Milch! Dazu kommt, dass der größte Teil bei uns in Deutschland produzierter Milch durch Hinnahme von Tierquälerei erzeugt wurde und wird. Über 50% aller Kühe haben noch nie den Stall verlassen, obgleich es sich um Weidevieh handelt. Außerdem hatte sich die Natur seit Jahrhunderten an die Beweidung und dem Zusammenspiel der Arten gewöhnt. Durch die Abkehr von einem herkömmlichen Bauernhof in einen Industriebetrieb sind Mengen von Arten in der Natur verdrängt worden, wenn sie nicht sogar ganz ausgestorben sind!

Schon jetzt hat das Image der Bauern durch Massentierhaltung, Maisanbau, Pestizid- und Medizineinsatz stark gelitten. Hier müsste die Politik eigentlich massiv eingreifen!

Montag, 6. Juni 2016

Der Bundestag hat in einer Resolution die Vertreibung und massive Ausrottung der Armenier durch das Osmanische Reich.im ersten Weltkrieg als Völkermord bezeichnet. Diese Aussage widerspricht der Aussage der Türken, obwohl daran eigentlich nichts zu rütteln ist. Die nachfolgenden ungezügelten Angriffe des Herrn Erdogan gegen Deutschland und vor allem den türkischstämmigen Deutschen im Bundestag, sind unerträglich. So ein Land unter so einer Führung hat nichts in Europa zu suchen. Dass Frau Merkel mit dem einen teuren Deal in der Flüchtlingsfrage ausgehandelt hat, zeigt sich nun als Fehler.

Freitag, 17. Juni 2016

Das ist ein passender Abschluss zu meinem kritischen, subjektiven Geschichtsbuch:

Sehr junge Richterinnen haben einen 94 jährigen, ehemaligen Wachmann im KZ Auschwitz, Herrn Hanning aus Lage, zu fünf Jahren Gefängnis verurteilt (also lebenslänglich), wegen einer angeblichen Beteiligung an 170 000 - fachen Mord. Dafür hätte man nicht so lange verhandeln müssen, denn wie sollten die Damen auch anders entscheiden unter den einseitigen Augen der Weltöffentlichkeit, wenn sie noch in Frieden weiterleben und Karriere machen wollen? Ein ganz schlechtes Bild gab der Staatsanwalt ab, der sich als Heilsbringer präsentierte und sich im öffentlichen Interesse sonnte!

Schlusswort:
Die Zeit vergeht so schnell, dass man manchmal schon nach einer Woche nicht mehr weiß, was in der letzten alles vorgefallen ist.
Deshalb ist es vielleicht für manche ganz interessant, mal nachzuempfinden, was ich der Zeit von 2002 bis 2016 als Erwähnenswert befand. Ich habe beim Durchlesen festgestellt, dass mir vieles von dem nicht mehr gegenwärtig war.
Und noch einmal an meine jetzt großen Enkelkinder gewandt, für die dieses Geschriebene eigentlich sein sollte: Es wird nicht alles so abgelaufen sein, wie ich es empfunden und aufgeschrieben habe, aber das muss ich wiederholen: Auch „normale" Geschichtsbücher sind nicht objektiv und immer aus der Sicht der Sieger von Ereignissen geschrieben. So dürfen z.B. Lehrer, auch wider besseren Wissens, nichts anderes aus der Nazizeit weitergeben, als der Siegerprozess (Nürnberger Prozess) als Ergebnis verkündete. Macht euch nicht manipulierbar und behaltet eine eigene Meinung!!!

Meine Autorenvita

Ich, Gerhard Burmeister, bin 74 Jahre alt. Geboren in Hamburg.
Ausgebombt.
Aufgewachsen in Nordfriesland, der Heimat meiner Mutter. Seit gut
40 Jahren Lipper. War verheiratet mit einer Lagenserin. Seit 3 Jahren Witwer. Zwei Kinder, fünf Enkelkinder.
Drogistenberuf erlernt. Nach Drogistenakademie im Außendienst
für amerikanischen Konzern. Dabei Frau kennengelernt und in Lage sesshaft geworden.
Dann 35 Jahre Unternehmer. Kommunalpolitiker.
Bin naturbegeistert. Schreibe gerne Gedichte und Geschichten, u.a.
für meine Enkelkinder.
Ich lese wöchentlich eigene Werke vor im Weberhof in Lage/Hörste.